生肖与时空

傣卯人的社会文化生活

汪洋 著

中国社会科学出版社

图书在版编目(CIP)数据

生肖与时空：傣卯人的社会文化生活／汪洋著．—北京：中国社会科学出版社，2023.4
ISBN 978-7-5227-0657-3

Ⅰ.①生… Ⅱ.①汪… Ⅲ.①傣族—十二生肖—文化研究—瑞丽 Ⅳ.①K892.353

中国版本图书馆 CIP 数据核字（2022）第 141035 号

出 版 人	赵剑英
责任编辑	王莎莎
责任校对	张爱华
责任印制	张雪娇

出　　版	中国社会科学出版社
社　　址	北京鼓楼西大街甲 158 号
邮　　编	100720
网　　址	http://www.csspw.cn
发 行 部	010－84083685
门 市 部	010－84029450
经　　销	新华书店及其他书店
印　　刷	北京明恒达印务有限公司
装　　订	廊坊市广阳区广增装订厂
版　　次	2023 年 4 月第 1 版
印　　次	2023 年 4 月第 1 次印刷
开　　本	710×1000　1/16
印　　张	12.5
插　　页	2
字　　数	235 千字
定　　价	78.00 元

凡购买中国社会科学出版社图书，如有质量问题请与本社营销中心联系调换
电话：010－84083683
版权所有　侵权必究

目录

导 论 ·· 1

第一章　傣卯人源流及其村寨组织 ························· 25
  第一节　傣卯人及其分布 ······································ 25
  第二节　生计方式 ·· 26
  第三节　村寨组织 ·· 46

第二章　生肖符号与傣卯人社会关系构建 ············· 67
  第一节　傣卯人的生肖文化体系 ··························· 68
  第二节　人的生肖 ·· 77
  第三节　村寨的生肖 ··· 81
  第四节　个人与村寨的生肖关系 ··························· 98

第三章　傣卯人生肖与村寨仪式 ····························· 102
  第一节　村寨中的民间信仰仪式 ··························· 102
  第二节　其他传统仪式 ··· 120
  第三节　村寨主义的生肖仪式呈现 ······················· 150

第四章　傣卯人生肖符号的时空意义 ····················· 160
  第一节　傣卯人的时空观表达及其地方性意义 ····· 160

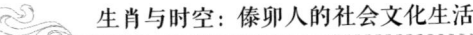

　　第二节　傣卯人生肖文化的启示性价值 …………………………… 169

第五章　结论 …………………………………………………………… 176

附录一　文中傣绷文字母与国际音标对应一览表 …………………… 179

附录二　文中主要傣语音译词汇与傣文、国际音标对应一览表 ………… 180

参考文献 ………………………………………………………………… 182

后　记 …………………………………………………………………… 193

导　论

一　研究缘起

　　2016年，瑞丽市弄岛镇的一个寨子要从村口修一条宽敞的进村大道，住在村口的一户村民因反对奉献出自家土地而遭到了全寨人的排斥。村民说："当时挖土机正在作业，他家人拿着刀出来说不许挖。"由于修路，寨子里不少村民都做出牺牲，不仅让出土地，有几户村民还主动砍掉了自家的数棵果树。大部分的村民都认为修路是方便整个村寨的事，让出一点地是应该的，更何况，有村民说："那些地都是他们家以前东占一点西占一点占来的。"村民们有理有据，那家旁边以前是一个小池塘，后来池塘干涸，他家就把池塘那块地据为己有了，平时大家都不跟他们家计较，结果用来修路都不愿意……事发前，寨子里的老人也曾去做思想工作，但是这家人不听。如此一来，村民都认为这家人非常不明事理。"这件事情以后就没有人再理他们了，寨子里甚至有人拿石头砸他家的屋顶表达不满。"自此，村寨所有的集体活动不再有这户人的身影，村民不再光顾这家人开在村口的小卖部，就连生活在村寨中的血缘至亲也毫不犹豫地站在了"村寨"那边，不再搭理这家人，亲戚之间几乎断绝了来往。

　　我对这事颇为惊讶，原因在于这样的事情其实在许多地方都发生过，当事人最多是被指责比较自私，还没有见过因此事造成亲戚之间断绝来往的。去访谈该家庭的亲戚时说："这是因为他们不顾及村寨的集体利益，作为寨子里的一员，大家都要为寨子着想，自己吃一点亏算不得什么。"为了方便我理解，人们还指着村寨的"生肖墙"说："你看，就像我们寨子属牛，牛跟麒麟好，跟蛇不好，所以我们就只画麒麟，不画蛇，把寨子的生肖放在这里就是要告诉我们，凡事都要考虑到村寨，对寨子好的我们就做，对寨子不好的就不做……"

事实上，用生肖去理解和解释日常生活中的逻辑关系的现象在傣卯人社会是非常常见的。随着导师"村寨主义"观点的提出，以及后来对傣卯人的生肖文化进行了更为深入的田野调查，我才明白：这是因为该家庭违反了傣卯人以村寨利益为最高原则来组成和维系村寨社会文化关系并运行村寨日常生活的社会文化制度。在村寨利益面前，个人利益、家庭利益必须次之。后来，越来越多的田野调查印证了这一想法。

其实，早在 2013 年第一次听到傣卯人回答自己是属大象之类的话时，我就受到了很大的文化震撼，但当时并未就该文化事象进行更为深入的调查。直到 2016 年夏，导师带着我调查国家级非物质文化遗产傣族孔雀舞的传承情况时，曾指着国家级传承人约相所居住的喊沙村进村大道旁的生肖象征物向我发问：你知道那些符号有什么意义吗？我向导师汇报了自己了解的相关内容，讲述了让我印象深刻的"黑象入林"的故事，即一个属黑象的生命垂危的老人于家中躺了数日却久久不肯离去，在傣族民间巫师"雅浪"的建议下，人们将茅草屋顶（以前傣卯人的房屋屋顶多为茅草盖成）去掉，露出天空，并从竹林取些竹子放在屋中，营造出森林的环境，老人很快便离去。按照傣卯人的逻辑，这是因为黑象在死时要回归森林，在林中结束生命，而老人属黑象，便拥有了黑象的属性，所以也要如此。导师认为傣卯人的生肖文化是一个很有意思的问题，嘱咐我继续调查。经过第一阶段一个多月的田野调查，我取得了较为丰富的材料。坦白说，在导师建议将生肖问题作为博士论文的选题时，当时的我并没有足够的信心，第一是担心生肖文化涉及的问题不足以支撑一篇博士论文。第二是语言问题，由于傣卯人基本使用傣语交流，我的访谈依赖翻译，而涉及生肖文化的内容较为复杂和传统，傣卯社会中只有少数人了解这方面的知识，我担心自己调查的资料可能不尽准确。2017 年 9 月，导师和我探讨了生肖与傣卯社会之间诸多的关联，并在导师的指导下画出了"傣卯人生肖关系图"，即傣卯人八个生肖之间存在相同、相生、相克、既相生又相克以及不生不克的五种关系图，通过该图，发现傣卯人的生肖符号之间有着非常规整和清晰的关系，自那一刻起，我才对这个选题有了信心。

傣卯人的生肖动物不仅和我熟悉的汉族十二生肖动物如此不同，一村一生肖的特点还与村寨主义的逻辑不谋而合，村寨主义的文化逻辑和有趣的生肖文化现象的结合说不定可以成为了解傣卯人社会文化结构的突破口。我的博士论文的选题也从这些有意思的发现和启发中不断推进。

傣卯是生活在瑞丽江两岸地区中缅傣族的自称，其主要聚居在中国瑞丽市的勐卯镇、姐相乡、弄岛镇和缅甸的南坎、木姐等地区的村寨中。跨境而居的中缅两国傣卯人田地相连，村寨交错，他们有着相近的语言、习俗和宗教信仰等，双方往来频繁。傣卯人生活的村寨所遵循的文化逻辑是基本一致的。生肖文化贯穿于傣卯人社会生活始终，几乎对其生活的各个方面发生影响，尤其之于傣卯人的人际网络构建方面发挥重要作用。在社会学中，用社会关系的网络来对社会结构进行描述已经成为一个主流。① 与人们熟知的汉族十二生肖不同的是，傣卯人只有八个生肖，分别为鸟、老虎、麒麟（一说狮子）、白象、黑象、老鼠、牛和蛇。值得注意的是，这八个生肖不仅是每个傣卯人的生肖，且是其生活的各个村寨的生肖，人们根据不同的标准来确立个人与村寨的生肖。傣卯人村寨的对内管理和对外交往都与生肖因素有关，其互动交往也经常与生肖因素交织在一起。

社会结构是一直延续的，不管具体行动的人如何变化，也必须有人持续地存在于社会结构中。于傣卯人的社会结构而言，属八个生肖的人和村寨始终持续存在于这个生肖社会结构中。生肖在傣卯人生活中占有重要地位。傣卯人将生肖文化逻辑充分运用到人与人、村寨与村寨之间的交往上，个人的生肖关乎取名、择偶、出行及病时的求医问药等方面，村寨的生肖则影响着村寨（可能是分处中国和缅甸的几个村寨）之间的互动交往。对于中缅边境地区长期穿梭于国境线上的傣卯人来说，国与国之间的差异似乎对他们的阻碍并不大，跨国交往早已是他们日常生活的常态。较之国家归属的差异，生肖相克的两个人之间的婚姻多不被提倡，生肖相克的两个村寨的寨门不能对着，并有着某种忌讳；反之亦然。在调查中发现，分属中缅两国的几个傣卯人村寨之间有着频繁的互动，而即便是毗邻而居的同一个国家的几个村寨之间却会因其生肖不和而遵守着某种禁忌。生肖符号之间的关系逻辑影响着傣卯人的宇宙观。因为生肖不和而举行的禳解仪式，依据某人的生肖而进行的消灾、祈福仪式以及结合村寨生肖来进行对内管理和对外交往等都是傣卯人

---

① 孙立平：《"关系"、社会关系与社会结构》，《社会学研究》1996年第5期。

日常生活的重要内容。

联系到学界还未有人涉足该领域的研究，我认为对傣卯人的生肖文化进行探讨是具有一定价值的。对于傣卯人生肖文化的分析和解读是理解傣卯人社会的一个新的维度。以生肖为切入点及支点，深入分析傣卯人的社会文化结构，对于探讨瑞丽江两岸地区的傣卯人之间的日常交往、文化互动，人与人之间的关系等都有重要意义。

二　研究方法

第一，文献法。利用文献法梳理国内外与生肖文化相关的研究，在书籍和文献资料中搜集与傣卯人生肖文化有关的内容。

第二，观察与参与观察。在田野调查期间居住在村民家中，参与傣卯人的社会生活，观察与生肖文化相关的人们的想法，参与和生肖文化相关的具体的行为活动，如"送并"①"延鲁"②"看日子"等。运用民族学的田野调查方法调查生肖在傣卯人社会文化生活中发挥的作用和影响。

第三，访谈法。主要访谈中国瑞丽弄岛镇的弄贺、弄双、芒艾、姐冒和缅甸南坎地区的弄喊、弄马、滚海等傣卯人村寨中通晓传统文化知识的南传上座部佛教僧人、老人、贺露等，了解傣卯人的生肖文化知识，人们对生肖的理解，掌握傣卯人生肖文化及其在傣卯人社会文化生活中的基本运行现。

三　研究综述

本书聚焦于傣族傣卯人的生肖，因而需要从研究对象和研究论题两方面对其进行详细的文献梳理。我将回顾以往把傣族作为研究对象，以傣族的社会交往、傣族村寨、生肖文化作为研究论题及理论的研究。通过厘清这些层面的已有研究，可以更加清楚本书在学术领域和现实层面所处的位置以及可能突破之处。

（一）关于傣族的研究

当研究对象为分处中国瑞丽地区和缅甸境内的傣卯人时，就需要了解瑞

---

① 即信仰南传上座部佛教的傣卯村民在每年入洼期间举行的以村寨为单位的集体活动，届时每家至少要有一个人跟着本村的贺露到周边的村寨的寺院去送并。他们带着米花、饼干等物品和钱到其他村寨的奘房参加念经、听经、拜佛等活动。详见第二章第三节"村寨生肖与村际"关系部分。

② 傣语音译，"延鲁"是为在世的人举行的佛教仪式，"鲁"是献祭的意思，意为向佛祖献祭，祈求灾去福来。

丽地区的傣族及傣族与境外同源民族之间的社会交往方面的已有研究。对现有的文献资料的梳理有助于进一步对相关研究进行推进。

1. 关于瑞丽傣族的研究

瑞丽市是我国傣族聚居区之一，有傣族人口 6.15 万人（2019 年数据），一直是民族学、人类学等学科的研究沃土。在历史研究方面，范宏贵对瑞丽傣族与缅甸掸族的渊源关系进行了探讨，指出双方之间存在诸多共性，① 尤中、刀永明等学者对瑞丽傣族的有关史料进行了梳理。② 于瑞丽对傣族宗教信仰及仪式方面的关注也不少。朱德普等学者关注德宏傣族的勐神、寨神等民间信仰③，并对南传上座部佛教与民间宗教的关系进行了探讨，其研究成果不但增进了外界对瑞丽地区傣族社会文化的了解，且有利于人们解析瑞丽傣族与其他地区傣族的文化差异性。④ 阎莉等认为傣族寨神勐神祭祀是一种集体表象，表明傣族寨神勐神祭祀是社会性的存在，具有引导和规范人们行为的教化作用。⑤ 随后，有学者开始关注瑞丽傣族的宗教消费方面的问题，如项冰通过观察"赕"物品的变化、遵守教规教义的变化、信教群众心理层次的变化等，揭示出傣族佛教信仰随着社会经济文化的变迁。⑥ 龚锐以瑞丽的几个傣族村寨为田野点，关注该地区傣族的宗教消费世俗化现象。⑦ 还有学者从教育的角度来解读其宗教活动，如刘梦溪以瑞丽市"塔玛扎嘎"这一创新的南传上座部佛教集中教育模式为研究对象，分析了该活动在民族文化方面所产生的影响和意义，揭示当代边疆傣族宗教生活所发生的文化变迁。⑧ 相关研究提供了诸多宝贵的材料，使人们对瑞丽地区傣族边民的历史渊源和宗教文化生活有了更为清晰的认识。

---

① 范宏贵：《缅甸掸族与中国德宏傣族的渊源关系》，《广西民族学院学报》（哲学社会科学版）1996 年第 1 期。
② 尤中：《明朝"三征麓川"叙论》，《思想战线》1987 年第 4 期。
③ 朱德普：《勐卯勐神内涵及与勐卯古国史事互证》，《思想战线》1994 年第 6 期。
④ 朱德普：《傣族佛教和原始宗教的关系试析——兼析两者长期共存的原因》，《思想战线》1992 年第 3 期。
⑤ 阎莉、李立、莫国香：《傣族寨神勐神祭祀的集体表象》，《贵州民族研究》2009 年第 6 期。
⑥ 项冰：《德宏地区傣族佛教信仰的变化》，《云南电大学报》2008 年第 3 期。
⑦ 龚锐：《云南德宏傣族宗教消费世俗化现象考察——以芒市那目寨、瑞丽喊莎村和大等喊村为例》，《佛学研究》2004 年第 00 期。
⑧ 刘梦溪：《当代边疆傣族宗教生活探究——以瑞丽"塔玛扎嘎"教育活动为例》，硕士学位论文，中央民族大学，2013 年。

关于瑞丽傣族的非物质文化遗产、艺术方面的研究也较为丰富。台湾学者简君艾对傣族孔雀舞的概念、源流传说、表演形式与发展等都作了非常详尽的表述。① 日本学者长谷川清通过剖析傣族孔雀舞的事例来研究中国政府的文艺政策是以何种形式与少数民族的文化传统相结合，并在社会主义体制下参与展示民族形象的。② 瑞丽傣族的农民画、"朗嘎"等音乐文化也受到关注，还有学者分析了南传上座部佛教对包括瑞丽傣族在内的云南傣族的审美艺术的影响等。③ 在建筑艺术上，郝云华等以瑞丽姐勒金塔为例探讨了德宏傣族佛教建筑的佛塔艺术④，卢山从选址、布局和造型方面比较研究了傣族佛寺建筑与其他地区佛教建筑的异同。⑤ 另有学者从傣族建筑的材料、选址等方面下手，发表了诸多论文。刀承华、张元庆等探讨了包括瑞丽地区在内的德宏傣族的婚俗文化。⑥

因地处中缅边境，不少学者将目光投向了边境贸易，如王淑玲等利用大量数据资料，对瑞丽市改革开放以来与缅甸的边境贸易进行了较为详细的分析与探讨。⑦ 沈乾芳的系列文章分析了经济、文化、宗教以及教育等因素对瑞丽傣族民族认同的影响。⑧ 傅淳等人探讨了包括傣族在内的瑞丽市少数民族的教育问题，并提出了可能的途径和方法。⑨ 王远新对瑞丽市云井村村民的语言使用和语言态度进行了调查，探讨了边境村落的语言文化生活。⑩ 还有学者从媒介人类学的角度对瑞丽傣族普通家庭的照片进行解读，认为照片是一种文

---

① 简君艾：《论傣族孔雀舞表演的形式及发展》，载汪宁生主编《民族学报》，云南人民出版社，2013年版，第10辑。
② ［日］长谷川清：《民族表象与文化实践：以云南傣族孔雀舞为例》，《广西民族大学学报》（哲学社会科学版）2009年第3期。
③ 吴之清、杨杰、墨婧金：《试论南传佛教对云南傣族审美艺术的影响》，《宗教学研究》2013年第3期。
④ 郝云华、贺天增：《德宏傣族佛教建筑之佛塔艺术》，《民族艺术研究》2011年第5期。
⑤ 卢山：《云南傣族小乘佛教建筑比较研究》，《华中建筑》2002年第4期。
⑥ 刀承华：《德宏傣族婚姻习俗与社会文化的关系》，《云南民族大学学报》（哲学社会科学版）2006年第3期。
⑦ 王淑玲：《云南边境上的"口岸明珠"——瑞丽市边贸调查与思考》，《民族研究》1995年第1期。
⑧ 沈乾芳：《瑞丽傣族地区的经济发展与民族认同》，《贵州民族研究》2015年第3期。
⑨ 傅淳：《云南瑞丽市发展少数民族学前教育的途径与方法研究》，《民族教育研究》1997年第1期。
⑩ 王远新：《"一寨两国"的语言生活——云南省瑞丽市云井村村民语言使用和语言态度调查》，《陕西师范大学学报》（哲学社会科学版）2017年第4期。

化记忆的建构方式。① 除此之外，还有不少关于瑞丽傣族生态环境、老年人健康、艾滋病防治等方面的研究。由于傣族多分布在边境地区，其与境外民族的交往问题也受到关注。

目前许多关于瑞丽傣族的研究成果都是从其历史、宗教、仪式、文化艺术等方面入手。相较于西双版纳的傣泐这一支系的研究，学界对于瑞丽乃至德宏地区傣族及其支系的关注仍显不足。以往的研究更多地从宏观的视角阐述整个瑞丽傣族乃至云南傣族，或对其个别村寨、家庭进行研究，已有的研究成果多以"瑞丽傣族"为题，鲜有专门针对傣卯人这一支系的研究。

2. 关于傣族社会交往的研究

云南的跨境民族因其分布广阔、数量众多、文化多元等特点而受到学术界的广泛关注。随着近年来国家"一带一路"倡议的提出，跨境民族的跨境交往、文化互动也越来越受学术界的关注。其中，诸多学者对云南跨境民族与境外同源民族在经济、社会和文化上的联系进行了卓有成效的研究。郭家骥指出，云南的众多跨境民族在多个领域存在着广泛的文化交流和互动，跨境民族文化交流互动在总体上有利于边疆繁荣稳定的同时，也面临一些问题和隐忧，并提出相应的建议和措施。② 崔海亮指出增进跨境民族内部和跨境民族之间在经济文化方面的交往、交流与交融，对于改善周边关系、保证"一带一路"战略的顺利实施、打破西方国家的经济封锁与政治孤立都将发挥决定性的作用。③ 段颖以中国西南边陲与东南亚地区的田野经验为基础，分析区域中多族群往来中所形成的交往规范，进而分析不同群体在区域"流动的地方性"中所形成弹性、灵活的族群关系、生存心态与实践策略。④ Janet C. Sturgeon 指出中老两国边境地区的哈尼/阿卡人、傣族（泰族）之间的跨境合作种植活动越来越频繁，对这些跨境民族的经济社会发展起到较好的作用。⑤ 这些研究对跨境民族

---

① 孙信茹、杨星星：《家庭照片：作为文化建构的记忆——大等喊傣族村寨的媒介人类学解读》，《新闻大学》2012 年第 3 期。

② 郭家骥：《云南周边跨境民族文化交流互动与边疆繁荣稳定》，《云南社会科学》2015 年第 6 期。

③ 崔海亮：《"一带一路"背景下中国跨境民族的中华民族认同》《云南民族大学学报》（哲学社会科学版）2016 年第 1 期。

④ 段颖：《区域网络、族群关系与交往规范——基于中国西南与东南亚田野经验的讨论》，《广西民族大学学报》（哲学社会科学版）2016 年第 4 期。

⑤ Sturgeon J. C., "Cross-border Rubber Cultivation between China and Laos: Regionalization by Akha and Tai Rubber Farmers", *Singapore Journal of Tropical Geography*, Vol. 34, No. 1, 2013, pp. 70–85.

之间的交往内容、形式及利弊都进行了大量的分析。

傣族为我国的跨境民族之一,其与境外同源民族在文化互动、经济交往等方面的联系也受到众多学者的关注。早时有江应樑运用人类学和历史学相结合的方法对傣族的族源、历史及经济文化生活等方面进行了较为全面的研究。① 田汝康以"摆"为切入点,在对其各种集体活动的描述中,也展现了芒市边民与缅甸的宗教往来活动。② 尤中在叙述古代中缅之间的经济文化交流时,也注意到了德宏州傣族与缅甸边民之间的经济交往活动。③ 李锦云等人认为德宏地区的跨界民族处于一种"和平跨居"的状态,并在此背景下构建了一个民族文化传播平台,积极开展民族文化对内传承与对外传播活动。④ 董强从经济、政治、文化等方面全面分析了德宏州改革开放以来的跨界民族关系。⑤ 我国境内的傣族多信奉佛教,其与境外同源民族的宗教往来一直是学界关注的热点问题。龚锐以云南西双版纳打洛镇傣族与缅甸北部掸族的跨境宗教交往为切入点,分析由这一交往结构所引发的跨境民族在经济、文化方面的相互联系,以及在此基础上产生的文化认同和文化互动等。⑥ 张振伟探讨了中缅边境地区缅甸籍僧侣的非法跨境流动及居留问题,指出不同族群的文化等差异应被纳入到国家边境管理制度制定的视野中。⑦ 长谷川清对德宏地区的傣族及其与境外掸族等民族的宗教互动、跨境交往等有较为详细的阐述。⑧ 学者们从多个角度对傣族的跨境交往展开论述,使我们对傣族与国外同源民族之间的交往形式、交往内容等有了更为深入的了解,为后续研究提供了充实的材料。

随着全球化进程的加剧,所谓"封闭"的社区早已不存在。许多傣族社区

---

① 江应樑:《傣族史》,四川民族出版社1983年版。
② 田汝康:《芒市边民的摆》,云南人民出版社2008年版。
③ 尤中:《古代中缅之间的经济文化交流》,《云南民族学院学报》(哲学社会科学版)1993年第3期。
④ 李锦云、耿新:《"和平跨居"背景下云南省德宏州跨界民族文化传播研究》,《西南民族大学学报》(人文社科版)2016年第2期。
⑤ 董强:《改革开放以来德宏傣族景颇族自治州跨界民族关系研究》,博士学位论文,中央民族大学,2011年。
⑥ 龚锐:《在异域与本土之间——中国西双版纳打洛镇傣族与缅甸掸族的跨境宗教文化交往》,《贵州民族研究》2006年第3期。
⑦ 张振伟、高景:《中缅边境勐龙镇缅甸籍僧侣的策略性生存与地方性管理调适》,《思想战线》2016年第1期。
⑧ [日]长谷川清:《宗教互动与地域性的再构成——德宏地区的佛教社会》,载塚田诚之、何明主编《中国边境民族的迁徙流动与文化动态》,云南人民出版社2009年版,第36—69页。

近年来不断引进新型经济作物，逐渐扩大交往圈子，加强了与其他国家、地区、族群的合作。谷家荣对傣族的跨国婚姻现象进行了调查，分析了地域、身份与认同等因素之于其影响。① 诸建芳在前人的基础上进行了再研究，对村寨的仪式生活进行了全面、细致的田野考察，分析了傣族社会文化的经济伦理与等级秩序。② 张洁关注到了云南德宏州边境地区的"三非"人员跨境违法犯罪问题。③ Enze Han 介绍了中国与东南亚的跨境民族关系和宗教关系，通过分析文化、政治和经济对中国西南少数民族关系的影响，探讨了中国与佛教僧伽、跨境民族和宗教团体在艾滋病预防和关爱等社会问题上的合作关系。④

在已有的研究成果中，从经济、政治到宗教往来、跨境婚姻及跨境合作乃至跨境违法犯罪等，学者对傣族与境外同源民族及其他民族之间交往联系的调查研究已涉及诸多方面。值得肯定的是，这些研究对傣族的跨境交往内容、形式及利弊都进行了大量的分析，具有重要的参考价值。

总体而言，当前专门针对傣卯人生肖乃至傣卯人的研究仍然有所欠缺，且并未见到将傣卯人生肖作为研究其社会结构等问题的切入点的研究。因而，以生肖作为切入点来研究和分析傣卯人的社会文化结构，可在研究材料上补充前人在该研究领域上的不足，有着研究视角上的创新性，在当前全球化影响下人口高度流动和民族国家交往频繁的背景下，具有积极的学术价值和现实意义。

（二）关于傣族村寨的研究

"村寨"一直是民族学人类学学科领域的一个经典话题，从一个地方去理解民族文化的研究尽管引起较多争论，但是研究对于理解中国有很大贡献。⑤ 近年来，这些研究更多。关于傣族的研究也多以村寨为分析单位，当前学术界对

---

① 谷家荣：《地域、身份与认同——云南金水河村傣族跨国婚姻调查》，《青海民族研究》2009年第4期。
② 诸建芳：《人神之间——云南芒市一个傣族村寨的仪式生活、经济伦理与等级秩序》，社会科学文献出版社2005年版。
③ 张洁：《边境地区"三非"人员跨境违法犯罪问题研究——以云南省德宏傣族景颇族自治州为例》，《云南警官学院学报》2014年第2期。
④ Enze Han, "Transnational ties, HIV/AIDS Prevention and State-minority Relations in Sipsongpanna, Southwest China", *Journal of Contemporary China*, Vol. 3, No. 1, 2013, pp. 594–611.
⑤ 费孝通：《江村经济——中国农民的生活》，商务印书馆2002年版，第178页；费孝通、张之毅：《云南三村》，天津人民出版社1990年版，第6页；林耀华：《金翼：一个中家族的史记》，庄孔韶、方静文译，生活·读书·新知三联书店2015年版；庄孔韶：《银翅：中国的地方社会与文化变迁（1920–1990）》，生活·读书·新知三联书店2016年版。

于傣族村寨的研究成果斐然。

1. 关于村寨空间与村寨文化的研究

在村寨空间研究方面。艾菊红通过观察西双版纳傣泐所营造的居住空间，将其居住空间概括为"家屋—村寨—勐"逐层向外扩展的层级结构，认为这种内外分隔的空间秩序构成了傣泐社会运转的基本空间图式，是傣泐人人生观和宇宙观的重要反映。① 周静帆、裘鸿菲以德宏地区傣族传统聚落研究为例，探讨了傣族宗教信仰对村寨形态的影响。② 王丽丽等人以西双版纳勐景来村为例，探讨了民族旅游村寨的空间生产是一种包含了外生性内化与内生性外化的双向互动实践过程。何庆华关注傣族祭寨神仪式空间的排他性问题。③ 还有学者从物质空间和非物质空间两个层面对于现有的村寨空间进行实地问卷调研，以注重傣族村寨物质空间的原真性、异质性、联动性。④

一些关于傣族村落文化的研究成果主要涉及村寨的村寨组织、宗教文化、节日文化、语言文化、旅游文化等诸多方面，如尹可丽探讨了傣族村寨的组织管理模式及社会取向。⑤ 伍琼华、闫永军关注到了指滇南南传上座部佛教流行区域傣族村寨中处理村寨纠纷、传承伦理道德的民间组织——"细梢老曼"，指出该组织在传承和维护传统文化、促进傣族社区和谐、建立良好社会秩序方面发挥了重要作用。⑥ 刘华以傣族曼刚寨为例，探讨了傣族村寨中的互助习惯法这样约定俗成的民间制度的内容、特点、变迁因素等。⑦ 赵凤珠探讨傣族语言本身的发展变化和影响傣族语言发展变化的诸因素，研究傣族语言的现状及其发展演变。⑧ 章立明关注到傣族村寨中的宗教人物安章与披拨，通

---

① 艾菊红：《西双版纳傣泐的居住空间结构及其认知逻辑》，《民族研究》2016年第1期。
② 周静帆、裘鸿菲：《论傣族宗教信仰对傣族村寨景观的影响——以滇西德宏地区傣族传统聚落研究为例》，《华中建筑》2011年第9期。
③ 何庆华：《傣族祭寨神仪式空间的排他性》，《思想战线》2019年第4期。
④ 马丹阳、苏晓毅：《云南傣族村寨物质空间和非物质空间优化设计研究——以曼春满村为例》，《华中建筑》2018年第7期。
⑤ 尹可丽：《傣族村寨的组织管理模式及社会取向》，《云南民族大学学报》（哲学社会科学版）2005年第4期。
⑥ 伍琼华、闫永军：《傣族村落中的传统权威组织——曼安村的"细梢老曼"与乡村秩序》，《云南民族大学学报》（哲学社会科学版）2012年第3期。
⑦ 刘华：《二元结构下傣族互助习惯法研究——以傣族曼刚寨为例》，《云南大学学报》（法学版）2011年第2期。
⑧ 赵凤珠：《对傣族语言产生影响的诸因素——以嘎洒镇部分村寨为例》，《云南师范大学学报》（哲学社会科学版）2010年第1期。

过对两种宗教人物的介绍和社会功能的描述，认为安章与披拨现象的产生原因和存在条件与自然环境中的生态适应和宗教禁忌相关。① 赵旭东、朱鸿辉基于云南西双版纳一个傣族村寨的民族志考察探讨文化表征的传递问题。② 徐伟兵以西双版纳曼景傣寨为例，探讨了作为傣族主食的稻米是如何与傣族"欢"的观念认知相结合并转化为象征符号，并以此勾连各个文化事项。③ 还有一些学者从医学人类学的视角研究傣族村寨。④ 从旅游发展的角度去理解村寨结构的研究也有不少，如孙九霞等人以西双版纳傣族园为例，探讨了旅游发展模式等问题，强调了社区参与是旅游可持续发展的重要因素。⑤ 艾菊红通过对西双版纳傣族园、新平县漠沙镇大沐浴民族文化生态旅游村和新平县腰街镇南碱民族文化生态村三个傣族文化生态旅游村的"旅游场域"进行分析，探讨了保证文化生态旅游可持续发展的两个重要条件。⑥ 桂榕、吕宛青也以西双版纳傣族园为例，说明旅游—生活空间是民族旅游社区文化旅游化保护的空间格局，是民族旅游社区地方再造及现代化发展的必然结果。⑦

不少关于村寨结构与关系的著作都有一些共同的特点，即都是从一个村寨的事象或是人物关系分析村寨，然后从村寨内部向外延伸，形成更大的话语体系。但是，那些可能不具有普遍性的关于村寨结构与关系的个案研究的价值也应该受到重视，即便人类学家经常试图从单个的文化事象中揭示出普遍原则，通过深入的分析和理解一种文化事象并将其作为展现要素与系统、部分与整体之间的关系的切入点，从而揭示其下的持久的自然发展过程也是尤为重要的。

---

① 章立明：《安章与披拨——人类学视野中的禁忌分析》，《中央民族大学学报》（哲学社会科学版）2002 年第 5 期。
② 赵旭东、朱鸿辉：《传递文化表征何以成为可能——基于云南西双版纳一傣族村寨的民族志考察》，《吉首大学学报》（社会科学版）2017 年第 5 期。
③ 徐伟兵：《稻米、信仰与秩序——以西双版纳曼景傣族为例》，《西南民族大学学报》（人文社会科学版）2019 年第 9 期。
④ 段忠玉、李东红：《多元医疗模式共存的医学人类学分析——以西双版纳傣族村寨为例》，《学术探索》2014 年第 9 期。
⑤ 孙九霞、保继刚：《社区参与的旅游人类学研究——以西双版纳傣族园为例》，《广西民族学院学报》（哲学社会科学版）2004 年第 6 期。
⑥ 艾菊红：《文化生态旅游的社区参与和传统文化保护与发展——云南三个傣族文化生态旅游村的比较研究》，《民族研究》2007 年第 4 期。
⑦ 桂榕、吕宛青：《旅游—生活空间与民族文化的旅游化保护——以西双版纳傣族园为例》，《广西民族研究》2012 年第 3 期。

在一个世纪之前就有学者意识到:"社会与社会之间是在不断地彼此交流着的。城市与城市之间,农村与农村之间,城市与农村之间都是在交流着。不仅如此,甚至农村的文化都不是封闭式的文化。人们的信仰和风俗习惯也都是在交流着的状态。"① 在当前全球化经济发展迅速和人口流动日益频繁背景下,通过村寨与外界的关系、人际往来等可以更好地理解村寨结构。现代社会的村寨早已不可能是一个封闭的、与世隔绝的社区,学者在做调查和研究时,"关系"这个变量是不得不考虑的因素,只有这样,对村寨结构的研究才会更加客观、系统和整体。时至今日,许多学者都更为重视这一问题。如马翀炜、汪洋对瑞丽弄贺村村民热衷于到缅甸南坎集市赶街的现象进行了调查和研究,认为边民的跨境消费行为是中缅国境线划定之前形成的市场行为的惯习,并不符合经济理性的跨境消费行为得以实现是以赋予发展滞后的缅甸以"传统"特色的移情为文化基础的。② 随着现代网络技术的发展,各种新的通信和交流方式不断进入傣族村寨,不少学者关注到互联网、媒体对现实生活的融合等问题,如徐何珊关注到了西双版纳傣族曼列寨村民使用"微信群"的情况,考察了傣族村寨传统社会组织的结构与特点以及傣族村民从现实社会交往到互联网社群交往的过程。③ 孙信茹通过对云南普米族乡村一群年轻人的微信使用和微信群活动——自我表达和互动表现的民族志考察,认为借助微信,个体在生活空间与网络虚拟空间之间可以自由转换。④

综上所述,已有的关于傣族村寨的研究的切入点多种多样,涉及诸多不同的人群、事物、文化事象,研究内容上的差异为人们提供了多角度的理解。即便是对同一个事物或者事象的考察也可以是多角度的,由此呈现出来的东西也都完全不同。村寨是大多数傣卯人生活的基本单位,傣卯人的村寨是以村寨利益为最高原则来组成和维系村寨社会文化关系并运行日常生活的村寨主义的社会文化制度。对"村寨主义"的思想进行介绍和分

---

① [美]罗伯特·芮德菲尔德:《农民社会与文化:人类学对文明的一种诠释》,王莹译,中国社会科学出版社 2013 年版,第 3 页。
② 马翀炜、汪洋:《作为传统的异域集市——以瑞丽弄贺村民跨境赶街习惯为中心的讨论》,《中央民族大学学报》(哲学社会科学版)2018 年第 4 期。
③ 徐何珊:《"微信群"与傣族村寨社会的并接——以西双版纳曼列寨为例》,《西南民族大学学报》(人文社科版)2019 年第 1 期。
④ 孙信茹:《微信的"书写"与"勾连"——对一个普米族村民微信群的考察》,《新闻与传播研究》2016 年第 10 期。

析是必要的。

2. 关于村寨主义的研究

马翀炜提出:"村寨主义是以村寨利益为最高原则来组成和维系村寨社会文化关系并运行村寨日常生活的社会文化制度。"① 并认为,以村寨利益为最高原则来组成和维系村寨社会文化关系并运行村寨日常生活的社会文化制度的村寨主义在西南不同的民族中具有相当的普遍性。村寨主义村寨有寨门、寨神、寨心、村寨生肖墙等明确的村寨物理空间标识,许多汉族村寨则以"多姓一祠"为空间标识,并且用系统的村寨性祭祀活动来建构和强化村寨空间神圣性,村寨性的各种节日活动等村民的集体行动总是遵循以村寨为边界的文化逻辑。经过必要的入村仪式并遵循相应的文化礼俗是获取村民资格的路径,由此而使村寨具有并不囿于民族关系以及血缘关系限制的开放性。村寨的社会结构及信仰体系会确保以村寨利益为主,家庭、宗族利益次之的方式协调村内关系,以使村寨主义文化逻辑得以遵循。虽然不同民族的村寨的文化内容会有差别(异质),但社会结构和结构规则等形式是基本一致的(同构)。无论是平地,还是高原;无论是坝区,还是山区,众多村寨在组成村寨社会时所遵循的结构原则是基本一致的。作为村寨内的"地方"是具体的、规制的、秩序的,但安全的;作为村寨外的"空间",则是抽象的、空洞的,但充满想象的。正是基于共享相同或相近的村寨主义逻辑,从而"人同此心,心同此理",不同村寨之间,包括不同的民族村寨之间,在交往的过程中能够较为清晰地以村寨主义的逻辑揆情度理地理解不同文化的村寨结构逻辑,"此心安处是吾乡",村寨结构的一致性会弱化族群之间的竞争,不易导致龃龉相恶,因而文化可以保持多元的状况,并且因同构而可以发生共鸣,并易于相互理解,从而和谐共生。

村寨主义的提出引发了更多关于村寨的研究的思考,使我们不再囿于前人所提出的基于宗族关系、宗教关系、市场关系的范式,村寨主义为我们提供了一个理解傣族地方社会的新的维度。

(三)关于生肖动物符号的研究

本书从生肖的角度来理解和分析傣卯人的社会文化结构。由于生肖符号

---

① 马翀炜:《村寨主义的实证及意义——哈尼族的个案研究》,《开放时代》2016年第1期。

之间的逻辑关系，生肖符号与时间和空间之间的关系等在傣卯人社会中发挥着重要的作用和影响，因而需要将当前学术界对生肖文化乃至傣族的生肖文化的研究做相关梳理。通过对这几方面已有的关键文献的述评，可以看出本书所能推进之处。

1. 关于生肖文化的研究

生肖又称属相，生肖文化作为中国传统文化的重要组成部分，长期以来受到民俗学、考古学、文学等不同学科诸多学者的关注。当前学术界关于生肖的研究成果斐然，尤以汉族十二生肖的研究居多。其中，关于生肖的起源问题一直有诸多探讨。有关十二属相的文字史料记载最早见于东汉人王充所著的《论衡·物势篇》，说明它形成的时间最迟应在汉代以前，迄今已有2100年的悠久历史。① 生肖的起源大致可分为本土说和外来说。在本土说中，董家遵等学者认为生肖源于图腾崇拜②，黄建荣也认为，十二生肖应该同人类最初的婚姻生育状况有联系，因为十二生肖的十二种动物恰恰是人类初民所崇拜的各种动物图腾的一部分。③ 王贵元质疑将秦汉简牍十二禽中出现的与后世十二生肖名称不同称谓解释为是通过声音假借的方法联系到后世相应的动物名上的传统思路，指出十二生肖的起源地并不是域外，而是中国。④ 郑文光认为十二生肖的出现主要源于人们对星象的联想，以寅虎的例子最典型。⑤ 吴乃华等人则认为生肖的产生源于多方面的影响，经过数百年乃至数千年不同文化的交融汇合形成的。⑥ 在外来说中，马英昌认为，古印度佛经十二神兽轮流值岁的故事应是中国十二生肖习俗的源头。其传播过程大致是：公元前3世纪印度孔雀王朝阿育王统一印度后，大力提倡佛教，并向中亚派遣僧侣使节宣传佛教，以鼠为首的十二兽轮流值岁巡行阎浮提故事当在此时或稍前传入中亚，被一些游牧民族包括匈奴所接受，演化为匈奴十二兽纪年习俗。秦汉之际，汉匈往来频繁，十二肖兽习俗传入中国而盛行于东汉初年，并与传

---

① 程明、刘慧中：《试论述十二生肖文化的价值取向》，《南方文物》2007年第4期。
② 何星亮：《图腾文化与人类诸文化的起源》，中国文联出版公司1991年版，第331—334页。
③ 黄建荣：《十二生肖——图腾崇拜的延伸——中华民族十二生肖探源》，《社会科学战线》1994年第5期。
④ 王贵元：《十二生肖来源新考》，《学术研究》2008年第5期。
⑤ 吴裕成：《中国生肖文化》，天津人民出版社2003年版，第75页。
⑥ 吴乃华、魏彬编著：《奇趣生肖历》，气象出版社2003年版。

统的干支纪年合二为一。① 郭沫若也认为生肖为外国传入,他运用殷商甲骨卜辞提供的材料,着力寻找中国十二辰与巴比伦十二星座的相关,认为生肖源于古巴比伦。② 但是吴裕成认为"生肖外来说"不可取,因为1975年云梦出土的秦简即否定了郭沫若在《释支干》中有关十二生肖为西汉武帝通西域时传入的推论。③ 有关生肖起源说的文献非常之多,但是至今并未有明确的结论。一方面说明生肖存在已久;另一方面也说明生肖经过了长期的发展和演变,已然融入了不同时间和空间背景下的诸多文化因素。

以生肖为视角来探讨艺术、语言、人的思维模式等问题的研究亦不在少数。邓菲以两宋时期考古出土的生肖图像为研究对象,讨论该题材在10世纪以后的发展、变化、时代及区域特征,试图理解十二生肖像在丧葬艺术中呈现出的复杂表现与多重的意涵。④ 这也是生肖文化研究的重要方法和视角。潘殊闲等认为十二生肖中十二种动物的有序排列,渗透了丰富的阴阳思想。⑤ 刘白玉、李贵升等结合文化元素探讨了十二生肖的汉英翻译问题。⑥ 马妍、谭远发等结合调查数据,探讨了出生人口与生肖偏好的关系。⑦ 同样,Paul S. F. Yip等人通过对中国香港特区1988年和2000年龙年暂时性生育增长的情况,探讨了生肖年、生肖偏好对生育率的影响。⑧ 国外的不少研究都是运用数据资料探讨生肖、星座等与现实现象之间是否真的存在联系。如Joche K. Schuld等人的研究指出有超过40%的医务人员确信生肖等会影响人类行为,其通过数据探讨了生肖、月相、十三号、星期五这种特殊的日期和符号对紧急手术和术中失血的影响,得出这种信仰是不符合现实的神话传说。⑨ 刘青通过对甲骨卜

---

① 马英昌:《中国十二生肖起源探微》,《西北师大学报》(社会科学版)1999年第4期。
② 转引自吴裕成《中国生肖文化》,天津人民出版社2003年版,第69页。
③ 参见吴裕成《中国生肖文化》,天津人民出版社2003年版,第70页。
④ 邓菲:《形式与意涵的多元化——论两宋考古资料中的十二生肖像》,《民族艺术》2015年第6期。
⑤ 潘殊闲:《"一阴一阳之谓道"与中国十二生肖的阴阳》,《西华大学学报》(哲学社会科学版)2014年第2期。
⑥ 刘白玉等:《对十二生肖汉英翻译的思考》,《中国翻译》2010年第4期。
⑦ 马妍等:《吉年生吉子?中国生肖偏好的实证研究——基于1949—2008年出生人口数》,《人口研究》2010年第5期。
⑧ Paul S. F. Yip, Joseph Lee, Y. B. Cheung, "The Influence of the Chinese Zodiac on Fertility in Hong Kong SAR", *Social Science & Medicine*, Vol. 55, No. 10, 2002, pp. 1803–1812.
⑨ Jochen Schuld, Jan E. Slotta, Simone Schuld, "Popular Belief Meets Surgical Reality: Impact of Lunar Phases, Friday the 13th and Zodiac Signs on Emergency Operations and Intraoperative Blood Loss", *World Journal of Surgery*, Vol. 35, No. 9, 2011, pp. 1945–1949.

辞的研究指出，生肖文化与《易》文化两种文化背后的思维模式有异曲同工之妙，它们同样遵循着观物取象、类比、趋吉避凶等思维模式，并认为这种思维模式即华夏民间文化的基本思维模式。① 这种以生肖文化探讨人的思维模式的研究是很多民族学人类学乃至民俗学等学科研究生肖文化的主要思路。另外，还有学者从生肖造型艺术等方面对生肖文化进行研究。②

事实上，生肖作为一种具有普遍性的文化现象，存在于世界上的许多民族和地区。吴裕成列举了中国诸多少数民族及与中国邻近的日本、朝鲜、柬埔寨等国家的生肖，指出这些生肖动物的种类和排序等与汉民族的十二生肖都是有所差异的。③ 对于十二生肖与二十八星宿、三十六禽以及六十甲子之间的关系问题也一直在为人们所探讨。④ 随着中国传统文化在世界范围内的传播，国外关于中国生肖（主要是十二生肖）的研究日益增多，对计算生肖的方法⑤，以及十二生肖与五行、天干地支等之间的对应关系⑥等都有涉及。因而，各地的生肖文化是有差异的，不同的人对于生肖的理解也是不同的。⑦ 有学者关注到了我国少数民族的生肖文化，并将其与汉族的十二生肖进行比较。如新疆维吾尔族的十二生肖中，辰的属相不是龙而是鱼。新疆柯尔克孜族的十二生肖中有鱼和狐狸。而蒙古族的纪年以虎年为首，顺序为虎、兔、龙、蛇、马、羊、猴、鸡、狗、猪、鼠、牛。即便同属一个民族，他们的生肖也存在地区差异，如居住在川黔滇一些地方的彝族使用与汉族相同的十二生肖，而毛道彝族的十二生肖则是鼠、羊、虫、兔、龙、鱼、肉、人、猴、鸡、狗、猪；桂西地区的彝族的十二生肖是龙、凤、马、蚁、人、鸡、狗、猪、雀、牛、虎、蛇；刘尧汉提供的哀牢山彝族的十二生肖是虎、兔、穿山甲、蛇、

---

① 刘青：《从甲骨卜辞看十二生肖之衍生——兼论十二生肖衍化的思维模式》，《思想战线》2008 年第 5 期。
② 袁光富：《生肖造型的图式演变与当代社会的价值取向》，《民族艺术》2011 年第 2 期。
③ 吴裕成：《生肖与中国文化》，人民出版社 2003 年版，第 65—81 页。
④ 吴裕成：《生肖与中国文化》，人民出版社 2003 年版，第 47—56 页。
⑤ Caroline Qwens, "Chinese Zodiac—a Modulo 12 System", *The Mathematics Teacher*, Vol. 76, No. 7, 1983, p. 468.
⑥ John F. Lamb Jr., "A Chinese zodiac mathematical structure", *The Mathematics teacher*, Vol. 93, No. 2, 2000, pp. 86–91.
⑦ Shelly Wu, *Chinese Astrology: Exploring the Eastern Zodiac*, Franklin Lake: The Career Press, 2005.

马、羊、猴、鸡、狗、猪、鼠、牛。① 同样,同属傣族的西双版纳地区的傣泐支系与瑞丽江两岸地区的傣卯支系的生肖也有很大差别,傣泐使用以年划分的十二生肖,而傣卯人却赋予人和村寨的八生肖,一年中同一天出生的人可能属两个不同的生肖。已有的文献中虽有少数民族生肖的相关叙述,但多为简单的介绍,并没有做详细的区分。如曲彦斌在其文章中虽列举了印度、埃及、希腊和巴比伦与中国十二兽的异同以及彝族、黎族、维吾尔族及傣族的十二兽计历方法,却并未做深入探讨。② 罗曲将彝族付拖图与《羌族释比图经》中的五行生肖进行对比与解读。③ 另有为数不多的文章将中国的生肖动物词语、生肖谚语的文化内涵与国外的进行对比分析。④ 其他有关少数民族生肖的探讨也多为简单提及。总体而言,这类研究基本还是在围绕汉族的十二生肖来阐述。

已有的关于生肖的研究成果中介绍了不少国家、地区和民族的生肖,让我们对世界上丰富的生肖文化有了更多的认识。然而,不少研究流于简单而粗略的介绍,并没有对如不同地区的同一个民族的生肖,或是同一个民族的不同支系的生肖之间的差异做详细的区分,也并未说明即便是同一个民族之间的不同支系,或是分处不同国家或地区的同一民族之间的生肖文化也会有较大差异,因而,不少研究有以偏概全的嫌疑。

许多关于生肖文化的文献虽综合多个学科的研究视角,运用不同的研究方法和思路对生肖文化进行探讨,但多为对生肖文化进行寻源式的研究,较多见于将生肖作为民俗文化来解释。并且已有文献多是将汉族的十二生肖作为研究对象和基础,对中国其他区域和民族生肖文化的研究只见零星。

尽管学界对生肖的由来说存在诸多争议,关于其具体起源时间的研究也未有定论,但是生肖标记时间、指代空间方位这一点几乎是得到肯定的。诚如王红旗所说,生肖文化的核心是将人的出生时间与某种动物或其他事物联系起来。⑤ 日本、泰国、新加坡等国家以生肖纪年,每年都与一个生肖动物相

---

① 吴裕成:《十二生肖与中华文化》,天津人民出版社1992年版,第51—57页。
② 曲彦斌:《生肖文化考》(下),《文化学刊》2012年第5期。
③ 罗曲:《彝族"付拖"与〈羌族释比图经〉中五行生肖的对比与解读》,《民族学刊》2017年第2期。
④ 金兰、胡玥:《"生肖谚语"在汉语言和韩语言学中的对比》,《语文建设》2015年第18期。
⑤ 王红旗:《神妙的生肖文化与游戏》,生活·读书·新知三联书店1992年版。

对应,近于中国汉族的十二生肖纪年。众所周知,汉族的十二生肖是由天干、地支和阴阳五行支配的,不仅与时间相联系,还指代具体的空间方位,如卯兔对应东方,酉鸡对应西方,午马对应南方,子鼠对应北方,等等。我国诸少数民族的生肖也几乎与纪年、纪月有关,如柯尔克孜族以生肖纪年,维吾尔族以生肖纪月,藏历不仅以鼠、牛、虎等纪年,还将十二生肖依次配合五行,与阴阳结合,等等。傣卯人的生肖同样是与具体的时间和空间相联系的。另外,一些民族的节日还与生肖有关,如聚居于黔东南苗族布依族自治州和广西大苗山地区的苗族的传统节日苗年多在卯(兔)、丑(牛)日;云南梁河县的阿昌族民间祭土主活动,在二月属马日举行①;等等。

因此,生肖与时—空的关系及与各种文化事象之间的勾连也受到关注。因生肖与具体的时间有关,有学者就人是否在为选择特定的生肖年份而生育的事项进行了探讨,并通过数据来分析生肖年份是否真的对人们的生育选择产生影响。②而关于对生肖偏好的讨论也一直为人们所讨论,如日本民间认为属马不吉利,并回避在马年生孩子③;韩国传统上认为马年对女儿的诞生具有不利影响④;而汉族社会多有"属羊的女人命不好"的说法,并表现出对"龙"的偏好,这甚至是国外对中国人关于生肖偏好的一种印象……⑤

此外,涂尔干和莫斯还注意到了生肖对于婚姻关系缔结的影响的现象。⑥有学者对清水江流域的苗族的流行生肖与地支相配,将乡镇赶场日期固定在某个生肖日的生肖场的现象进行了调查,发现贵州凯里所辖乡镇在生肖历法推动下形成以市区为中心转动的"场圈",提出生肖历法在苗族社会结构体系中仍具有不可替代的时间调节功能。⑦

---

① 吴裕成:《中国生肖文化》,天津人民出版社2003年版,第54页。
② 谭远发、孙炜红、周云:《生肖偏好与命运差异——为何"龙年生吉子,羊年忌生子"》,《人口学刊》2017年第3期。
③ Takenori Aso, "Cultural Influences on Fertility in Japan: The Case of the Year of the Fire Horse as an Application of the Modified Demographic Transition Model", *Dissertation Abstracts International*, 1978.
④ Jungmin Lee and Myungho Paik, "Sex Preferences and Fertility in South Korea during the Year of the Horse", *Demography*, Vol. 43, No. 2, 2006, pp. 269 – 292.
⑤ Daniel M. Goodkind, "Creating New Traditions in Modern Chinese Populations: Aming for Birth in the Year of the Dragon", *Population and Development Review*, Vol. 17, No. 4, 1991, pp. 663 – 686.
⑥ [法]爱弥尔·涂尔干、马塞尔·莫斯:《原始分类》,汲喆译,上海人民出版社2000年版,第85页。
⑦ 龚露、张诗亚:《"场圈"与文化认同:凯里苗族生肖场研究》,《中央民族大学学报》(哲学社会科学版)2019年第5期。

导 论

事实上，生肖不仅与时—空有关，还关涉到具体事物和事件的属性，如吉、凶、禁忌、特定的颜色等。因而，生肖从某种程度上讲是也是一种分类体系。分类是人的逻辑思维的重要反映。涂尔干和莫斯认为，在中国的分类类型中，最引人注目、最富有启发性的杰作就是中国人的察天文、观星象、利用地磁和星术来进行卜占预测的体系，并认为这个体系本身又是由大量相互混同的体系组成的。这包括在空间方向上由不同的动物主管，把汉族十二生肖理解为年份，不仅归入了五大要素（金、木、水、火、土），也归入了用动物来代表自身的区域。时间本身也像空间、事物和事件一样构成了分类的一部分。四季对应于四方，中国人形成了一种对我们现行的观念来说简直不可思议的观念，即非同质的时间观念。① 而区域、季节、事物和五种的分类支配了中国人的全部生活。② 另外，泰勒在《原始文化》中讲述了大量跟动物符号有关的巫术、占卜等行为，如将动物作为可能适合它们相遇的那些人的预兆。③

考虑到在不同的民族与地区文化中，不同的语言具有不同的符号及符号编码程序，因为文化的不同而造成的认知的文化图式差异问题是经常存在的。④ 因而，也只有参照特定的时间与空间，生肖才具有其地方性的文化意义。这就表明即便是同一种生肖，其在不同的民族和地区中所具有的文化意义也是不同的。不同社会的生肖大致拥有的共同点不外乎与特定的地方性的具有情境性的时间、空间相联系，这一点就足以说明生肖文化是属于地方性知识的范畴。正如埃文思·普理查德只能根据努尔人与环境之间的关系及其在社会结构中彼此的关系来为他们的时间概念做出生态时间和结构时间的划分。⑤ 而工业社会劳动分工的必要性使得我们有了小时、分、秒等时间概念。与现代工业社会抽象的时间不同，传统社会的时间概念往往是与具体的空间相结合而成为具象性的，并具有人文意义。对这类具象性的、具有人文意义

---

① 参见［法］爱弥尔·涂尔干、马塞尔·莫斯《原始分类》，汲喆译，上海人民出版社2000年版，第73—83页。
② ［法］爱弥尔·涂尔干、马塞尔·莫斯：《原始分类》，汲喆译，上海人民出版社2000年版，第77页。
③ ［英］爱德华·泰勒：《原始文化》，连树声译，上海文艺出版社1992年版，第127页。
④ 马翀炜：《作为敞开多元生活世界方法的民族志》，《思想战线》2014年第6期。
⑤ ［英］埃文思·普理查德：《努尔人——对尼罗河畔一个人群的生活方式和政治制度的描述》，诸建芳、闫云昌、赵旭东译，华夏出版社2002年版，第114—127页。

的时间概念及其所包含的社会规范和文化逻辑的理解可以成为对特定区域中的社会文化进行认识的路径。因而，那些所谓的民族的、区域的生肖事实上只有与特定历史空间中具有社会文化意义的人互相参照才具有实质性的意义，这在赋予生肖以不精确和变化不定这一特征的同时，也表明了生肖文化具有丰富的文化内涵。一些研究注意到了生肖在不同民族和地区中所展现出的差异性，肯定了生肖同具体时间与空间的密切相关性；其缺憾是没有将生肖与时—空的关系深化至生肖与地方性知识相关的研究。

进一步而言，因生肖通常具象为生肖动物，因而人们习惯将现实中生肖动物的特点赋予属该生肖的人。有学者认为十二生肖表现了人类与自然界动物之间存在的情感关系，万物有灵，与人共存……这种构想体现出人类的善良本性和追求生存和谐的良好愿望。① 这种将生肖、动物、自然与人联系起来的构想并不罕见。随着时间的推移，人的生年与命运逐渐与生肖动物联系起来，一些研究把十二生肖同占卜术及性格分析等相联系，为生肖蒙上了神秘的色彩。② 属鼠则意味着一个人具有机敏多智、生命力强的特征；属牛则表示其勤勉稳重、忠厚淳朴；等等。③ 使用同一生肖文化系统的人群赋予生肖以约定俗成的文化意义，共享着某一套共同的价值体系，生肖也因此具有某种符号的象征意义。傣卯人将生肖作为表达自己身份和象征村寨空间边界的符号，每个独立的符号所表达的意义以及不同的人、村寨和生肖之间的不同组合总是能体现出不同的意义。因而，作为象征符号的生肖对于人们理解特定地方群体的生肖文化是必要的。再进一步而言，生肖文化作为许多民族和地区在传统社会延续下来的传统文化，关于其传承方式相关的研究也甚为缺乏。总而言之，当前学界关于生肖文化的研究视野有待拓展和创新。

2. 关于傣族生肖的研究

学界对于汉族十二生肖的相关研究成果斐然，但是关于傣族生肖的研究却多为蜻蜓点水式的介绍，多是为其他领域的研究作支撑材料，而关于傣卯人生肖的研究更是寥若晨星。其中，马翀炜和汪洋较为详细地介绍了

---

① 程明、刘慧中：《试论述十二生肖文化的价值取向》，《南方文物》2007年第4期。
② Shelly Wu, *Chinese Astrology: Exploring the Eastern Zodiac* Franklin Lake：The Career Press，2005.
③ 张珊珊：《生肖文化的起源及其发展过程》，北京语言大学2007年版，第18页。

傣卯人的生肖文化体系，并探讨了生肖符号之间的逻辑关系对于傣卯人社会文化生活的影响。① 这是当前所见到的为数不多的专门探讨傣卯人生肖文化的研究。

张公瑾在介绍傣族历法时提到，一星期中的每一天都与某种动物相联系，② 但并未言明这些动物即生肖动物。范玉洁关注到在傣族的建筑空间观里，人的居住地位于东边，土地位于北边，森林在南边，水在西边；而傣族传统宗教建筑中的方位安排是与动物息息相关的，八个方位分别对应着不同的方位。③ 朱德普在探讨傣族图腾文化时曾列出数个动物，④ 这些动物大多为今日傣卯人的生肖动物。值得注意的是，朱氏曾于1990年在孟定发现一个名为"允卯"的傣族村寨的保护神——"笼奢"，意为"森林里的老虎"。⑤ 而按照傣卯人以村寨名结合傣文字母发音以确定村寨生肖的方法，允卯村的生肖正是老虎。而孟定与瑞丽相隔不远，且都与缅甸为邻，因此并不能将此细节视为一种巧合，善于发现其中的联系，或许从生肖文化看傣族文化就更有意义。诸如此类的研究还有不少，然而在这些研究中，作者都并未言明这些动物或村寨守护神等就是傣族的生肖。我将对其中的缘由做进一步的调查和研究。

另一些研究则明确提到了傣族生肖与其他文化事项的联系，但重点并不在傣族的生肖文化，也并未将生肖作为其研究的重要切入点，行文中关于生肖的内容只零星可见。如伍琼华在探讨傣族医药文化时提到，傣医在看病时需要询问病人的属相，借此观察人的生理现象与自然界环境的关系，综合归纳各种病因，利于对症下药。⑥ 刀承华关注到在德宏傣族地区的婚姻习俗中，人们会请占卜师来占卜两个人的生肖是否相合，通常认为生肖相克的人缔结婚姻将不能白头偕老，或者夫妻不和、家庭不美满。而订婚和结婚日期则最好安排在属鼠、属鸡、属马和属龙的日子。⑦ 然而，刀氏只将这种现象归结为宗教文化渗入婚

---

① 马翀炜、汪洋：《傣族傣卯人的生肖表征及其影响》，《民族研究》2019年第4期。
② 张公瑾：《傣族文化研究》，云南民族出版社1988年版，第199页。
③ 范玉洁：《傣族民居的空间观及其布局特征》，《安徽建筑工业学院学报》（自然科学版）2008年第2期。
④ 朱德普：《傣族图腾文化及其史影》，《广西民族研究》1990年第4期。
⑤ 朱德普：《傣族的虎图腾》，《民族研究》1995年第6期。
⑥ 伍琼华：《傣族医药与文化》，《云南民族学院学报》（哲学社会科学版）2001年第6期。
⑦ 刀承华：《德宏傣族婚姻习俗与社会文化的关系》，《云南民族大学学报》（哲学社会科学版）2006年第3期。

姻习俗的表现，并未对德宏傣族的生肖文化做更为深入的研究分析。

已有的文献中，与傣卯人的生肖颇为相似的是缅甸境内所流行的八生肖说。星期日出生的人属妙翅鸟，星期一属虎，星期二属狮子，星期三上午属双牙象，星期三下午属无牙象，星期四属老鼠，星期五属天竺鼠，星期六属龙。这可能是相互借鉴和影响带来的结果。至今，缅甸的通用日历上以及缅甸佛塔上所绘制和雕刻的生肖仍然是这几种，但是生活在中缅边境地区的缅甸傣卯人却使用着与中国境内傣卯人相同的生肖。同样，中国境内至今也保存着缅语的时间称呼。地域相近和文化互通给中缅边境地区的傣卯人带来的文化影响是巨大的，张公瑾曾指出，缅历的一周中的每一天都各与一种动物联系，分别是半鸟半兽动物、老虎、狮子、大象、老鼠、海豚、龙。傣历也沿用这种习惯，但稍加改造，便成为老鸦、老虎、虾蟆、大象、老鼠、螃蟹、长蛇。① 张氏虽并未说明这些动物即是他们的生肖动物，但是也不乏这种可能。傣历和缅历都有七日一周的纪日法，且每天都与固定的动物相联系，尽管如此，傣卯人的生肖在长期的发展中早已与地方社会文化融合在一起并形成了独具特色的生肖体系。

综上所述，以往的研究中为数不多地提及傣族生肖文化时也多流于表面，既没有对傣族的生肖做系统的梳理，也没有将其作为重要内容结合傣族的社会结构乃至社会交往活动做细致的分析，且多以区域划分为研究范围，如德宏、西双版纳等；专门针对傣卯人生肖文化的研究明显缺乏。

四　田野点概况

本书的田野调查点主要在中国瑞丽市弄岛镇和缅甸的南坎地区，其地处中缅边境，是傣卯人的聚居区。弄岛为傣语音译，意为"长青苔的水塘"，属于云南省德宏傣族景颇族自治州瑞丽市，地处瑞丽市西南部，东接姐相乡，北连户育乡，西南、东南与缅甸相邻，瑞丽江和南畹河在境内拥棒村附近相交汇。全镇国境线长42.8千米，有界桩10棵，通道6个。其总面积99平方千米，最高海拔1266米，最低海拔743.2米，有耕地面积29604亩，其中水田18881亩、旱地10698亩。弄岛镇自然地貌由平坝、山地两部分组成，西北高，东南低，坝区位于瑞丽坝尾，占总面积的40%以上，为冲积平原，沟渠纵横，多为傣族、汉族聚居。弄岛镇下辖弄岛、等秀、雷允、等嘎4个村委

---

① 张公瑾：《傣族文化研究》，云南民族出版社1988年版，第199页。

会，34个村民小组。全镇共3220户，14146人（2017年数据），其中傣族10920人，占全镇总人口的77.2%，是弄岛镇的主体民族；汉族2097人，占全镇总人口的15.8%；景颇族1018人，占全镇总人口的7.2%；其他民族111人，占全镇总人口的0.8%。镇政府距瑞丽市28公里，距缅甸八莫106.8公里，是中缅陆水联运大通道及输油气管道重要出入口。①

南坎是傣语音译，意为"金江"，因古人称瑞丽江为大金沙江，南坎在瑞丽江南面的坝子，故而得名南坎。南坎是缅甸掸邦西北部的一个镇区，相当于县，与瑞丽市弄岛镇接壤。一般认为，在1960年10月1日《中缅边境条约》签订之前南坎属于中国。南坎地区的掸族和克钦等民族与中国瑞丽的傣族及景颇族等为同源民族，两地边民往来频繁。弄岛镇与南坎隔江相望，田地交错，山水相连。

五　中心论点

傣卯人的生肖文化是一个新的研究领域，生肖文化对傣卯人社会文化生活的诸多方面产生重要影响，是理解傣卯人社会的一个新的维度。

一人一生肖，一村一生肖，人和村寨使用同一套生肖文化体系的独特的文化现象使得傣卯人社会的人与人、村寨与村寨、人与村寨之间的关系被紧密联系在一起，影响着傣卯人人际关系网络的构建。生肖对傣卯人以村寨为主要生活空间的社会文化生活发挥着重要作用。村寨是傣卯人日常生活的基本单位，村寨不仅是他们的处所，也是他们进行生产生活，完成具有体现人生价值意义的思考和实践活动的文化场域。生肖文化虽然强调了人与人的差异，以生肖符号之间的关系的逻辑来进行区隔和分类，但又将不同村寨、地区，不同年龄、性别的人相互联系，将他们归入同一个生肖文化体系中，从而具有内在的统一性。

傣卯人的村寨是以村寨利益为最高原则来组成和维系村寨社会文化关系并运行村寨日常生活的社会文化制度的村寨主义的村寨。生肖、寨神庙、寨心等都是傣卯人村寨中明确的物理空间标识，村寨生肖赋予一个村寨成员的同一个身份标识，这使得村寨内部成员的凝聚力更强。生肖文化与傣卯人民间信仰、南传上座部佛教之间的关联使得许多仪式中都有生肖因素的在场，

---

① 相关资料和数据来源：瑞丽市弄岛镇政府。

村寨中很多与生肖有关的仪式活动都是村民的集体行动，并且遵循以村寨为边界的内外有别的文化逻辑，从而不断建构和强化村寨空间的神圣性。村寨的社会结构及信仰体系会确保以村寨利益为主，家庭、宗族、民族利益次之的方式协调村内关系，以使村寨主义文化逻辑得以遵循。生肖文化有助于理解傣卯人村寨的对内管理和对外交往的方式方法和内容，是理解傣卯人组成和运行村寨的文化逻辑的很好的切入点。

傣卯人的生肖文化及其传承方式对于促进傣卯人社会的和谐具有积极意义，让更多人了解中国乃至世界的丰富的生肖文化。生肖符号之间无高低贵贱之分，但是生肖之间的五种不同的关系形塑着傣卯人的时空观、宇宙观。依据地方性的时间和空间确立的傣卯人的生肖贯彻傣卯人社会文化生活始终，生肖符号之间的逻辑关系作用于傣卯人的观念和行为，对傣卯人生活于世界与理解世界具有重要影响。

第一章　傣卯人源流及其村寨组织

傣卯是傣族的一个支系，对傣卯人的源流的介绍有益于加强人们对这一支系的认识。傣卯人以种植为主，兼有运输、养殖等其他副业为辅的生计方式与他们所处的地理位置和生态环境密切相关。灵活有序的村寨组织是傣卯人村寨运行的轴，也是村寨主义的村寨的重要表征。对傣卯人的源流、生计方式以及村寨组织的概述是对傣卯人日常生活图景的勾勒。

第一节　傣卯人及其分布

傣卯（Tai mau）为傣语音译，是居住在瑞丽江两岸地区很多村落的傣族居民的自称。然而，与生活在西双版纳地区的傣族支系"傣泐"相比，相关文献中关于"傣卯"这一傣族分支的描述并不多，对傣卯人的人数及分布的详细记录也是缺乏的。

瑞丽，古称勐卯，是德宏傣族的发祥地。据传，公元前364年（东周显王5年），傣族国王统一了各部落，建都喊萨，国号"勐卯果占璧"，俗称"勐卯国"。① 勐卯在德宏一带的傣文史籍里多称"勐卯果占璧"，是14世纪初以勐卯为中心建立的一个傣族古代王国。而被称为"勐"的山间盆地，在德宏傣族地区有28个，其中就包括勐卯。傣族传统的族群认同形式是以居住地的地名来表示的，如勐卯的傣叫"傣卯"，勐宛的傣叫"傣宛"等。② 因而，傣卯是指生活在勐卯地区的傣族。卯，其意有多说：一说为飞蚂蚁飞出遮天蔽日；一说指勐卯传说中的果占璧王的王妃耶嘎玛些嬉被体楞戛鸟叼起

---

① 《瑞丽市志》，四川辞书出版社1996年，第11—12页。
② ［日］塚田诚之、何明主编：《中国边境民族的迁徙流动与文化动态》，云南人民出版社2009年版，第44页。

而头晕,原为短音的"卯"意为头昏;一说"卯"为雾,故言勐卯为"银云瑞雾"之地,今德宏学界多从此说。① 勐卯即今瑞丽城,古麓川地。勐卯地在至元十三年(公元1276年)立为麓川路。据麓川思氏谱牒记载,在702年(后至元六年,公元1340年),思可法得位,后四年迁居者阑。钱古训、李思聪之百夷传曰:"所居麓川之地曰者阑,犹中国称京师也。"傣语"者"为城,"阑"为百万,言其地之大也。者阑故地在瑞丽江南,今之南坎地区。② 由此可见,今属缅甸的南坎地区与中国瑞丽地区在历史上都为古麓川地,南坎地区还曾为勐卯古国时期的王城,两地的联系古已有之,不可谓不紧密。勐卯极盛时,西北直达今印度阿萨姆邦,南至今西双版纳以及泰北、老挝北部一带。至今上述地区的傣族仍称勐卯为"勐卯陇",缅甸和傣族同源的掸族也对它称为:"勐卯龙的那个城市",是傣族历史上"曾一度有过(的)一个伟大的国家","当时是它的首都"。"陇""龙"均为同音异译,其意为"大",寓其势盛。③

勐卯地区于1932年改称瑞丽设治局。1952年,经中央人民政府国务院批准,设为瑞丽县。1992年6月26日,经国务院批准撤县设瑞丽市。外地的傣族把勐卯的傣族称为傣勐卯,即指勐卯(瑞丽)地区的傣族。瑞丽傣族分为傣勒、傣德、傣卯三部分。"勒"意为上方,傣勒即从北部或东部迁入的傣族。"德"意为下方,傣德即从南面即缅甸迁过来的傣族。傣卯,即世居本地的后裔,较多地保存了傣族的古朴习俗。除了瑞丽、南坎以外,如泰北、老挝等国家的其他地区也有傣卯人。如今,傣卯人分布在中国瑞丽、缅甸南坎、木姐、拉秀等国家和地区,总人数较难考证。据笔者的实地调查,瑞丽坝子内(包括缅甸的部分)有5万左右傣卯人。

第二节 生计方式

傣卯人所生活的地区土地肥沃,适合种植的作物品种丰富。总体来说,农业种植是傣卯人的主要生计方式。随着现代化的发展,信息高度发达,

---

① 朱德普:《勐卯勐神内涵及与勐卯古国史事互证》,《思想战线》1994年第6期。
② 方国瑜:《中国西南历史地理考释》,中华书局1987年版,第868—869页。
③ 朱德普:《勐卯勐神内涵及与勐卯古国史事互证》,《思想战线》1994年第6期。

诸多新兴技术被引进。傣卯人根据家庭劳动力、生活需求或是利益最大化来分配自己的土地，近几十年来，人们不断调整土地耕作方式、农作物的品种等。一些土地较少的家庭或将土地租出，或是租别人的土地来进行大规模的种植。前者多以交通运输、打工、养殖等方式维持生计，将农耕作为家庭总收入的有益补充；后者则以种植经济作物为主。土地被集中到少数人手中进行较大规模的种植。由于地处中缅边境，进行跨境农业种植的人也不在少数。

一　种植

从规模上来看，傣卯人的种植业是以家庭土地为单位的小规模种植；另一种是以租赁土地形式的大规模的种植。前者种植的作物品种较多，多以满足家庭生活需要为主；后者则主要种植经济作物为主。

以瑞丽市弄岛镇为例，根据表1-1所示，2018年，弄岛镇下辖的四个村共有农业户3469户，其中纯农户为3031户，占总农业户数的87%，即以农业生产为生的农业户占绝大多数，这些家庭主要依靠土地种植来维持生计。农业兼业户为438户，仅占总农业户数的近13%，主要从事农业生产并兼顾非农业活动的户数并不多。并且，弄岛镇共有劳动力10935人，从事第一产业的有7830人，占总的劳动力数的71%；而常年外出劳动力仅1404人，仅占总的劳动力人数的12%。由此可见，弄岛镇农村人口基本上还是以农业为主要的生计方式。

大多数傣卯人在20世纪七八十年代就进行了一次或多次的以村寨为单位的分地活动。如瑞丽市弄贺寨子在1973年进行了一次分地活动，当时每人可分得2亩地。随着寨子里人数逐步增加（政府移民政策等因素），1982年3月份弄贺寨子又分了一次土地。在村干部和老人的主持下，他们首先把寨子里的土地评为一等地、二等地、三等地，然后按人数进行抽签分地。当时村里共有860人，他们规定，在分地当天中午12点之前出生的孩子可以分得土地，12点以后出生的则不分。弄贺寨子现在每人约有旱地1亩，水田2.5亩。瑞丽市的姐冒寨子也在1980年左右进行分地到人活动，他们按照"全劳动力（成年人）"和"半劳动力（小孩）"的方案来分地。随着中国农村经济体制的不断改革，在现代傣卯人社会中，已经较难认定个人拥有土地面积，以家

表1-1 2018年弄岛镇农村人口与从业情况

单位：个、人、户

指标 单位	村委会个数	自然村个数	村民小组个数	1.乡村农业户数	其中：①纯农户数	②农兼业户	2.乡村人口数	其中：农业人口数	3.劳动力数	(1)从事家庭经营	其中：按产业划分 第一产业	第二产业	第三产业	(2)外出务工劳动力	其中：常年外出劳动力	其中：①乡外县内	②县外省内	③省外
弄岛	1	9	9	985	852	133	3817	3797	2992	2531	2073	94	364	461	436	71	103	262
等秀	1	11	11	1015	881	134	4193	4152	3381	2974	2539	104	331	407	379	87	81	211
雷允	1	10	10	1097	946	151	4598	4555	3537	3129	2545	200	384	408	388	59	50	279
等嘎	1	4	4	372	352	20	1421	1294	1025	805	673	43	89	220	201	79	25	97
合计	4	34	34	3469	3031	438	14029	13798	10935	9439	7830	441	1168	1496	1404	296	259	849

资料来源：根据弄岛镇政府提供相关材料整理。

庭为单位来计算会更方便,这跟傣卯人的家庭财产分配习俗有关。如一对父母和两个子女组成的核心家庭共有 10 亩土地,待子女结婚便分家,与父母一起居住的那个孩子可分得 6 亩;另一个分得 4 亩,子女的配偶一方从原生家庭分得的土地则再次汇入新的家庭。由于土地不断被分给下一代,一般情况下,最初时家庭人口越多,人均土地就会越少。但因为家庭在后来发展过程中有较多的土地(主要是获得配偶一方的土地)汇入,如此,傣卯人家庭与家庭之间所拥有土地面积差距较大。有的家庭可能平均每人只有 1 亩地,有的家庭则可以达到人均 5—10 亩。

勐卯地区为南亚热带季风性气候,四季并不分明。傣卯人将全年概分为雨季和旱季两个季节。其中,公历的五月到十月为雨季,十一月至次年四月为旱季,这样的气候宜种植热带、亚热带经济作物。傣卯人较为传统的农作物主要是水稻、玉米以及多种瓜果蔬菜类,如木瓜、波萝蜜、芭蕉、杧果、李子、香瓜等。近年来,政府加大扶贫力度,开始帮助当地村民引进新的农作物品种,如香蕉、橡胶、西瓜、柚子、甘蔗、香料烟等。

图 1-1　稻田和香蕉林环绕的傣卯人家　　**图 1-2　收获的玉米**

水稻和玉米均可一年种植 2—3 季,玉米 3 个月就可成熟。其中水稻亩产约 1000 斤,玉米亩产 800—1000 斤,西瓜亩产 2000 多斤。由于地势平坦,水稻可采用农耕机收割,大量节省了人力,使得大规模的种植更为便利。傣卯人的住所周围一般都有菜地、果园、稻田,日常生活非常便利。经济作物主要有水稻、玉米、西瓜、柚子、香料烟,其中,香料烟、柚子和西瓜等都是在当地政府的主导下新引进的经济作物。

图1-3 晒稻谷

图1-4 机器收割水稻

香料烟从2008年开始推广,当地政府与保山香料烟公司等单位合作,分派技术员到村到户指导村民科学种植,技术员都经过了香料烟公司的培训。目前,弄岛镇有8个香料烟技术员。每年的公历九月底或十月初,技术员便开始到各村寨给村民分发免费的香料烟种子,在发放烟种子的同时解答村民在种植上的疑难问题。待香料烟收获后,村民将香料烟叶子摘取并晒干,由香料烟公司来收购。香料烟一年一季,亩产(晒干后)170斤左右,每亩毛收入3000—8000元。香料烟的叶子一年分3次摘取,其中以第一批的叶子价值最高。以2016年为例,第一批烟叶子33元一斤,中间的叶子28元一斤,最下面的则是8元一斤。技术员说,最次的烟叶一斤最低也能卖1块钱。每年的公历十二月左右种香料烟,二月份左右开始摘第一批烟叶子,待摘完全部的叶子并晾干,大概在七八月左右卖出去。

目前,在弄岛镇普遍播种的香料烟品种为"云香巴斯玛1号"。技术员在分发香料烟种子的时也向村民传授播种、栽培技术,凡是愿意种植香料烟的人家,德宏州、瑞丽市以及香料烟公司都提供相应的补贴。德宏州财政的补贴政策是每种植一亩香料烟补助100元,其中,省财政补贴5元/亩,香料烟公司补贴35元/亩,州、县财政各补贴5元/亩,并按每亩50元为烟民购买自然灾害保险。弄岛镇政府的扶持政策是,香料烟种植面积在3—4.9亩的,每亩补助50元;5—9.9亩的,每亩补助80元;达到10亩以上的则每亩补助120元。并安排了3个村委会建立连片现代烟草种植示范样板,每个村委会安排100亩以上,镇一级财政每亩补助50元,具体由镇烟办和各村委会落实。采取几种育苗分户管理,育苗达2亩以上的,每亩镇政府补助机耕犁耙费150

元。香料烟公司负责收购烟农的烟叶，并给烟农种子补贴、育苗补贴、农药补贴和话费补贴。其中，育苗补贴和农药补贴为6.6元每担，化肥补贴为每公斤0.5元，每亩不超过35元。2017年，瑞丽市弄贺寨子种植香料烟的农户大概有40户，种植户数约占全村农户的40%。由于政府的大力推广，加上香料烟不错的收益，弄岛镇种植香料烟的农户近年来呈增长趋势。香料烟一般在农历春节期间收获，每到那时，瑞丽坝子上的许多傣卯人家都在忙忙碌碌地摘烟叶，缝制烟叶（将烟叶字用线缝在一起晒干）。2017年，弄贺寨子的村民也晃家的香料烟大丰收，他们请了2个缅甸妇女来家里帮忙收香料烟，包吃住，并发放工资800元/月。在傣卯人所生活的中缅边境地区，农忙时跨境请短期工人的情况非常普遍。

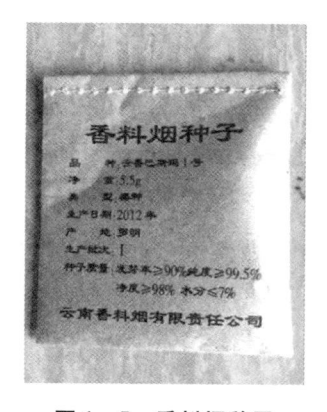

图1-5　香料烟种子　　　　图1-6　晾香料烟

柚子是弄岛镇近20多年来重点扶持的经济作物。截至2015年年底，弄岛镇累计种植柚子的面积达2015亩，挂果面积1200余亩，年产量1050余吨，年产值850多万元。目前，弄岛镇的村民种植了琯溪蜜柚、水晶蜜柚、泰国柚、红肉蜜柚、三红蜜柚等优良品种，一些柚子产品已远销全国各地。现在，大多数种植户亩产值达1万元，少部分种植户亩产值已突破3万元。尽管现在由于种植柚子收益不菲，不少村民开始扩大种植面积。但是，从村民拒绝种植柚子，到少量种植再到现在的柚子种植大户的大量出现，是在当地政府主导下的经过了近30年时间的尝试和努力所取得的成果。

张叔，弄岛镇光明寨子的柚子种植大户。据张叔讲，他家已经种植柚子20多年了，是弄岛镇最早的柚子种植户之一，现在有近600棵柚子树。他说瑞丽市农业局在 20 多年前就搞示范基地,并推广"红玉香"品种的柚子,后由于市场竞争力不足,改种水晶柚子。瑞丽市和弄岛镇的相关部门在 2010 年左右还免费发放了 3 年的柚子苗。但因为柚子种下去要 3 年开花,4 年结果,周期较长,加上 20 年前弄岛镇的村民也并没有大规模种植柚子的先例,大部分村民都不确定种植柚子能否获益,都不愿意种。张叔说:"反正家里有地,我就抱着试一试的状态种了。"刚开始他只是种几十棵,慢慢扩大到现在的规模,这中间经历了 20 多年的时间。柚子苗一般在端午节的时候种下去,柚子成熟的季节是在中秋节前后。最近几年,柚子的销量很好,张叔说他家的柚子一般都是人家上门来买,不用出去推销。2017 年,张叔家柚子的价格是 200 元一袋,一袋约 10 个。这样不按斤出售,一般一袋 10 个约 15 公斤,邮寄的话运费自付。由于 2017 年的销量不错,2018 年和 2019 年,张叔家又扩大了种植面积,截至 2020 年 4 月,张叔家的柚子树已经达到 1000 棵。①

瑞丽市政府、农业部门、弄岛镇政府和各个村委会也想出许多办法来帮助村民宣传弄岛镇的柚子,增加弄岛柚子的知名度,扩大销售路子。如 2016 年开始举办中缅柚子节,其环节包括歌舞表演,僧人"鲁"(即向佛献祭)柚子仪式;中、缅两国的评委和嘉宾一同品尝柚子;由大家投票选出口味最好的柚子;拍卖柚子,将拍卖的所得用于公益;等等。2017 年 9 月,弄岛镇人民政府和瑞丽市农业局共同主办了第二届中缅柚子节。上午,他们举行了采摘仪式,邀请了等秀、等喊弄、等喊双、俄罗 4 个村寨的 4 个佛爷"鲁"柚子。随后,经过挑选的 25 个柚子种植户将自家的柚子放在台上展示,每家的柚子都被标注了号码。人们可随意品尝各家的柚子,从外观、大小、口感等方面对柚子进行评价。其间精彩的歌舞表演不断,人们一边品尝美味的柚子,一边观看演出。柚子节活动还有缅甸代表,他们不仅担任评委,还带来了缅甸的柚子。弄岛镇政府还邀请了几十个商户,请他们来参加柚子拍卖。得票最多的柚子用来拍卖,拍卖所得的钱用来资助贫困儿童。在 2017 年的中缅柚子节上,得票第一的柚子拍得 2 万元,第二名为

---

① 调查时间:2017 年 9 月 26 日;报道人:张叔;调查地点:张叔家。

1.3 万元，第三名为 1.28 万元。

图 1-7　收获柚子　　　图 1-8　中缅柚子节　　　图 1-9　品尝柚子环节

现在，举行中缅柚子节已经成为弄岛镇每年的固定活动。2019 年 9 月 10 日，瑞丽市弄岛镇举行了第四届柚子评鉴与交流节，共有 38 位农户参加了柚子评比大赛。截至 2019 年 9 月，弄岛镇柚子累计种植面积已达到 2894 亩，挂果面积 2000 亩，产量约 3600 吨，产值约 1260 万元。

近几十年来，不少广西、浙江、四川等地的商人进入傣卯人地区，租种村民的土地，进行大范围的种植香蕉、西瓜、辣椒等。傣卯人土地的出租价格从 15 年前的 500 元/年/亩提高到如今的 1000—3000 元/年/亩不等。一些家庭因为劳动力不足等原因，将土地租出去，所得租金也能满足一家人的口粮需要。

傣卯人跨中缅两国而居，土地相连、山水相接，一些中国境内的傣卯人也会到邻近的缅甸木姐、南坎乃至瓦盛、曼德勒等地区种植西瓜。每年的七八月，他们就启程前往缅甸，犁田、育苗，育苗需要 15 天左右。村民说，缅甸的土地计量单位是"登"（音译），一登有 8 亩。每亩一年的租金大概在 130—140 元人民币。弄岛镇一带去缅甸种西瓜的人很多，且多为傣卯人，一些人就是靠着种西瓜富裕起来的。弄岛镇南涝村的村民岩比说：

> 缅甸那边土地肥沃，常年可种西瓜，一般一年种 2—3 季，出西瓜的季节，一般卖 2000—3500 元人民币一吨。2015 年，我在中国境内租了几亩地试种，当时的租金是 300 块一亩（3 个月），缅甸那边的租金更便宜，但是因为缅甸有点乱，所以运输是个问题。①

---

① 调查时间：2017 年 10 月 6 日；报道人：岩比；调查地点：瑞丽市弄岛镇弄贺寨子。

前往缅甸种植西瓜的傣卯人一般是以家庭为单位，一对夫妻或一个家庭中的两代人一起。

> 妹彭，弄岛镇弄莫村人。妹彭的父母常年在缅甸的"西博"（音译）种西瓜，她家2016年第一次在缅甸种西瓜，收益不错，随后就接着种。2017年，妹彭家共租了40亩地，每亩每年的租金约合人民币200元，妹彭说以前更便宜些，因为现在去缅甸种西瓜的中国人越来越多，缅甸的土地价格也跟着涨起来。2016年，妹彭家一季收获西瓜18吨，当时市场价为每吨1800元。也有的年份因为西瓜收成太好，价钱反而走低，一吨只能卖500—600元。在缅甸，一般情况下一年可种2季西瓜，但是因为过年那段时间家里的地也可以种，所以一般一年只在缅甸种一季。在缅甸种西瓜的人大多在西瓜地里搭一个棚子住，类似于中国境内香蕉地里的"田棚"。搭"田棚"一是方便劳作，二是防止在西瓜成熟期有人来偷西瓜，三是为了解决住处。从育苗到收获西瓜的几个月时间里，这些从中国过去的瓜农吃住都在"田棚"里，不但闷热、潮湿，蚊虫多，同时还要承受孤独、想家的情绪，是非常辛苦的活。妹彭的妈妈说再种两年就不种了，因为实在太辛苦了。①

较中国更为便宜的土地租赁价格是吸引中国边民前往缅甸种植西瓜等经济作物的最主要原因，其次是种植西瓜不需要非常先进的技术，是许多边民都可以胜任的作物品种。但是，缅甸不太稳定的政局也影响了往来于中缅两国的边民。西瓜成熟后需要使用大货车运输，"如果碰见有兵在那里打战就恼火了，心里害怕，又着急西瓜运不出去"，一位边民说。出于类似的原因，中国边民在缅甸的西瓜种植之路也并不总是一帆风顺的。所以，一些傣卯人也通过运输、养殖等其他方式来增加收入。

二 运输、养殖等

除了作物种植，运输、养殖、缝制民族服装、买卖等也是不少傣卯人所从事的活动，现代傣卯人的生计方式是较为多样化的。

---

① 调查时间：2017年8月28日；报道人：妹彭；调查地点：妹彭家。

第一章 傣卯人源流及其村寨组织

随着城镇化的推进，各地建筑业兴起，加上傣卯人的收入提高，许多人家都在兴建小洋房，建筑材料成为傣卯人地区流通的重要物品。同时，傣卯人丰富的农产品也需要向外运输和出售，种种因素使得傣卯人地区的运输业发展迅速。一些傣卯人开始自己购买大、中型货车，跑起了运输。2017年，仅有124户村民的弄贺寨子就有15户购买了大货车，占全村家庭的12%。运输在这些家庭的总收入中占了很大比重。

> 依弄，男，45岁，瑞丽市姐冒寨子村民。依弄家里有5口人，包括70多岁的父母，妻子和女儿。其父母早就开始"奕形"①，妻子常年在集市上摆摊做水果生意，女儿上学。依弄的收入主要是开车跑运输。2017年1月31日，正值正月初四，许多人都还在过春节，依弄已经开始跑运输了。他给缅甸某个华裔的糖厂老板运土，从瑞丽市姐相乡的芒约寨子以50元一车的价格买来土，运到缅甸以250元一车的价格卖掉。仅一天的时间，依弄共运了5趟，除了油钱300元和土的成本250元，他赚得700元。②

据村民岩闷说，在弄岛镇开车跑运输生意很好，一般情况下，除了雨季的三个月，因为道路湿滑，行车不便，一年中的其他时间都比较忙。有时候他上午开大货车，下午开小货车，主要跑瑞丽市区、弄岛镇、缅甸南坎几个地区。他经常从瑞丽市运砖到弄岛镇，每运一万块砖可赚1200元左右。2017年，岩闷仅运输建房子用的沙子就赚了7万多元，去掉成本净赚4万元，加上运其他的东西赚的2万多元，光运输这一项，岩闷一年的净收入就有6万元。这在一般傣卯人家庭中是一笔较为可观的收入。

除了开车跑运输，不少村民从事中小型养殖。如表1-2显示，牛、猪、羊是弄岛镇人饲养最多的肉禽，弄岛镇下辖的弄岛、等秀、雷允、等嘎四个行政村都有人从事养牛和养猪行业。这与傣卯人的饮食喜好及当地生态条件相关。

---

① 即加入"老人组"，持八戒，在入洼期间进入奘房，住在奘房持戒、修行。
② 调查时间：2016年8月10日；报道人：依弄；调查地点：瑞丽市弄岛镇姐冒寨子。

表 1-2 2018年弄岛镇畜牧业情况

单位：头、百公斤

指标\单位	牛			猪				羊		家禽			禽蛋产量
	出栏数	期末存栏	肉产量	出栏数	期末存栏	肉产量	其中：当年出售仔猪数	出栏数	期末存栏	出栏数	期末存栏	肉产量	
弄岛	719	878	79	2066	1131	196	1068			23672	15114	35	33
等秀	2077	2521	229	4012	2333	381	3792			16732	17785	25	38
雷允	6551	2719	721	2965	1630	282	2232	110	110	22825	17680	34	38
等嘎	208	662	23	2112	2620	201	1488	400	445	8935	6705	13	14
外来户	3360	610	370	965	486	92	900	150	130	132020	67716	197	118
合计	12915	7390	1422	12120	8200	1152	9480	660	685	204184	125000	304	241

资料来源：根据弄岛镇政府提供相关材料整理。

牛和猪是村民养殖比较多的肉禽，养殖规模有大有小。有以家庭为单位的个体型、小型公司模式，以及农民合作社等形式。政府的相关扶持政策在其中发挥了很大作用，如《中华人民共和国农民专业合作社法》第七章规定了支持农民专业合作社发展的扶持政策措施，明确了产业政策倾斜、财政扶持、金融支持、税收优惠4种扶持方式。傣卯人地区的养殖业在这样的大背景下蓬勃发展。以下是弄岛镇村民合伙办的一个农民合作社的情况：

"瑞丽市恒鹏养殖农民专业合作社"于2016年6月份建立，位于弄岛镇弄贺寨子西边。合作社的负责人是弄岛镇光明寨子的村主任L及其妻子。光明寨子是弄岛镇等秀村委会辖下的11个村民小组中唯一的一个汉族村寨。L于1984年出生，湖南永州人，因为与光明寨子的姑娘结婚，便定居于此。据L介绍，因为国家的政策好，对民族地区、边远地区和贫困地区的农民专业合作社以及生产国家和社会急需的重要农产品的农民专业合作社给予优先扶持，于是他就牵头搞了这个合作社，当地政府也大力支持。合作社前期共投资了1100多万元，现有12个社员，L是大股东，其他的社员一共投入了40多万元。这些社员都是附近村寨的村民，有汉族、傣族、回族，来自弄贺、弄双、姐冒等寨子。L说："搞起合作社，大家都不分什么民族了，都是想着怎么让合作社发展得更好。"并表示，合作社还会继续发展社员。目前合作社有养猪室 40 多间，猪 1400 多头，母猪还在不断产仔，猪一般 4 个月出圈。2017 年 7 月，第一批猪陆续出圈，不少老板主动去联系购买，如烧烤店的老板等，不愁销路。①

除了农民合作社，一些村民以家庭为单位进行养殖，养殖逐渐成为不少家庭的主要经济来源，村民依弄相家就是这样：

> 弄岛镇的依弄相家有 5 口人，家里有 8 亩半田地。为响应国家鼓励农民搞养殖的相关政策，依相家于 2011 年开始养殖肉牛。2011 年，他们以 1400 元/年/亩的价格将自家田地全部租给四川籍的老板种香蕉，当时签了 6 年合同，2016 年合同到期后，他们又以 2000 元的价格租给了别人。
> 依相家刚开始买了 6 头牛，当时的成本是 16000 元。至 2018 年，家里已经有 71 头牛。2019 年 8 月，已经有 104 头牛，牛出栏后均价为 5000—8000 元一头。其中有 15 头是从缅甸买来的，其他的都是自己家的牛生的小牛。小牛买来的时候均价 3000 元一头。依相家喂牛用的是玉米秆和稻秆。这些稻秆很多都是从缅甸买来的，有时候直接买一亩地的稻秆，让工人自己去割，一亩地大概 50 元，一般一捆 3 块钱，一拖拉机的稻秆约 100 元。工人将买来的玉米秆和稻秆切碎，家里的牛一天大概要吃一拖拉机的草料。依相家此前请了 3 个缅甸工人，专门负责喂牛、养牛，并包吃住，每月付给他们的工资为每人 1200 元。2019 年，由于这几个缅甸工人没有办暂住证，加上傣卯人地区很缺贺露，两个缅甸工人都回缅甸去从事贺露工作了。随后，依弄相家请了两个瑞丽市姐相乡人，包吃、包住、包穿（每年 4 套衣服），另外付月薪 1400 元。②

---

① 调查时间：2017 年 9 月 8 日；报道人：光明寨子村主任 L；调查地点：瑞丽市恒鹏养殖农民专业合作社。
② 调查时间：2016 年 8 月 2 日；报道人：依弄相；调查地点：瑞丽市弄岛镇弄贺寨子。

生肖与时空：傣卯人的社会文化生活

图 1-10　养牛个体户　　　　　图 1-11　裁缝店

  傣卯人地区养殖业的发展得益于国家和政府的大力扶持。国家对村民搞养殖、种植有相应的扶持政策。针对贫困户、建档立卡户等不同情况，给予补助，如搞养殖的每户补助 5000 元。政府在每个村都设有一个联络员，有问题可以跟联络员联系。国家精准扶贫政策的实施也帮助了不少村民，改善村民的生存条件，如给傣卯人地区的建档立卡户建房子补助 6 万元，并开放贷款 6 万元。帮助村民脱贫致富，工作人员根据不同的家庭的情况，为他们想办法，如为他们提供小猪崽、鼓励他们尝试小规模养殖等。2017 年，瑞丽市环保局预备在弄贺寨子设立一个养殖户的典型，从而带动大家的积极性，工作人员带来了邮政的小额贷款项目，已婚人员可贷款 1000—50000 元，12 个月一还，利息政府承担一部分，村民只用负担 0.22%。另外，还有不少傣卯人养殖鱼、虾，姐相乡的勐丙动寨子中大部分村民都以养鱼养虾为主业，现在，勐丙动寨子已经通过养殖创收，家家户户盖起了楼房。

  傣卯人妇女擅做小生意，凡是家里有消耗不完的农产品，即便是一两串芭蕉、四五个木瓜，几把小青菜，他们都会拿到集市上去卖。傣卯人的集市上有很多不固定的小摊位，人们可以随意摆摊、卖东西，同一个小摊位在不同的时间可能有不同的人做不同的小生意。傣卯人地区的集市是一道异常生动的风景线，遇到街天①，从田间地头的时蔬瓜果，到人们自制的各种小吃、干巴、卤味，再到活禽类、季节性的特产，如蚂蚁蛋、蚕蛹、菌子以及各种山珍、河鲜、江鲜等，集市上的货物应有尽有，让人目不暇接。人们常常在

---

① 即赶集的日子。

早晨 5 点多就开始进入集市整理好摊位，摆上货物，早上的 7—10 点通常是街天的高峰期，想要购得最新鲜、最难得的物品，得赶早去。届时街上的人熙熙攘攘，弄岛集市上四五条主道上都挪不开步。

图 1-12　制作酸菜　　　　　　图 1-13　傣卯人的集市

亲朋邻里间很自然地交易彼此需要的物品而不觉尴尬，这不仅是因为傣卯人似乎天生具有生意头脑，也源于他们"不浪费""各取所需"的资源分配观念。几十年前，生活在坝子上的傣卯人就有取鱼、蔬菜水果等与附近山上的景颇族交换一些菌子等山区特有农产品的习惯，每周或每月上山进行"以物易物"的交易。直到现在，一些傣卯人还是会定期去山区做小买卖。这样，傣卯人赚了钱，住在山区的民族不用下山就可买到自己需要的物品，不同民族间的交往也由此变得频繁，一举数得。所以，在傣卯人眼里，"生意"也可以是小到几毛钱甚至不使用货币的以物易物。做小买卖是傣卯人日常生活中不可或缺的活动之一。许多傣卯人都有做小生意的经历，即便不是长期且固定的谋生方式，也能补充一下家庭零碎的开支，为家人添一身新衣、为孩子买些玩具等的零钱可能都是傣卯人从小买卖中所得。由于地处边境，傣卯人跨国赶街、买卖的活动也非常多。

由于土质肥沃，气候适宜，较少出现大旱大涝，一般情况下，如果只是为了满足家庭的口粮，傣卯人并不用在土地耕作上花太大力气。也因为如此，弄岛地区的很多土地并没有被完全利用，空地、荒地不少。据村干部 C 说，弄岛还有很多土地是荒芜的，因为一般情况下一年会种两季玉米、一季西瓜和一季香料烟，但是很多时候投入跟产出也差不多，所以很多人不愿意种植。且傣族人一年中有许许多多的公共活动，如节日、赶摆等，村寨中都是义务互助，这家有事情一个寨子都要去帮忙，不去帮忙人家会说。还有一些人家是因为家庭劳动力的缺乏，如中青年男子吸毒，老人去"奕形"，家中只有妇女和小孩。因此，不少人家中虽有土地数亩，却也只能兼顾宅基地附近的几亩，其他的地都没有种。

三 村寨的收入与支出

傣卯人的村寨设有公共经费，为村寨村民所共有的集体土地是村寨收入的主要来源。村寨的公共收入和支出以及集体土地的存在是傣卯人村寨奉行村寨主义原则的表征之一。由于傣卯人许多的行为和活动都是以村寨为单位进行，所以每个寨子都有集体的收入和支出。从村寨的一系列收入和支出中，可以看到整个村寨在一年中的主要活动。每个傣卯人村寨都有负责记录村寨相关账目的会计，一般每年的出洼后，会计、村干部以及村寨组织的负责人等都要将村寨一整年内的账目公开。届时将全寨子的人召集到一处（通常是公房），不但要将每项收入和支出逐条念出来，还要将具体明细打印出来贴在公房、奘房处，公之于众，以示公平、公正、公开，如寨子里有人提出疑问，会计等人就要负责解释，要做到令整个寨子的人信服。

表1-3 2018年弄岛镇下辖村委会集体收入及分配情况

单位：万元

指标 单位	一、总收入	1.经营收入	2.投资收益	3.补助收入	4.其他收入	二、总支出	1.管理费用	其中：干部报酬	2.其他支出
弄岛	43		5	33	5	15	3		12
等秀	52	1	27	22	2	20	4	1	16
雷允	22	5	4	11	2	6	2		4
等嘎	40	1	8	14	17	25	6		19
合计	157	7	44	80	26	66	15	1	51

资料来源：根据弄岛镇政府提供相关材料整理。

表1-3显示，村寨的集体收入主要来源于经营、投资、补助等。傣卯人善于经营，如将村寨的集体土地租赁出去供人建设厂房做生意，或是进行经济作物的种植。获得回报的方式多样，有的是收取固定的租赁费，有的则是

获取一定的分红。还有的将村寨的集体收入存入银行，获得稳定的收益。另外，国家对边境地区的补助也是一笔不小的收入。傣卯人村寨的支出主要是修建村寨的公共设施，如修建奘房、公房、寨心，维修村寨的公共道路，等等。另外，一些傣卯人村寨会给一些村干部和村寨组织的头领相应的补助，作为他们为村寨做出贡献的回报。其他支出方面，主要是村寨的集体活动上的支出，如村寨之间的交往，节日期间人们赶摆的费用，等等。下面列出瑞丽市 K 寨子 2016—2017 年度的收入和支出明细，有助于对傣卯人村寨集体收入和支出的具体细节有相应的了解。

（一）村寨收入

2016 年 10 月 18 日，收到某单位送来出洼礼金 1000 元。

2016 年 12 月 3 日，收到给拥棒村 6 家的挖沟费，一家 100 元，共 600 元。

2017 年 1 月 17 日，收到某某土地转让费（即外人租赁了弄贺寨子的集体土地），共 184000 元。

2017 年 3 月 13 日，收到某木料厂（租地）经费，50000 元。

2017 年 3 月 3 日，收到某某落户费，600 元。

2017 年 3 月 4 日，收到某某罚款挖沟费（因其未参加村寨组织的集体挖沟劳动），600 元。

2017 年 5 月 7 日，收到某人租集体地一年的租金，2000 元。

2017 年 5 月 24 日，收到光明寨子村主任租集体地（3 亩）5 年租金，共 7500 元。

2017 年 6 月 11 日，收到 A、B、C 3 人租地费，各 300 元，共 900 元。

2017 年 6 月 13 日，收到租地费（用于种植香料烟）若干，分别为 180 元、300 元、300 元、750 元、300 元、250 元，共 1830 元。

2017 年 6 月 13 日，收到租集体地的租水费若干，分别为 1000 元、200 元、200 元、460 元，共 1860 元。

2017 年 7 月 28 日，收到广拉村租地（种香蕉）租金，1950 元。

2017 年 8 月 4 日，收到香料烟补助（犁耙田费），910 元。①

收入共计：253750 元

---

① 调查时间：2017 年 10 月 2 日；调查地点：K 寨子公房。

K 寨子的收入主要是从出租村寨的集体土地中获得。2016—2017 年度 K 寨子的集体收入为 253750 元，其中，仅土地租金收入就有 248180 元，占总收入的 97%。可见，土地不但是傣卯人个人、家庭的主要经济支柱，同样也是村寨的重要命脉。而"罚款""落户费"是村寨主义的村寨的一大特点。罚款是规约村寨成员个体服从以村寨为单位的行动的一种手段，惩罚行为不仅让被惩罚的村民从中意识到村寨团结的重要性，对其他村民也有一定的警示作用，是维护村寨主义的村寨运行的有效措施。"落户费"与其说是缴纳费用，不如将其理解为傣卯人接受外部成员，包括非傣族、外寨人进入村寨居住与生活的一项仪式。作为村寨主义的村寨，哈尼族在接受外人（包括非哈尼族的人和非哈尼族的女婿）进入村寨时必须举行"普多多"或者"帕多多"仪式①，在傣卯人社会中，外部成员进入村寨需要经过老人、村干部等具有一定社会权威的人的允许，他们或是经过本寨子的人介绍，或是与寨子的人有亲戚关系，又或是通过缔结婚姻关系进入寨子。"落户费"作为村寨的公共收入的一部分，大多交由寨子的老人组或是民兵组，老人组负责村寨的全面管理，是寨子里大大小小的事务的参与者和决策者；民兵组则负责村寨的日常安全。新入村寨的人通过"落户费"与村寨组织产生了联系。尽管不同的傣卯人村寨的落户费和罚款等数额有差异，但是这一村规民约普遍存在于傣卯人村寨中。

图 1-14 公布村寨账目　　　　　图 1-15 村寨账目明细

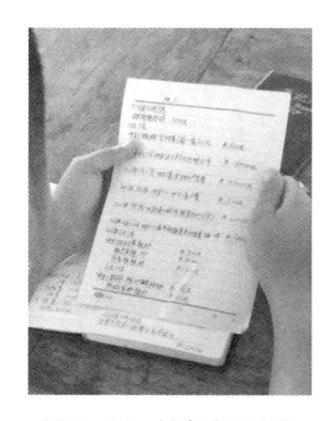

（二）村寨支出

2016 年 8 月 31 日，公房购买东西钱（由贺卜贺冒购买），甑子 2 个

---

① 马翀炜：《村寨主义的实证及意义——哈尼族的个案研究》，《开放时代》2016 年第 1 期。

290元，刷子2个88元，锅铲1个28元，塞子一个87元，共计493元。

2016年9月4日，公房买米，150斤，共计545元。

2016年9月12日，公房买米，200斤，共计700元。

2016年9月18日，送柚子到某单位（感谢某单位派下来的扶贫小组为寨子做贡献），柚子3400元，餐费1385元，过路费100元，油费200元，水烟费130元，共计5215元。

2016年10月18日，出洼赶摆，买菜，共5305元。买水、筷子、酒、袋子，共106元；猪肉钱（一般是买一头猪来烤）2660元，乐队2300元，酒钱350元，录像1000元，鞭炮560元，某人送1000元，共计12281元。

2017年10月22日，出洼经费，4649元。

2016年10月30日，送广布村民小组文化活动室落成典礼礼金，200元。

2016年11月15日，寨子袈裟摆，200元。

2016年11月28日，送雷允村民小组舞台落成典礼礼金，200元。

2016年12月6日，送弄岛中学运动会赞助款，100元。

2016年12月28日，党员文化活动室买鞭炮，250元。

2016年12月30日，付两户村民地下水井费，共计350元。

2017年1月12日，付算账餐费，125元。

2017年1月17日，付某人吊车费（村党员活动室工程），2700元。

2017年1月17日，付"贺卜贺冒"维修公房的餐费，230元。

2017年1月22日，付民兵工作餐费，1483元。

2017年1月22日，付某人修公房桌子费，120元。

2017年1月22日，付工头建党员活动室材料费30000元，买饭钱240元，共计30240元。

2017年2月2日，付妇女组去芒艾村民小组赶摆费用，360元。

2017年2月10日，买烟花，295元。

2017年3月3日，量路的工作餐费，共700元。

2017年3月8日，帮妇女过三八妇女节，买猪肉钱，2400元。

2017年3月14日，付老人帮量路的工作餐费，490元。

2017年3月15日，付某人耙田费910元，维修电线杆的工作餐费，

710元，共计1620元。

2017年3月21日，登记车牌的工作餐费，265元。

2017年4月1日，修水管费，50元。

2017年4月13日，泼水节，车费700元，早点152元，妇女吃晚点费420元，泼水粑粑钱400元，共计1672元。

2017年4月14日，送弄混村民小组泼水节赞助款，200元。

2017年4月22日，付工头材料费，15000元。

2017年5月9日，付买烟、水钱，及建档立卡户工作餐费，170元。

2017年5月17日，付寨神庙垫土费，200元。

2017年5月17日，付"登革热"工作餐费295元。

2017年5月18日，付修路工作餐费，395元。

2017年5月25日，付妇女组长辛苦费，4000元（两个妇女头，一人一年2000块）。

2017年6月4日，付党员活动室开会费，230元。

2017年6月19日，付养老保险工作餐费250元，付村里某某女生读书补助费500元，建档立卡户工作餐费260元，共计1010元。

2017年6月20日，付登记养老保险工作餐费，250元。

2017年6月22日，付奘房买水桶费160元，奘房打扫卫生工作餐费490元，共计650元。

2017年6月23日，付建档立卡户工作餐费，350元。

2017年6月29日，付棒弄村民小组赶摆吃晚点费360元，挂礼300元，照片120元，共计780元。

2017年7月7日，付建档立卡户工作餐费共1293元。

2017年7月10日，付动态工作餐费1000元。

2017年7月12日，付建档立卡户工作餐费共285元。

2017年7月26日，付开会工作餐费350元。

2017年8月10日，付寨子修路倒土费，2410元。

2017年8月11日，付建档立卡户工作餐费，460元。

2017年8月18日，付禁毒防艾工作餐费，340元。

2017年9月22日，付香料烟培训工作餐费，300元。①

支出共计：96991元

　　K寨子一整年的村寨经费支出明细是现代傣卯人村寨在一整年中生活情况的一个缩影。傣卯人集体活动最频繁的是在洼期（时间为傣历九月十五日至十二月十五日，约为公历七月至十月）、泼水节、农历春节等节日期间。寨内如党员活动室、寨神庙等公共设施的建设和修缮是傣卯人公共支出中最大的一项。其次是节日期间的集体活动，如K寨子仅是出洼赶摆的支出就占到了总支出的20%。"工作餐费"主要是在村寨的集体劳动时出现，鉴于村寨成员对村寨集体的责任和义务，一般傣卯人为村寨进行的集体劳动都只是象征性地收取一点报酬。一些贫困户较多地出现在集体劳动中，这是因为村寨在尽可能地为他们提供一些劳动机会，并适当给予补助。就如同从村寨公共经费中拿出一部分资助寨子里的孩子上大学，不仅村寨成员有义务维护村寨的团结和有序运行，村寨同样有义务为他们提供帮助。另外，所提到的广布、雷允、弄混、棒弄、芒艾等寨子以及弄岛中学和送柚子的某单位等，也反映出以村寨为单位的社会关系网络的构建和维护等情况。所提及的几个村寨也都属于与K寨子互相送并（详见第二章）的寨子。

　　集体土地为村寨的收入提供了稳定的来源，使得村寨如奘房、公房、党员活动室、环保污水池等公共设施得到建设和完善，提高了傣卯人的物质文化生活。村寨公共经费的存在也让寨子里的集体活动能够有序进行。土地租金的差异之所以较大，除了受租赁的土地面积、土地肥沃程度以及租赁时间长短的影响外，租赁土地的人是寨子内部还是非内部人员也是重要的因素。一般情况下，较为贫瘠的山地，一年的租金为200元左右，而肥沃的土地则可达到2000多元。同样的土地，租给本寨子的人要比租给外寨子的人便宜，而租给本地人可能又比租给外省的人便宜。对K村寨公共经费收入和支出情况的分析有利于了解傣卯人以村寨为单位的行为活动。在此过程中，村寨主义的文化逻辑也贯彻始终，村寨主义的村寨经常有多个村寨组织以维护村寨的更好运行。

---

① 调查时间：2017年10月2日；调查地点：K寨子公房。

第三节 村寨组织

傣卯人的基本生活单位是村寨，即村民小组。每个村寨都有固定的村寨组织，主要包括青少年组、妇女组、民兵组、老人组等。村寨组织的工作主要围绕村寨的集体活动进行，协助村民，使村寨事务稳定有序运行。在村寨主义的社会文化制度下，村寨组织的主要目的是为村寨服务。

田汝康、诸建芳都曾对芒市傣族的年龄组织做过探讨。其中，田汝康用的是"社龄"的概念，其认为"'社龄'可以包括两层意思：它是生命史上的阶段，一级一级有个次序，所以称作'龄'；这些阶段并非代表体质的成熟和衰老，而是代表社会的身份，各级享受的权利不同，应尽的义务又不同，这种社会性的划分正可用个社字来表示，它的意义有如教育心理学中的智龄和学龄"[1]。诸建芳则用"年龄群体（伙伴群体）"来加以解释，其认为"年龄群体指的是人类学传统意义上的 age group，而不是田汝康先生所说的人生阶段或序列意义上的'社龄'。实际上，人类学传统意义上的年龄群体这一术语所指的并不仅仅是依据编年学年龄而确定的群体，而是同样带有社会的性质，由社会所规定，并要参加一定的社会活动"[2]。田氏为了强调"摆是转换社龄的仪式"[3]因而侧重于社会身份、所享权利和应尽义务等，所以取用"社龄"的概念有一定的道理。

之所以使用村寨组织而不是"社龄""年龄组织"，是因为这两者对于傣卯人村寨的各个组织而言都不尽准确。傣卯人的村寨组织既不是田氏所描述的只能靠"摆"来转换，不同村寨组织的成员之间并非只能依靠"摆"才能转换，其本身就具有可流动性。同时，傣卯人的村寨组织也不尽符合诸氏所说的"人们按照年龄的长幼之序参加到各个群体组织中去，因而，不同年龄段的个体组成了不同的群体"[4]。同一个傣卯人村寨组织中可能存在人们的年

---

[1] 田汝康：《芒市边民的摆》，福建教育出版社2016年版，第135—136页。
[2] 诸建芳：《人神之间——云南芒市一个傣族村寨的仪式生活、经济伦理与等级秩序》，社会科学文献出版社2005年版，第99页。
[3] 田汝康：《芒市边民的摆》，福建教育出版社2016年版，第136页。
[4] 诸建芳：《人神之间——云南芒市一个傣族村寨的仪式生活、经济伦理与等级秩序》，社会科学文献出版社2005年版，第99页。

龄乃至社会身份差异很大的情况，如有已婚的成员也有未婚的，组与组之间的年龄跨度并不一致，甚至同一个组织中年龄跨度可能达到40岁。此外，傣卯人的村寨组织都是较为正式的组织，是经过村民小组乃至村委会认可的，有一套约定俗成的体系，一些组织还在村委会有备案，肩负政治责任。傣卯人村寨组织最为核心的旨规是为村寨服务、为国家服务。

一 青少年组

青少年组，傣语称为"莫耸冒少"，其中莫耸有"组织"的意思，"冒"即小伙子，"少"即小姑娘。"冒少"组实际上还包括村里未婚的青少年男女和已婚的青年男子。青少年组的两位头领被称为"贺卜贺冒"，其中，贺冒是村子里青少年未婚男女的头，贺卜是已婚青年男子的头。凡是年龄达到15岁的小姑娘和小伙子，就被纳入该组织。

图1-16 弄贺寨子青少年组成员　　图1-17 青少年组成员在制作果雕

进入青少年组意味着开始参与村寨公共事务，承担一些社会义务。青少年组的成员需要在公房服役，逢村寨的集体活动，小姑娘主要负责择菜、洗菜、切菜、上菜、添菜、洗碗等，小伙子则负责搬运桌椅、敲鼓和铓等。集体活动中的不少环节是由青少年组负责的，如洼期中每逢初一、十五，即老人进奘房的那天傍晚，青少年组成员就在贺卜贺冒的带领下负责到各户人家收取供品，俗称"绕寨子"，傣语为"动栓"。届时贺卜和贺冒一人开着一辆拖拉机，贺卜载着青少年男子，敲着象脚鼓、铓、锣，在前方开路，意为通知村民，来收供品了。贺冒则载着小姑娘们，车上放着箩筐、袋子等，负责接收村民递过来的供品。小姑娘们细心地将收到的供品分类装好，以免弄乱。随后把收取的供品运回公房进行整理、分类，小姑娘们还负责雕果雕和摆盘等至深夜，小伙子们则敲鼓、铓至深夜。第二天他们还要早起将准备好的供

品端到奘房供老人们拜佛。这是"冒少"们对村寨、对老人应尽的义务,如果有人无故缺席,则要被处以一定数额的罚款。另外,如泼水节前的"采花"环节等,都是以青少年为主的活动。贺卜贺冒负责青少年组的管理,主要是有活动的时候通知大家去帮忙服役,如接收新成员、教新成员如何服役、如何干活等。每次"动栓"所得的钱作为青少年组的公共经费,用于开展组织内部的一些娱乐活动等。

二 妇女组

妇女组,即村寨里已婚妇女的组织,傣语为"莫耸咩隆","咩隆"是傣卯人对已婚妇女的统称。以瑞丽市弄贺寨子为例,该村寨的妇女组目前有 30 人,据说人数最多时曾达到 63 人。55 岁的村民喊美是该村的第一任妇女组组长,据她说,弄贺寨较为正式的妇女组是 20 年前才有的,在那之前,弄贺寨子虽然也有妇女群体,但较为松散,缺乏管理。妇女组是村寨集体活动中的主力军,从公房到奘房,从厨房里的烹饪事务到奘房中的神圣的拜佛事宜,都少不了妇女组的身影。如果说青少年组只是到集体活动中服役,做一些杂活,那么妇女组可以说是在其中发挥统筹、部署、协调的作用。妇女组的成员大多在家庭中扮演着妻子、母亲、儿媳妇等多种角色,相较于青少年组的成员,她们更懂得傣卯人的传统习俗,在处理日常事务中更有分寸。

一般情况下,凡遇婚丧嫁娶、年节礼仪等集体活动,帮主人家去街上采购食材等一应物品的都是妇女组和青少年组的头领。如寨子里有人家要举办婚礼,他们在婚礼的前一天就要到主人家,与主人家一起商量婚礼的菜品,需要购买的食材,等等。将要买的东西列好清单,估算出大概的金额,主人家随即将钱交给他们,他们第二天一大早就去街上采购。采购回来后还要在公房组织大家做菜、做饭等。弄贺寨子的村规民约规定:凡在公房做饭时,所有人必须服从贺卜贺冒和妇女组组长的安排。这是傣卯人村寨中约定俗成的一套习俗,妇女组组长以及贺卜贺冒通常会出现在寨子大大小小所有的集体活动上。不仅如此,傣卯人妇女还是许多节日活动上的主角。逢节日或一些庆祝活动,妇女组都要彩排歌舞类的娱乐节目,她们不但要在自己的寨子演出,还会代表自己的寨子去附近的寨子以及关系好的寨子表演歌舞、参加赶摆活动,如出洼、泼水节。另外,如袈裟摆等也主要是妇女们的主场,因为制作袈裟等工序都由妇女完成。上述 K 寨子的支出中就有妇女组举行袈裟摆以及去其他村寨赶摆的费用支出等。

图 1-18　妇女组成员在公房帮忙　　图 1-19　妇女组成员在敲乐器

三　民兵组

民兵是中国共产党领导的在长期革命战争中逐步发展起来的不脱离生产的群众武装组织。中华人民共和国成立后，民兵制度已成为国家的一项军事制度。1984 年 5 月 31 日公布的《中华人民共和国兵役法》规定，实行民兵与预备役相结合的制度。民兵既是国家武装力量的组成部分，又是预备役的基本组织形式。民兵分为基干民兵和普通民兵。基干民兵为第一类预备役，普通民兵为第二类预备役。民兵的基本任务是：积极参加社会主义现代化建设，带头完成生产和其他各项任务；担负战备勤务，保卫边疆，维护社会治安；随时准备参军参战，抵抗侵略，保卫祖国。民兵编为班、排、连、营、团。基干民兵编有高炮、地炮、通信、侦察、防化等专业分队。[①] 傣卯人的民兵组织是中华人民共和国成立以后根据政府要求成立的，以前叫侍卫队、工农兵；后来叫民兵。

民兵组，傣卯人又将其称为"滚包曼"，"滚"是"人"的意思，"包"意为"守"，"曼"是寨子的意思，"滚包曼"可直译为"守寨子的人"。该傣语称呼也反映出现代傣卯人民兵组的主要工作任务，即守护村寨。傣卯人的民兵属于国家武装力量的组成部分，大部分属于普通民兵，有少数为基干民兵。如弄岛镇弄岛村委会共有 88 个民兵，其中有 75 个普通民兵，13 个基干民兵。其人数配置是按照瑞丽市的要求配置的，这些民兵被分派到各个村委会。其中，基干民兵的主要职能是应对一些紧急情况。每个寨子的民兵为一

---

① https://baike.baidu.com/item/%E6%B0%91%E5%85%B5/966317#ref_[1]_15980675.

个排，一个村委会的民兵为一个连。寨子民兵的头领叫作民兵排长，村委会的"武装干事"负责管理该村委会所辖村寨的所有民兵组织。由于地处中缅边境地区，有一定的特殊性，傣卯人村寨的民兵组织在保卫边疆的基础上还结合实地情况发挥着维护村寨治安，为村民服务等作用。

民兵组由寨子里的一些青壮年男子组成，一般情况下，傣卯人民兵的选拔标准是，18岁至35岁之间，中国户籍，不吸毒、不犯法，身体健康，有责任心。民兵不仅维护村寨治安，还是储备村干部。傣卯人村寨的村干部许多都是从民兵开始培养，村民说，"只有当了民兵，才开始为村民做事"。由于民兵的主要工作之一就是为村寨服务，所以当了民兵就能更多的接触村寨事务，办事能力也得到提高，几年后就有能力胜任村干部。与其他村寨组织一样，民兵组织没有特别补助。傣卯人村寨每年都进行一次民兵整组，届时让一些年纪大的、身体不好的民兵退出去，招一些新的人进来。地处边境的傣卯人地区有不少人吸毒，因而每年的民兵整组时都需要对他们进行尿检。除此之外，民兵每年会有2—3次的培训，一个村委会每次培训20—30人，培训地点是瑞丽市武装部或者德宏州军分区。

和平年代，傣卯人的民兵主要负责维护村寨的治安，如寨子里出现小偷，民兵组就需要负责找出小偷，情节严重的，他们负责将人交给相关部门处理。每五六百人的村寨，都配有一个约10人的民兵组织。

> 村民岩吞家里常年出租房屋给从缅甸来的劳工居住。所有到村里居住的缅甸工人都需要由民兵进行登记。岩吞说道："外人不管是到寨子里来租房还是租地，除了给租金以外，都要给民兵组一年500元。"除此之外，村内如有吸毒、打架等事件，民兵也负责对其罚款。2017年，民兵排长来收费，每个租客收20块钱。2018年，每个租客收了100块。①

民兵组织对外来人员进入村寨保持戒备，并对伤害村寨的人或损害村寨公共物品的事件有一定的处理权。村民在某种程度上信任他们，遇到事情会立刻联系村寨民兵。

---

① 调查时间：2017年1月18日；报道人：岩吞；调查地点：岩吞家。

第一章　傣卯人源流及其村寨组织

2017年1月的某日晚上9点多，一司机开着瑞丽牌照的大货车撞到了B村寨村内主干道的电缆线，并拉倒了一根电线杆。几乎是事情发生的第一时间，就有目睹此事的村民给B寨子的民兵打了电话，民兵随即赶到。民兵组首先确认了司机的身份，并对事件进行了解。原来，该司机是临时帮别人开车，由于不熟悉道路，导致事件的发生。等到了解完这些情况，B村民兵组的8个成员已经全部到达现场。民兵要求司机除了赔偿电线杆、电缆线等损失，还要赔偿给寨子3000元钱。一开始，司机并不同意这个方案，并诉说自己工资低、收入少等情况，双方谈判一度陷入胶着。随后，民兵排长说道："就3000元，包括电线柱子的钱。你有没有钱那是你的事情，你钱给了我们就立马让你走，不然你也走不了，而且说不定一会还不只这么多钱。"最后，司机同意了要求。①

在寨子里，民兵组织对罚款的金额具有话语权，如果村民觉得罚款太多，可以请老人、村干部帮忙说情，但最后同意与否，还是民兵说了算。因此，一些村民对民兵颇有怨言，认为他们过于霸道。但是由于民兵组将收来的罚款的钱经常用于修缮村内的公共设施，所以总体而言，村民的不满也仅是一些怨言。

出入寨子的人员、车辆，民兵组需要确保他们对村寨无害，这就需要对他们进行适当的检查。不少村民家里都贴着民兵的电话，一有安全隐患，村民可第一时间联系村寨的民兵。外人到寨子里租房、租地，除了给主人租金以外，还需要给民兵组一定数额的钱。一方面，民兵要防止这些人对寨子不利；另一方面，凡是到寨子的外人，无论是短期租住还是做生意，只要进入村寨这个空间，民兵对他们的人身安全便负有责任。因此，民兵们每个月都会例行巡逻1—2次。除了维护村寨秩序，民兵还负有守卫边疆的责任。傣卯人所生活的中缅边境地区走私、贩毒的情况时有发生，为了打击走私，民兵经常需要进行进出人员排查，在小路上设关卡。2019年七八月份，缅甸内战，缅北与瑞丽交界地区时有战火，为保障中国边民的安全，瑞丽地区进行边境管控，村寨民兵组织在其中发挥重要作用。民兵组织进行排班，设临时哨点，定时巡边。现代傣卯人村寨的民兵组织是在充分发挥国家普通民兵的职能的

---

① 调查时间：2017年1月18日；调查地点：B寨子。

基础上，结合边境地区的实际情况，增加了维护村寨秩序、保护村民安全等功能的结合体。

四　老人组

老人组，傣族称为"莫耸滚套"，"滚套"即老人的意思。老人组中又按性别分为"男老人"和"女老人"两个群体。老人组由被称为"老人头"的负责人进行管理，而根据人的生肖与村寨生肖的逻辑关系，由一位与该村寨的生肖相生的老人担任"老人头"总是更为合适的。诸建芳对芒市傣族社会中的"老人"有过较为详细的叙述。"当这种年龄组织中的成员年龄达到40岁以上的时候，其主要活动和兴趣便开始转向宗教活动，在瓦期内开始进入奘房卤鲜花。卤鲜花3—5年以后，他们便会螟行、喊姆行，从而进入奘房成为正式的老人。"① 40岁以上，经过螟行、喊姆行，芒市傣族的"老人"是有生理年龄和社会行为两方面的要求。他继续说道："成为一个老人的标志就是螟行、喊姆行，也就是说，他们要'求戒''受戒'和'守戒'，成为真正的佛门弟子。在此之前，不管一个人的真实年龄有多老，只要他尚未螟行、喊姆行，他都不能算是一位真正的老人。"② 傣卯人社会中的"老人"与诸氏的描述有一定的相似之处，但也有差异。

首先，傣卯人将在洼期进入奘房持戒修行的活动称为"栾形"，而非螟行、喊姆行，傣语"栾"有"睡"的意思，"形"意为戒、戒律、守戒，所以"栾形"大意为睡在奘房，持戒修行。其次，进入奘房"栾形"的人在生理年龄上并不一定要求达到40岁以上，如瑞丽市的芒约村、弄贺村等寨子就有30多岁即进入奘房"栾形"的人。复次，傣卯人进入奘房之前并不是"向亲属中的长辈老人禀告请示"③ 而是必须要向村寨老人组的老人头禀告请示。如果一个傣卯人决定开始持戒修行，他便要寨子老人组的头领，傣语为"贺滚套"的老人头请示。即用盘子装一些米、米花和鲜花去向老人头禀告请示，表示自己想进入奘房"栾行"，请求老人组接纳自己，并请老人们在今后的修

---

① 诸建芳：《人神之间——云南芒市一个傣族村寨的仪式生活、经济伦理与等级秩序》，社会科学文献出版社2005年版，第104页。
② 诸建芳：《人神之间——云南芒市一个傣族村寨的仪式生活、经济伦理与等级秩序》，社会科学文献出版社2005年版，第104页。
③ 诸建芳：《人神之间——云南芒市一个傣族村寨的仪式生活、经济伦理与等级秩序》，社会科学文献出版社2005年版，第227页。

行过程中引导自己，教给自己规矩。在得到老人头的同意后，便可进入奘房"栾形"，自此便成了真正的"老人"。最后，凡是进入奘房"栾形"的"老人"都需持"八戒"而不是"五戒"。在傣卯人社会中，信仰南传上座部佛教的普通村民都要守不杀生、不偷盗、不邪淫、不妄语、不饮酒五戒。老人则要再加上戒着香华（即不戴花环，不涂香）、戒坐卧高广大床以及不午食（即过正午后便不进食）①，共八戒。其中，后三戒主要是在入洼时的"栾形"期间严格持戒。并且，傣卯人社会中的老人并没有所谓的"试用期""转正"等环节，一旦经过寨子老人头的同意，即表示对其人品、日常表现认可，可以"当老人"了。此外，新加入的"栾形"的老人在服装上与已经"栾形"多年的老人并无差异，统一的白色上衣、头巾和褐色的裙子。一些年纪较轻的妇女出于爱美，会在裙子上弄一点花纹作点缀，但是花纹的颜色也要与裙子的底色统一，而那些已经"栾形"多年的女老人就不再在服饰上花这些功夫。当说到刚刚"栾形"的老人，人们在介绍时常常会提醒说"这是新老人"，"新老人"意为才刚刚"栾形"，对一些经文、佛法还不是很熟悉，需要大家多多关照和包涵。

男老人和女老人群体虽然在许多场合中都是一起行动，如在奘房或家庭的佛龛前拜佛、诵经等，但是也有分开行动的时候，如入洼期间的"栾形"活动，男、女老人即便是夫妻也要分开居住。并且在"栾形"的3天中，他们都有在各自的房间礼佛的环节。另外，在所有的佛事活动中，男老人群体都坐在女老人群体的前方，即更靠近佛像的位置。

"栾形"的老人已经无须在公房等集体活动中服役，在所有与佛教有关的活动中，他们都是仪式的主持者和主要参与者，即进行礼佛、诵经、听经等活动。随着傣卯人地区南传上座部佛教僧人数量的日益减少，传统中由僧人主持的仪式已经为贺露或老人所代替。如2017年2月10日，瑞丽市的弄贺寨子举行烧白柴仪式。与田汝康先生在《芒市边民的摆》中的记录相比，已经有较大不同。首先，白柴已经不是村民各自去砍来，也不是佛爷指挥小伙子们去砍挑，而是在集市上购买来，一家买上三五根，随后晒干，等日子一到便拿去烧。其次，烧白柴仪式并没有佛爷在场了，只有贺露和老人们念经。②

---

① 江应樑：《傣族史》，四川民族出版社1983年版，第534—535页。
② 田汝康：《芒市边民的摆》，福建教育出版社2016年版，第81—82页。

由于佛教文化深入傣卯人社会,"栾形"被认为是摒弃俗念,修炼品行的行为,加上老人在傣卯人社会中的较高地位,传统观念中对"栾形"的人的条件是:子女已经成家,卸下了家庭的主要责任,可以放下俗世的琐事,安心修行的人。但现代已有了很多变化,一是因为傣卯人的思想较之前更为独立,老人普遍认为要有自己的生活;二是随着社会的发展,结婚、生子已不再是傣卯人唯一的或是必需的选择。到了今天,进入奘房"栾形"已经没有年龄、婚否、有子女否等条件限制,只要身体健康,一心向佛,经寨子里的老人头同意即可。因而,人们"栾形"的最主要因素便是自己的选择。在许多村寨中,老人组的数量都是几个村寨组织中数量最多的一组。如弄贺寨子共有124户,514人,12户汉族,112户傣族。其老人组有成员133人,其中,男52人,女81人,占村总人口的20.4%。

表1-4 弄贺寨子老人性别、年龄对照表

单位:人

年龄＼性别	男	女
80岁以上	0	2
71—80岁	1	3
61—70岁	5	18
51—60岁	33	43
41—50岁	13	14
30—40岁	0	1

资料来源:笔者根据对弄贺寨子的田野调查绘制。

因而,当地人最直接最简练的说法,老人就是"入洼期间睡奘房的人"。老人组则是由寨子里所有"入洼期间睡奘房的人"组成,因为持戒修行,懂得许多傣卯人的传统文化知识,老人是村寨的权威,村寨大大小小的事务都有老人的参与。普通信众持守5戒,老人则需要持8戒,因而老人是信众中与佛最为接近的人,是傣卯人家庭中礼佛的代表人物,他们不仅自己持戒、礼佛、做功德,也会代家人祈福。同时,因为生活阅历丰富,受到年轻一代的尊重。并且,老人组负有维护村寨日常秩序的责任,违反村规民约的人由老人进行指正和规劝。如果哪家有吵架、打架等有伤和气的事,老人要上门去教育和规劝，如经规劝还不改正，就可能受罚，而出面罚款的也是老人。不管是嫁进来的姑娘的还是上门的男子，进寨子之前老人都要与其讲好寨子的规矩，如不准偷盗、不准吸毒、贩毒等。"如果不听，到时候赶出去或者找人来抓走就不客气了"，一位老人严肃地说道。

"栾形"是傣卯人各村寨的老人组成员在入洼期间每逢初一、十五住在奘房持戒、修行的活动。老人在第一天傍晚进入奘房，傣语称为"畹聘"，第二天持戒、礼佛，傣语称为"畹形"，第三天的早晨回到家，梳洗后继续到奘房听经、礼佛，这天傣语称为"畹旺形"。在"栾形"活动中，老人组是主角，他们主要是持戒、修行，青少年组负责绕寨子收供品、准备供品等，妇女组负责饭菜的准备，服务老人的餐食，民兵组协助妇女组搬运物件，在公房帮忙等。从老人组的栾形活动中可以看出各个村寨组织间日常协同合作的状态。

傣卯人地区周期为每月2次的栾形与西双版纳等地入洼期间一个月4次的栾形活动有所差异。瑞丽市菩提学校的一位佛爷说："一个星期一次的叫作小'畹形'，瑞丽是两个星期一次的大'畹形'比较多，瑞丽老城子奘房是大小'畹形'老人都去奘房睡。"又有村民说："'畹形'还是每星期一次的，只是老人是在家赕佛，不是每个星期都去奘房睡，而是两个星期才去奘房睡一次，老人早上在家里的佛堂中拜佛，没有在奘房那么严格。"据年纪较长的村民说，早前瑞丽地区在入洼期间也是一个月进行4次栾形活动，后来改成了2次。至于为何改成2次，大多数村民都说不清楚。笔者在相关资料中找到一点线索："1958年至1959年，德宏州受到'左'的错误干扰，州、县佛教协会被迫停止活动，佛教受到诸多不公正对待。在'大跃进'中，佛教及僧侣被当作'精神垃圾'和'寄生虫'等遭到不同程度的冲击。"据1958年12月2日德宏州地委统战部的《德宏自治州宗教工作综合》记载："1957年盈江县'做摆'300多起，共约5000多人参加，今年仅有15起，200余人参加。潞西县（今芒市）104个佛寺将每月豪洼4次改为2次。"[①]

因为所有要进入奘房持戒修行的老人都需要带鲜花、蜡烛、香、米花、三角旗、水果、小食品等到奘房赕佛。所以逢栾形日的早晨，尤其是进入洼期的第一次栾形，傣卯人地区的集市便格外的热闹，物品异常丰富，仅是鲜

---

① 张建章主编：《德宏宗教——德宏傣族景颇族自治州宗教志》，德宏民族出版社1992年版。

花就比平常多了几倍。采购结束后,老人们开始在家里收拾去奘房的东西,一般是用竹编的箩筐挑着,除了供佛需要的一应物品,还有自己的生活用品,如坐垫、被子、毛巾、蚊帐、花露水等。因为在奘房持戒修行时每天只能吃一顿早点和一次午饭,晚饭不能吃(即"过午不食"),大部分时间都在拜佛、念经和静坐,老人们需要准备一些如糯米粑粑、煮花生等小零食。待老人们在家沐浴更衣完毕,由家里的年轻人将他们送到奘房,每逢㪔形这天的傍晚,寨子里随处可看见骑着摩托车,车后座载着装满被子、垫子等日用品的箩筐的青年人,他们通常是先帮老人把行李送到奘房,第二趟再把老人送到奘房。到达奘房后,每个人都会把自己准备的供品拿出来,这时,所有人的供品一目了然,于是这天也具有供品展示的性质,尤其是同住在一个房间的老人,如果在供品上能够压过其他人,会是一件很自豪的事情。曾有老人因为家人为其准备的鲜花的个头稍小了一些,很不开心地抱怨:"我们害羞,没有脸啊。"事实上,每次㪔形时大家都把自家最珍贵的或是可以想到的集市上最好的东西拿来拜佛。

与此同时,奘房处开始传来象脚鼓声、锣声、铓声,这是青少组成员在召集成员去"动栓",即"绕寨子"。寨子里的青少年们听到声音,纷纷来到奘房集合。随后,由贺卜贺冒带领他们寨子里到去收取各家的供品。因为收取供品需要开着拖拉机沿着寨子绕一圈,到达寨子的每条道上,方便村民奉上供品。收供品时,象脚鼓和铓、锣一直敲不停,村民听到声音,便拿出自己的供品等在路口,交给小卜少小卜冒们。这样的方式不如说是青少年组帮村民将供品拿到奘房,不用劳烦村民自己将供品送到奘房,同时,也达到"展示"供品的效果,每户村民都是在众人的注视下奉上自家的供品。村民说,其实早前绕寨子都是步行,大家抬着象脚鼓,背着筐子,筐子里装着各种各样的供品,后来觉得这样太累了,便开始使用拖拉机。

绕寨子时,由贺卜和贺冒每人负责驾驶一辆拖拉机,其中一辆车上坐着小卜冒们,一辆坐着小卜少们。其中,小卜冒们在车上负责敲象脚鼓、锣、铓,在前方敲敲打打的开路。小卜少所在的辆拖拉机上放着三五个竹筐、蛇皮袋、小供桌等。听到锣、鼓、铓声,村民们便端着供品站在各自的家门口等候,将供品交给小卜少们。供品的种类大概是:钱、米、水果、鲜花、蜡烛、香、三角旗、米花、饼干等。其中,鲜花的种类没有要求,主要是新鲜和美观,三角旗一般是双数。米、钱、鲜花是必须有的,另外各家还根据情况添加了饼干、水果等，一般饼干和水果可以选择一样，另外，米花、蜡烛、三角旗和米花可以选择其中一到两种。人们给的钱的金额一般是2元、5元、10元等，人民币和缅币都有，形式是用盘子装着一盘米、上面放着钱。车上的小卜少们将供品一一分类，鲜花、饼干各放在一个筐子里，米单独放在一个口袋里，一个小卜少专门负责收钱，蜡烛、米花、三角旗等其物品单独让一个小卜少负责收取，放置在小供桌上，这些钱收完要交给贺冒，作为青少年组的公共经费。

  收完供品，大家合力把东西抬进公房，各自回家吃晚饭。等到天色入暮，贺卜贺冒又开始敲起了象脚鼓和铓、锣，这是在催促还没有到的小卜少小卜冒赶紧到奘房准备供品。随着青少年组成员就位，为老人奕形准备供品的活动正式开始了，公房里热闹起来，洗水果的、给水果雕花的、整理新鲜花束的、拆饼干的、摆盘的，等等。这些小卜少小卜冒似乎是经过了多少次训练一般，根本不用专门组织和安排分工，彼此配合非常默契，新加入青少年组的小卜少小卜冒看着各位同伴老练的姿态，纷纷自觉地加入其中。做果雕是一项技术活，需要根据不同水果的大小、形状和颜色等雕出各种各样精美的图案，果雕是傣卯人较为传统的一项技艺，不仅是为了美观，也是表达信众精心为佛祖准备供品的表现。据说以前做果雕时都会有老人在一旁指导年轻人，但是现在的许多年轻人对此并不是很感兴趣，愿意教的老人也就少了。因此很多年轻人的技术一般，雕出来的东西并不十分精致。在傣卯人社会中，依靠老人的身体实践来传承的传统文化还有很多，如傣文，现在寨子里20岁以下的年轻人大多只会讲傣语，但是不识傣文不会写傣字，由于传统的佛寺教育的式微，现在主要靠老人教授。

  这时候，奕形的老人都已经来到奘房。在地上铺上铺盖，挂好蚊帐。这天晚上，老人就要住在奘房，正式开始奕形。这天叫作"畹聘"。男老人和女老人要分开居住，按照各个村寨的"老人房"的情况，男、女老人分为若干个房间。如弄贺寨子的男老人合住在一个老人房，而女老人则分别住在2个老人房，主要是因为女老人的人数较多。每个老人房中都会有1—2个"奕形"时间长，熟悉流程的老人，带领其他人念经和礼佛。每个"老人房"中都有佛龛。除了贺露带领老人们在奘房的大殿上念经，多数时候需要老人们自己在房间中静坐、礼佛。

  奕形的第二天傣语称为"畹形"。这天，老人们六点多就起床，各自在住处念经、拜佛。念到 7 点半左右,到公房吃早饭。早饭是在妇女组组长和青少年组组长的组织和安排下,与寨子里的人一同准备的。每个傣卯人村寨都会在入洼期间将村寨里的人分为若干个小组,轮流在老人"栾形"时为他们做饭,这是村民对村寨、对老人的义务。这时,青少年组的小卜少和小卜冒们早就将前一晚准备好的供品端到奘房大殿中佛像下方的大供桌上,一盘一盘的饼干、水果等整齐排列,热乎乎的米饭被摆成塔型。8 点左右,吃过早饭的老人们在贺露带领到奘房念经。青少年组的一些小卜少小卜冒也可以安静地坐在大殿的后面听经。念经时,由老人房中最年长的几个老人举着小供桌不时地拜佛,每个老人房派一个代表举小供桌。在贺露所念的经文中,有请本寨子已经去世的人回来听经的内容。以下是瑞丽市一个傣卯人村寨在老人栾形时念的经文:

（傣文经文）

译文:无尚的佛啊,我们虔诚地跪拜,无尚的法啊(佛的经典),我们虔诚地跪拜,无尚的僧啊,我们虔诚地跪拜。啊我们现在虔诚地祈祷,对于佛宝、法宝、僧宝这三宝的行为,如果我们的身口意都做错了,那么现在我们真诚地在佛祖(佛像)面前跪拜,真心忏悔。让这些功德能够避开四种阿别(四种阿别分别是:地狱、畜生界、恶魔界和恶鬼界)罪业,三种嘎("嘎"有时代的意思,分别是饥荒时代、战争时代、瘟疫时代),八种醒嘎(一是地狱;二是畜生界;三是恶魔界;四是恶鬼界;五是只有意识,没有肉身,不能去极乐世界;六是投胎到没有佛法僧的地方；七是投胎到一个"不正见"的地方，即不信佛的地方，不能听到佛法的地方；八是投胎到一个佛法万丈的世界却无法感悟，是一个愚人和痴人）。罪业，五种大敌（或是5种危机，一是水灾；二是火灾；三是领导者昏庸；四是强盗；五是儿女不孝）。罪业，四种宇八滴（一是领导者昏庸；二是下地狱；三是残疾，肢体不全；四是万般不幸）。谤经（佛经典，一是亲友不和睦，众叛亲离；二是财钱流失，破产；三是病痛缠身；四不守戒律；五是失去信仰）。罪业，今生今世能够获得通达一切经典，判别一切经典，熟练一切经典，领会一切经典的诸功德吧，萨图萨图萨图（善哉，并有忏悔之意的祈祷词）。①

经文的内容主要是赞美佛法僧三宝和忏悔、祈福。念经持续到上午10点左右，老人们回到住处休息，这期间，公房里服役的村民一直在忙着准备饭菜。从"畹形"的这天午饭开始，所有"栾形"的老人们将不可以与外人说话，子女见到父母不能喊"爸，妈"，夫妻见面不能以妻子和丈夫称呼。因为从那时开始，老人们已经完全进入了一种持戒、修行的状态，他们暂时摒弃了自己在世俗世界中的一切身份，只是作为一个修行的人。"畹形"这天，吃饭不能使用筷子，只能用勺子，且不吃能荤。人们将准备的素食尽量切成小块，方便老人们使用勺子。

中午吃饭时，男老人和女老人各坐在公房的一边，中间用帘子隔开，互相看不到彼此。饭菜、公房桌椅、帘子的布置等基本由妇女组、青少年组的头头贺卜贺冒，以及民兵组成员等一同准备。傣卯人用餐时一般是每桌坐6个人，每桌大概五六个菜，每样菜装两碗，这样老人们不用起身，伸长脖子等，能够姿态端庄地用餐。男老人先进入公房，每个人身上都有一串佛珠，或戴在手上，或戴在脖子上，每串佛珠上都有108颗珠子，坐下后要念一段经文才能吃饭。女老人着白色上衣，深色裙子，进来吃饭时先取下头上竹编的帽子，将头上包着白色或黄色的头巾取下搭在左边肩膀上，每个人拿一个毛巾或毯子，一个做坐垫，一个铺在腿上。所有人都只能用右手吃饭，男老人的左手只能托住碗，女老人左手只能放在腿上。喝水只能用右手吃饭的勺子在碗里或杯子里舀起来喝。吃饭时桌上的菜由在公房服役的人负责添加。

---

① 调查时间：2019年7月24日；报道人：召路；调查地点：瑞丽市菩提学校。

不能同除栾形之外的人讲话，同伴之间也只能小声交谈。吃完饭后要在桌上双手合十念一段经才可离桌。饭后女老人坐在桌边，帮忙的人集体蹲下双手合十，面对老人，最年长的老人对着一筐水果/饼干等念经祈福，意为感谢这些做饭帮忙的人，祝大家好吃好在。随后老人们离开去各自的房间，那筐水果饼干等则被大家分发而食用。由于"畹形"这天要守"过午不食"的戒律，因此，人们将不为他们准备晚饭。但由于很多老人年龄较大，体力不支，所以会吃一点自带的小零食。下午和晚上，他们将继续拜佛和念经。

图1-26、图1-27　男、女老人在吃饭时用帘子隔开

第三天傣语称为"畹旺形"。这天早晨老人们陆续从奘房回到家中，待洗漱后，下午1点多到奘房由贺露带领他们念经、礼佛，在公房中服役的人会为老人准备米线等小吃。念经持续到下午3点多左右结束，宣告一次栾形的结束。待到两周过后，又有新的一次流程相似的栾形活动，一直持续到出注。

正是村寨组织之间的通力协作才能有条不紊地完成这样持续几天的既有神圣的宗教仪式，又有世俗的聚餐、玩乐性质的栾形活动。村寨组织在集体活动非常多的傣卯人村寨生活中发挥着重要作用。

通过参加傣卯人的绕寨子活动，笔者发现，在傣族和汉族聚居的村寨中，一些与傣族通婚的汉族信仰南传上座部佛教，同时也有许多汉族并不信仰南传上座部佛教，但是他们依然会在绕寨子时献上供品，并在村寨的其他集体活动中表现出个人服从集体，服从村寨的最高利益的一面。瑞丽市弄贺寨子是一个汉族和傣族聚居的寨子，全寨子共124户，有12户汉族。这12户汉族并不信仰南传上座部佛教，这主要表现在他们的家中不设佛堂、佛龛，也不会如信仰南传上座部佛教的傣族老人一样去栾形，等等。但是，他们会在寨子有公共活动及佛事活动的时候到奘房去服役，并跟寨子里其他傣族一样缴纳相应数额的"功德钱"来修建奘房，修葺寨子里的佛教建筑，等等。甚至会缝上几套傣族服装在"送并"等活动时穿上进入奘房，身体力行地维护村寨的和谐，表达对傣族人宗教信仰的尊重。

村寨组织之间的互帮互助，协同合作保证了集体活动非常之多的傣卯人村寨的有条不紊地持续运行，村寨组织在傣卯人村寨中发挥重要作用。除了村寨组织，傣卯人拥有完善的现代行政体系。瑞丽地区的地方行政结构按照各机构行政级别的高低依次是县、乡（镇），村民委员会和村民小组（即自然村，当地方言称其为"寨子"，傣语为"曼"）。与村民小组一级接触最为密切的是村委会，村委会设有书记、主任等职位。村民小组则有村主任、副村主任（事实上是村民小组的组长、副组长，但是大家习惯性的称其为村主任、副村主任）、支书、会计等职位。村民小组的村主任等人是对生活在村寨中的傣卯人日常生活直接发挥影响的人。国家的政策法规大多通过村主任宣传、通知到村民，遇到村民对相关政策不了解，村主任也会向村民解读，副村主任等人协助村主任的工作，会计则负责村寨的账目，记录相关收入和支出情况，并向村民解释。村民小组的村主任等人并没有工资，瑞丽市弄岛村委会考虑到这些村干部平日工作辛苦，给辖下所有村寨的村主任、支书每年发3600元的补助。除此之外，村寨采取与村寨组织一样的办法，以田地使用权的形式给村主任、支书、会计等人补贴。如弄贺寨子就分给该村村主任、副村主任、村支书各3亩地，会计2.5亩地供他们使用。

日常生活中，各村寨组织积极配合村干部等人的工作。村民小组的行政体系与村寨组织密切配合，协同合作，共同为村寨服务。

五 村寨组织的经费

每个村寨组织都有经费。获得经费的途径主要有两种，一是村寨分给他们一些土地，他们拥有这些土地的使用权，从土地中获得收入；二是在各种场合靠自己的劳动获取。除了分给组织头领个人的土地和钱，组织的公共经费部分的管理、支出是由其组织内的全体成员决定，一般情况下，只要不涉及非法用途，村寨的其他人都不会干涉。

村寨会给每个组分地，各个组织或头领拥有这些土地的使用权，或租出去或自己种都是允许的。这些地有些是分给组织的头领，作为他们的辛苦费。有些是分给包括头领和组织成员的全组的人。如弄贺寨子分给青少年组的头领贺卜贺冒每人 2.5 亩田。而分给妇女组的田地则有 13.7 亩，由妇女组全体成员商量决定如何使用。由于妇女组的两位头领常年为举行集体活动的村民服务，村寨还给妇女组的头领每人每年 2000 元的辛苦费。弄贺寨子的民兵组分得 10.4 亩地，他们以每年每亩 800 元钱的价格租给别人种香蕉，所得租金作为民兵组的经费。瑞丽市弄岛寨子的民兵组有 8 个人，寨子分给他们 8 亩地，他们商量后决定由组员轮流耕种。

弄贺寨子分给老人组 10 亩地，老人们将其以每亩 1400 元的价格租出去，每年可以收租金约 16800 元。现在，由于有其他的收入，用钱的地方不多，这些田都已还给村里。只有老人头接受了寨子给的 2 亩地。此外，婚嫁需要给老人组一定数额的钱，村寨对钱的金额有一定的规定。如有男子到弄贺寨子上门，来自弄岛镇上的需要给 2000 元，与瑞丽接壤的缅甸地区给 3000 元，外省的给 4000 元。如有姑娘嫁到弄岛镇要给老人组 2000 元，嫁到外省则要给 3500 元，如果嫁到外省的姑娘偶尔会同丈夫回到寨子住，那么就要给老人组 4000 元。同一个村寨内的嫁娶也要给 500 元。这些钱都由老人保管，并作为寨子里的公共经费。

村寨组织的头领并不是终身制，基本上二三年一换，由全寨子的人一起选举产生。如有做得不好的地方，任何村民都可指出。

当然，除了寨子里分给的田地，各村寨组织的经费还从他们在不同场合中获得。如妇女组由于经常为村民服务，在"延双""延鲁"等活动中会收到不少村民的"咋嘎"①，通常是一些钱、食品和日用品等。村民在进新房时，妇女们会唱歌、敲鼓为大家助兴，恭贺主人，进行傣语为"动苏"②的活动，主人家会随心给她们一些钱表达感谢，同时也是增添喜气。青少年组可在"动栓"活动中获取一些钱物等。民兵组、老人组在村寨管理中获取一些罚款等也可充作经费。

各个村寨组织的公共经费由其组织头领或专人保管，由该组全体组员共同决定用处。通常情况下，他们会定期举行一些娱乐活动，如举行组织内部的成员聚餐、旅游。如弄贺寨子的妇女组早在十几年前就将组里分得的地种甘蔗，第一年便赚到 3 万元，妇女组便使用这些钱组织成员集体去昆明和大理

---

① 通常是一些钱和物，是一种功德的象征。
② 即唱歌、跳舞助兴，向主人家要喜钱的活动。

旅游了一趟,当时妇女组还帮青少年组的头领出了钱,民兵组又帮村主任和副村主任出了钱。结果就是村主任、副村主任等人和村寨组织的成员一起出去旅游。聚餐和旅游不仅可以慰劳大家平日的辛苦,也可联络组员之间的感情,使得大家关系更为融洽,有利于组织内部的团结。除此之外,服务于村寨,做功德也是各个村寨组织的经费的主要用途。如 2018 年出洼时,弄贺寨子的各个村寨组织就承担了整个村寨大部分的花销,他们各自领到一个"差事",负责各自的部分。如村寨聚餐买菜的部分从整个村寨的集体收入中支出,共 2000 多元,村主任和副村主任出钱购买了所有的鱼、鸡;青少年组的头领贺卜贺冒和妇女组组长出钱购买了豆腐和蔬菜;民兵组出钱整修了奘房的地板;等等。村寨组织的经费来源于村寨,最后也大多回馈给村寨,是一种良好的循环。

六 人生阶段与村寨组织

村寨组织与傣卯人的人生阶段有一定的关联,从不同的村寨组织的活动中可以看到傣卯人的一些生活方式,以及在不同的人生阶段中所经历的生活片段。田汝康先生将芒市傣族人的生命史分为四个阶段,即出生、参加青年团体在集体活动中服役、结婚、做摆。[①] 诸建芳则认为"傣族的年龄组织并不只有这四个阶段,每个阶段也并不只有一个群体。一般而言,在每隔三五岁的年龄段上,便有一个全寨性的年龄组织"[②]。傣卯人的主要人生阶段也可分为四个阶段,有所不同的是,不仅关乎生理年龄、人生礼仪、宗教活动等,傣卯人的人生阶段还与其掌握的包括生肖知识在内的传统文化知识的程度密切相关。

一般情况下,每个傣卯人都会经历这样四个阶段。第一个阶段是出生,成为一个有生肖、有名字,同时也意味着拥有相关禁忌的"人"。与汉族不同,孩子满月在傣卯人社会中并不算得上是一个重要的人生节点,传统的傣卯人妇女产后没有坐月子的习俗。现代傣卯人一般是在孩子满一周岁时宴客,届时要邀请本寨子的村民及家中的亲戚朋友到家中一起庆祝。周岁宴那日是根据孩子的生肖、出生时间来选的日子,一般会选择与孩子生肖相生或相同

[①] 田汝康:《芒市边民的摆》,福建教育出版社 2016 年版,第 132—135 页。
[②] 诸建芳:《人神之间——云南芒市一个傣族村寨的仪式生活、经济伦理与等级秩序》,社会科学文献出版社 2005 年版,第 227 页。

的日子，并为孩子准备生日蛋糕。亲戚朋友随心准备礼品，主要是礼金和小礼品等。这种庆祝活动一般在公房或者主人家里举行。一些有条件的人家还会请乐队来表演节目庆祝，场面甚是热闹。傣卯人将这一时期的孩子统称为"露晚""也晚"，即属于儿童时期的小娃娃。这一时期的傣卯人处在无忧无虑的童年阶段，不需要承担任何社会义务和责任，家长尽可能地满足孩子的要求，为他们提供最好的生活条件。即便是上了小学，家长也不会刻意去关注孩子的学业，他们认为，这一阶段的学校生活主要是让孩子交朋友，适应集体生活。父母、长辈亦不会刻意去教授他们传统文化知识，傣卯人社会在这方面也不做要求。

第二阶段是15、16岁时，进入寨子里的青少年组（冒少组），此时他们已经被称为"卜少""卜冒"，即小姑娘，小伙子。一方面，这个时期的"冒少"们进入青春期，一些小姑娘小伙子开始同相近年龄段的小伙伴谈起了恋爱，傣卯人在这一点上大多表现得非常开明，并不会以"早恋"等字眼训斥儿女，亦不做干涉。另一方面，他们开始在公房中服役，代表家庭去参加寨子的集体活动，如送并等。这时他们正式跨入傣卯人社会的大门，开始了解和学习各类知识，接受各种训练，如传统食物的烹饪、果雕技艺等都是这一阶段需要学习的。在各种各样的集体活动中，他们开始了解傣卯人的风俗习惯，如年节习俗、佛事活动中的环节、需要准备的供品等，在与越来越多的人的接触中，他们也逐渐懂得人情世故，开始了解为人处世之道。这段时间的表现直接影响着他们在傣卯人社会中的口碑，由于长时间在集体活动中服役，其品行被众人尽收眼底。人们会说："那是一个懂事的、勤快的、学东西很快的小姑娘/小伙子"，但也有可能得到例如"懒得很"之类的评价。在这样的过程中，他们开始学习包括生肖知识在内的传统文化知识，如日常傣语的正确的发音、专用名词的使用，傣文字的书写，以及傣卯人的生肖文化知识，如自己的生肖、一些人和村寨的生肖、有什么特别之处等。尽管在这一阶段他们还并没有了解得那么清楚，但已经认识到自己的民族文化中有这方面的知识，而这些知识还与他们的日常生活密切关联。

第三个阶段是结婚。婚后，他们不再被称为"卜少""卜冒"，而是叫"卜隆""咩隆"，"咩隆"不再属于冒少组。一些"卜隆"转而进入妇女组，或是不属于任何村寨组织，只是作为村寨的一名普通成员。其实，无论是否是村寨组织的成员，他们都需要参与村寨的集体活动，前去服役、帮忙。这一时期他们不仅要承担社会责任，还要挑起家庭重担，等到孩子出生，他们就成为上有老下有小的那一代，承受较大的压力。这一时期，他们更为专注于赚钱，照顾家庭，否则就会被傣卯人社会定义为一个没有担当，不负责任的人。当然，还有一种情况是到了适婚年龄或是超过适婚年龄却仍然没有结婚，傣卯人将这一群体称为"少套""冒套"，意为"老姑娘""老伙子"。这是个有点尴尬的称呼，同时也影射出"少套"和"冒套"在傣卯人社会中较为尴尬的处境。但是，即便他们在一群十几岁上下的冒少组中显得有些突兀，也并不妨碍他们以冒少或者村寨成员的身份在村寨活动中服役。村民也只是偶尔操心一下他们的终身大事，其他时候还是如常相处。这一阶段的傣卯人开始越来越多地接触傣卯人传统文化知识，即便是一知半解，却也不会草率地下结论。最明显的表现是他们已经能根据不同的情况去求助不同的人，如僧人、贺露、"萨拉""雅浪"、老人等。他们看待问题的角度也逐渐由表及里，比如看待几个村寨之间的关系，除了一些仪式表征，他们可能会将其同村寨的生肖之间的关系联系起来，等等。

　　第四个阶段就是"当老人"，即"栾形"。栾形的人其实可以是来自以上所有村寨组织的成员，因为其主要标准是：一心向佛，能够在奘房栾形时照顾自己（这实际上排除了一些生活不能自理的残障人士）。其实这也是南传上座部佛教传统的教规之一，即需要"六根俱足"，否则无论戒腊几何，修行多高都无法升座。成为老人后，他们逐渐脱离了俗世的琐事，每逢洼期都需要进入奘房持戒修行。老人在傣卯人社会中享有较高权威，这体现在诸多方面。如在空间上，老人一般都住在家里的楼上，第一是因为傣卯人所居住的地区较为潮湿，让老人住在高处较为舒适；第二是傣卯人的佛堂一般都设在二楼，方便老人礼佛。一些傣卯人的墓地是以栾形后去世的老人的坟居主位，其他都是侧位。如 K 寨子的墓地目前共有 784 座墓，其以经过栾形去世的老人的坟为中心，未经栾形即去世的人的坟处侧位。在时间上，许多仪式都是以老人的到场和离开为开始和结束的标志，诸多集体活动中的就餐环节中也是让老人最先入座用餐以示尊重。村干部、村寨组织头领对村寨中发生的一些事情不知如何处理时，老人会给他们意见，并帮助他们处理和解决。另外，每个寨子的村规民约的制定都有老人的参与。老人，尤其是栾形时间较长的老人可以说是傣卯人社会中一部活的"字典"，这是因为他们生活经验丰富，并在不断的持戒修行中修身养性，学习和掌握了许多傣卯人传统文化知识；他们将这些知识不断传授给年轻一代。

　　不同村寨组织的成员之间有互相流动的情况，如冒少组的女孩婚后加入妇女组，妇女组的成员后来又进入了老人组。但并不是所有的流动都是呈直线状态一级一级地变动。傣卯人在不同的村寨组织之间的停留、流动也是他们社会文化生活的一种表现。比如已婚的"咩隆"经过离异等经历恢复单身后可能会从"妇女组"重新回到"冒少"组，以该组成员的身份参与村寨的各项活动。但是，一旦加入"老人组"开始栾形就不可以再退出，因为栾形是傣卯人社会文化中最为神圣的一个阶段，如果一个人连持戒修行都半途而废，那么他在社会上的形象、信誉、人品都会受到质疑，为人们所抨击。需要强调的是，并不是所有的傣卯人都会在不同阶段体验这四个不同的村寨组织，傣卯人社会对人们是否加入村寨组织并不持硬性规定，只是在适当的时候加入村寨组织，可以更好地为村寨服务。比如一个20岁的女孩由于常年在外地打工而没有加入冒少组，平常也并不参与该组的活动，但若是她刚好在家，需要去公房服役时，她也不能无故不去。加入或不加入村寨组织都是为了更好地为村寨服务，使生活在村寨的人们之间更为团结和友好。

第二章　生肖符号与傣卯人社会关系构建

　　对于"符号"的解释总是与文化相关的。符号人类学关注除语言以外的非语言性的符号，关心符号如何作为文化的载体来表达意义，他们并不认为文化是封闭在人们头脑里的东西，而是一种符号系统。① 列维－斯特劳斯的结构主义把文化看作符号体系，其注重具有普遍性质的、属心理范畴的世界观。② 吉尔兹大致将符号归为下列含义：1. 用以明喻他物者。2. 有特指性喻义的约定俗成的符号。3. 指代一种具有间接性和隐喻性而不易于直接表述的东西。4. 指代任何一种承担传递概念的媒介的客体、行为、时间、性质或关系，这个概念亦即符号的意蕴。③ 而卡西尔在关于人的定义中说道：人与其说是"理性"的动物，不如说是"符号的动物"，亦即能利用符号去创造文化的动物。④ 基于此，生肖可被理解为是傣卯人社会文化中的一种符号。傣卯人利用生肖符号去创造文化、解释文化，生肖符号是傣卯人理解、诠释和表达文化的一种媒介。

　　傣卯人赋予生肖符号一系列的文化意义，生肖符号象征着人、确定的时间、特定的村寨、具体的空间等。傣卯人用生肖符号建构和规范人与人、村寨与村寨以及人与村寨之间的关系。傣卯人拥有一套独特的生肖文化体系，不仅人有生肖，村寨也有生肖，同一文化内部的成员通过这些被赋予公共义

---

　　① ［美］克利福德·吉尔兹：《地方性知识——阐释人类学论文集》，王海龙、张家瑄译，中央编译出版社2000年版，第36页。
　　② 参见［法］克劳德·列维－斯特劳斯《结构人类学——巫术·宗教·艺术·神话》，陆晓禾、黄锡光等译，文化艺术出版社1989年版；［法］克劳德·列维－斯特劳斯：《结构人类学》，俞宣孟、谢维扬、白信才译，上海译文出版社1999年版。
　　③ ［美］克利福德·吉尔兹：《地方性知识——阐释人类学论文集》，王海龙、张家瑄译，中央编译出版社2000年版，第38—39页。
　　④ ［德］恩斯特·卡西尔：《人论：人类文化哲学导引》，甘阳译，上海译文出版社2013年版，第5页。

的符号交流自己的世界观、价值观和社会情感。① 生肖象征物在家屋、佛寺、村落中的呈现表明生肖文化融入傣卯人的社会文化生活。人、村寨的生肖依据不同的规则确立。生肖符号之间的 5 组不同的关系影响着人与人、村寨与村寨以及人与村寨之间的关系。人的社会关系建构与生肖符号相关，村寨内部的管理需要参照村寨生肖，村寨与村寨之间的互动交往亦受到生肖的影响；生活于村寨中的个体的人的生肖因与村寨的生肖之间的关系也产生和谐与排斥关系。生肖文化在傣卯人日常生活诸多方面的呈现表明生肖于傣卯人社会文化生活的重要性。

第一节　傣卯人的生肖文化体系

傣族和世界上许多民族一样，有用动物来记人的生年的生肖文化。宋蜀华和张公瑾指出："在傣历的发展过程中，既吸收了汉族历法的成分，又接受了邻境的一些国家和民族的历法的影响，从而形成了现今具有民族特点的傣历。"② 大量的佛经中包括不少古代印度天文历法知识乃至占星术，印度的天文历法知识随着佛教的传入被带到中国，中印两国的天文历法也随着两国的交往而互相影响。③ "傣历还吸收了汉历中的十二生肖。在德宏地区，地支与十二生肖的配合与汉历完全相同。"④ 傣族先民"在不同时期又继续吸收了汉历中干支的其他用途，这不仅说明了傣族是一个有悠久文化传统的民族，而且也进一步为傣汉两个民族在历史上的亲密关系提供了一个证据"⑤。然而，与用十二种动物配十二地支的生肖文化不同，生活在云南省德宏傣族景颇族自治州瑞丽市的傣族傣卯人的生肖符号却是八个。

有关十二生肖的研究有较为丰富的成果，关于十二生肖的起源，有北方游牧民族起源说、巴比伦起源说、印度起源说以及中原起源说等。⑥ 在不同的

---

① ［美］克利福德·吉尔兹：《地方性知识——阐释人类学论文集》，王海龙、张家瑄译，中央编译出版社 2000 年版，第 36 页。
② 宋蜀华、张公瑾：《傣历概述》，《中央民族学院学报》1977 年第 3 期。
③ 郭书兰：《印度与东西方古国在天文学上的相互影响》，《南亚研究》1990 年第 1 期。
④ 宋蜀华、张公瑾：《傣历概述》，《中央民族学院学报》1977 年第 3 期。
⑤ 张公瑾、陈久金：《傣历中的干支及其与汉历的关系》，《中央民族学院学报》1977 年第 3 期。
⑥ 曲彦斌：《生肖文化考》（下），《文化学刊》2012 年第 5 期；瞿文侯：《关于生肖纪年的相关研究》，《文学教育》2017 年第 8 期。

地区和不同的文化中,生肖文化的表现形式和发挥的作用是有差异的。有学者就在研究中国诸多少数民族以及与中国邻近的日本、朝鲜、柬埔寨等国家的生肖时指出,这些生肖动物的种类和排序等与汉民族的十二生肖都是有所差异的。① 对于十二生肖与二十八星宿、三十六禽以及六十甲子之间的关系问题也一直有人在探讨。② 国外关于中国生肖(主要是十二生肖)的研究也有很多,对计算生肖的方法③,以及十二生肖与五行、天干地支等之间的对应关系等都有涉及④。在生肖符号体系中,人的出生时间总是对应于某一个特定的动物,因而也有研究者把十二生肖同占卜术及性格分析等相联系,给生肖蒙上了神秘的色彩。⑤ 总体上看,具体的动物符号有一些差别,大部分民族的生肖符号都是十二个,但在日常生活中发挥的作用已不十分明显。傣历(傣语读为"朗历滴蒙")的12个纪年的动物(傣语叫作"咩毕","咩"有妈妈、母亲之意,"毕"是年的意思)按照排序分别为虎、兔、龙、蛇、马、羊、猴、鸡、狗、猪、鼠、牛。纪年的这12个动物与汉族十二生肖动物一样,只是将虎排在首位。傣卯人知道这一套纪年的生肖,但在生活中基本不使用,真正用来看日子、占卜的是纪日的八个生肖。八个生肖之间的相互关系,及其与人、村寨之间的关系构成了傣卯人独特的生肖文化体系。

一 生肖符号及其相互关系

古时中国将日、月和火、水、木、金、土五大行星合称为"七曜"。"'七曜''七曜历''七曜术'等术语所指称的专指一种异域输入的天学——主要来源于印度。"⑥ 在古印度人的观念中,天宫图中的各星都指导着人类的命运,各星、流星,以至日食、月食的出现日期有吉凶区分。宗教仪式、军事行动、外出办事等都要择吉避凶。⑦ 傣族社会中也有纪日的"七曜历"。

---

① 吴裕成:《生肖与中国文化》,人民出版社2003年版,第65—81页。
② 吴裕成:《生肖与中国文化》,人民出版社2003年版,第47—56页。
③ Caroline Qwens, "Chinese Zodiac—a Modulo 12 system", *The Mathematics Teacher*, Vol. 76, No. 7, 1983.
④ John F. Lamb Jr., "A Chinese Zodiac Mathematical Structure", *The Mathematics Teacher*, Vol. 93, No. 2, 2000.
⑤ Shelly Wu, *Chinese Astrology: Exploring the Eastern Zodiac*, Franklin Lake: The Career Press, 2005.
⑥ 江晓原:《天学真原》,辽宁教育出版社1991年版,第324页。
⑦ 郭书兰:《印度古代天文学概述》(续),《南亚研究》1989年第3期。

"傣历有七日一周的纪日法，各周日的名称是根据日、月以及火、水、木、金、土五个星名的顺序来取的，七天中的每一天与日、月或一个星名对应起来。"① 张公瑾注意到缅历中有周日纪日法。"缅历这七个周日，又都各与一种动物相联系，按其顺序为：半鸟半兽动物、老虎、狮子、大象、老鼠、海豚、龙。傣历沿用这种习惯，但稍加改造，成为老鸦、老虎、虾蟆、大象、螃蟹、长蛇。"②但并没有具体说明这一套纪日法为德宏州哪个区域的哪个傣族支系使用。瑞丽地区的傣卯人的周日纪日动物与上述两种情况都有差别。傣卯人常用的八生肖分别为鸟、虎、麒麟（一说狮子）、白象、黑象、老鼠、牛和蛇。傣卯人及其村寨共同使用这套生肖体系，只是所依据的标准不同。

人们较为熟悉的汉族十二生肖之间拥有相同、相生（又称为相合、互补）、相克以及不生不克四种关系。傣卯人的八个生肖之间却存在相同、相生、相克、相生又相克以及不生不克五种关系，生肖符号之间的不同关系也被赋予不同的文化逻辑。

其中，同一关系，即相同的生肖；相生的关系：鸟与老鼠，老虎与白象，麒麟与牛，蛇与黑象；相克的关系：鸟与麒麟，老虎与老鼠，白象与黑象以及牛与蛇；相生又相克关系：鸟与牛，麒麟与老鼠，蛇与白象，老虎与黑象；相生又相克的这组关系是比较有争议的，有傣卯人认为，这组生肖的关系要根据实时的情况来决定，随时在发生变化，但是也有一些傣卯人认为这组生肖符号之间的关系是相生关系大于相克关系，即更为强调他们之间相生的关系；不生不克关系：上述四种关系之外的，如麒麟与虎、牛与黑象，以及鼠与白象等关系就属于这一类。对于任意一个既定的生肖来说，总有一个生肖与其相生，有一个生肖与其相克，有一个生肖与其是相生又相克，剩下的四个生肖与其没有特殊关系。

人和村寨都有相应的生肖。生肖相同的人或村寨之间是很容易相互认同的；生肖相生的人或村寨彼此有益，容易达成和谐关系；生肖相克的人或村寨之间存在互相不利的可能，属这些生肖的人或者村寨之间的交往合作需要小心翼翼，并遵守着禁忌，有时还需要仪式来禳解和规避灾难。相克的生肖之间存在着不同的解读，傣卯人认为，相克的生肖中有一方会"盖过"另一

---

① 宋蜀华、张公瑾：《傣历概述》，《中央民族学院学报》1977 年第 3 期。
② 张公瑾：《傣族文化研究》，云南民族出版社 1988 年版，第 199 页。

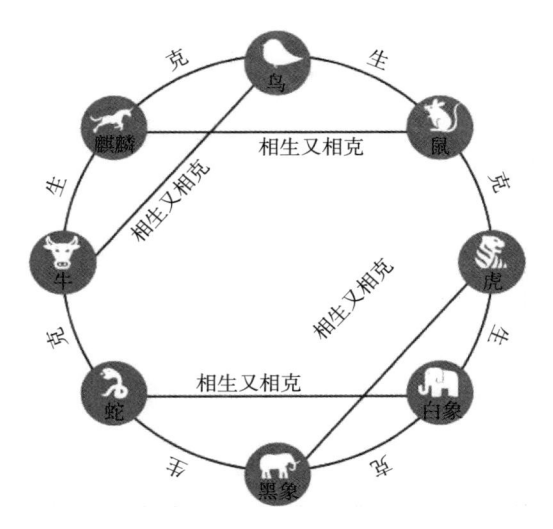

图 2-1　傣卯人生肖关系

方，即其中一方克另一方的程度更甚。如在牛和蛇这组相克的生肖中，一般会认为蛇对牛的不利影响更大。一般情况下，相生又相克的几组生肖被认为产生的结果不容易预测，要根据实时的情况来进行应对；那些不处于这四种关系中的其他生肖符号之间则没有利害关系。不论是外在的符号表征，还是内在的逻辑关系，傣卯人的生肖都与人们了解的其他民族和地区的由天干、地支和五行支配的十二生肖大有不同。因生肖与傣卯人的生活密切联系，大量的生肖象征物出现在傣卯人的生活空间中。

二　生肖象征物

生肖象征物使"生肖"得以具象化。出现在傣卯人日常空间中的生肖象征物表明生肖之于傣卯人的重要性。形态各异的生肖象征物不仅让傣卯人的生肖文化变得"随处可见"，还为诸多建筑增添了光彩。生肖象征物在家屋、佛寺建筑以及村落中的呈现各有其不同的文化意义。

生肖象征物常常以艺术品的形式呈现在傣卯人的家屋中，如放置在客厅的橱柜等一眼就能看到的地方，作为装饰物为傣卯人家增添色彩。傣卯人家屋中最常见的生肖象征物有虎、大象、鸟等。其中，虎通常被用于家屋中的内墙装饰，威猛的虎被用来彰显男主人威武不凡的气魄，这也可能源于傣卯人对虎的崇拜。大象一般为一对，即公象母象各一头，也有母象与小象嬉戏的作品，通常为木雕的形式，这类的作品充满意趣。生肖鸟的象征物多为色彩绚丽的孔雀等图案。这些生肖象征物的形式各异，主要有木雕、根雕、泥塑、墙画及绘画等形式，多为手工艺品。一些傣卯人还把自己和家人的生肖象征物摆放在家中，将其视为吉祥物。

傣卯人地区的佛寺（傣卯人称佛寺为"奘房"）和佛塔等建筑的内外也有许多生肖象征物的元素。佛寺的装饰纹样，佛殿内壁的图案、雕塑和绘画都与生肖动物有关。佛寺的大门两侧经常会装饰石雕麒麟或者是大象，其中大象是傣族的吉祥物，频繁地出现在许多场合；而麒麟像守护神一样立在大门的两侧，这可能是受到汉文化的影响，麒麟在汉文化中寓意门庭高贵，且有镇宅辟邪的功用。佛寺的内壁通常会有一些佛经故事的彩绘，讲述的是释迦牟尼在成佛前后的一些故事，而生肖动物经常会出现在这类的故事中。如缅甸南坎的曼喊奘寺中有很多与生肖元素相关的雕塑，如老鼠、鸟与人一起参拜坐在菩提树下的释迦牟尼的场景，还有黑象、白象、老鼠、鸟等前来为佛陀供奉食物和鲜花的雕塑，这可能是南传上座部佛教"赕"文化的一种表现形式。

图 2-2　奘房内的佛经故事彩绘　　　　图 2-3　"虎"雕塑

事实上，佛经故事中的诸多场景都被傣卯人以绘画、雕塑的形式呈现在佛寺建筑上，佛塔和菩提树四周的生肖象征物最为常见。傣语称为"广姆"的佛塔的四周经常有八个生肖的雕塑或者图案，傣卯人村寨中，尤其是奘房附近的较大的菩提树四周都建有八个生肖的象征物，形式有雕塑和彩绘等。佛塔和菩提树四周的生肖象征物通常都与释迦牟尼佛像在一处，位置通常是佛像在上，生肖象征物在下。傣卯人的空间观念按照尊到卑的顺序是从高到低，从上到下，如人们在院子里晾晒衣物，在衣柜里摆放衣服，裙子绝对不可以摆在上衣上面。在许多场合中的座位中也可以看到是高处为尊，低处为

卑，许多佛教仪式中都是僧人在高处，接下来依次是男老人、女老人和普通年轻信众等。因此，一位僧人说道：佛在上，生肖在下，说明生肖的地位比佛低，要先拜佛再拜生肖。

图2-4、图2-5　人与动物一起供佛的雕塑（缅甸南坎）

佛塔建筑和围绕菩提树四周的建筑物多为信众捐款建造。在傣卯人地区佛塔和菩提树四周的生肖象征物前经常能看到许多供品。逢运气不佳或是遭遇不幸的偶然事件等情况，傣卯人便会拿米、饼干、汽水等各类素食前去"鲁"自己的生肖。这时，生肖似乎被上升到"生肖神"的地位，具有庇佑人们的功能。经佛爷指点，人们通常将供品分为两份，一份供奉给佛；另一份供给生肖象征物。

佛寺、佛塔、菩提树四周等与佛教相关的建筑物上生肖象征物或者说是动物象征物的出现与傣卯人信仰的南传上座部佛教有一定关联。首先，佛经故事中记载着释迦牟尼佛在成佛前后曾与森林诸兽乃至自然界诸多生命发生千丝万缕的关系的故事。其次，相传释迦牟尼就是在菩提树下成佛的，每个傣卯人村寨中都种有菩提树，许多虔诚的佛教信徒都将菩提树视为圣树，树龄较长的菩提树更是被视为神圣的象征。佛经中记载了大量关于释迦牟尼佛与各种动物之间关系的故事，如"割肉喂鹰"，森林诸兽供养佛祖等。《佛本生经》中讲述了释迦牟尼佛曾转世为鹿、羊、马、象、牛、鸟、鸡、狗、鹅、猫、蜥蜴、豺、野猪、龙、孔雀、鹰、猴、龟、鱼、狮、虎、兔、蛇、鼠等动物的故事。[①] 这些动物基本囊括了今天傣卯人的八个生肖动物。《维先达

[①] 参见《佛说本生经》，西晋三藏竺法护译，宗教文化出版社2005年版。

腊》的主要内容是释迦牟尼佛转世为维先达腊的故事，其中亦有不少与动物相关的故事。不仅如此，故事中还有将大象与水紧密相连的内容，如在维先达腊出生时降临的白色母象叭宰雅纳金成为其坐骑。白色母象走到哪，那里就会降雨，后来维先达腊将母象布施给久旱不雨的伽利伽兰勐。① 而在傣历中一周七日的记日法中，星期三对应的即水曜日②，在傣卯人的生肖中体系中，星期三正好也是属大象。将佛经故事场景用绘画、雕塑等方式呈现在佛教建筑中不仅可以丰富佛教文化，也为建筑物增添趣味。造型精美的生肖动物图案也能够美化建筑物，提高傣卯人地区佛教建筑的可观赏性。

图2-6　菩提树四周的生肖动物雕塑　　图2-7　佛塔四周的生肖象征物

村落中的生肖象征物主要是与村寨的生肖相关的，其主要分为三种，即村寨的生肖，与村寨生肖互补的生肖以及与村寨生肖不相克的生肖象征物。许多傣卯人村寨的村口都有一堵两面绘有生肖动物图案的墙体，在这里，笔者将其称为"生肖墙"。"生肖墙"的一面绘制的是本村寨的生肖，另一面绘制的是与本村寨的生肖互补的生肖。"生肖墙"上的生肖象征物图案颜色艳丽，非常显眼。许多傣卯人的村规民约都规定：村寨中不可出现与村寨生肖相克的生肖的象征物。因此，为了避免这一点，村寨内的建筑上大都不会出现与村寨生肖相克的生肖，这一点也体现在"供栓"中的泼水装置上。傣卯人村寨的奘房边都有一个傣语叫作"供栓"的亭子，其中，"供"有"架子"的意思，"栓"有"泼水"的意涵。"供栓"通常紧邻奘房。"供栓"中有引

---

① 西双版纳傣族自治州人民政府编：《维先达腊》，云南民族出版社2007年版。
② 宋蜀华、张公瑾：《傣历概述》，《中央民族学院学报》1977年第3期。

水的装置，泼水节时人们都在此装置中接水，泼水，并将佛像从奘房"请"出来，在"供栓"处给"佛"泼水，名为浴佛。

图 2-8 旅游村落中的生肖象征物

"供栓"中泼水的装置一般都是一种动物的造型，如龙、鸟、鱼等。一些傣卯人村寨"供栓"中动物象征物的选择与村寨的生肖相关。如瑞丽市姐冒寨子"供栓"的泼水装置是"鱼"。据该寨子的老人说：

姐冒寨子的生肖是老鼠,刚开始建"供栓"时,大家一起商量准备将泼水装置建成"老鼠",后来大家又觉得老鼠的外形不够美观,于是就建成"龙"的样子。但是,接下来寨子的几次赶摆活动都"有点乱"(出现过打架等事件),寨子里的人就认为是"供栓"里的"龙"在坏事,因为"龙"即"蛇",而"蛇"会吃掉姐冒寨子的生肖——"老鼠",对寨子不利。最后,寨子将之前的"龙"改成了现在的傣语声调同"老鼠"相似的"鱼"。①

又如弄贺寨子的"供栓"中的泼水装置是一只"鸟",这不仅因为"鸟"的外形美观,更为重要的是,"鸟"是与弄贺寨子的生肖"牛"比较相合的生肖动物。

图2-9 弄贺寨子"鸟"状的供栓　　　图2-10 姐冒寨子"鱼"形的供栓

此外,生肖象征物还被用于旅游村寨的对外展示,被视为傣卯人特色文化事象的生肖文化常常被用以吸引游客,作为打造"异文化"的重要元素。如在瑞丽市旅游村寨喊沙寨子中,一进寨子便能在主干道两侧看见傣卯人生肖象征物的雕塑,七个造型精美的金色展示牌上清楚的呈现着七个生肖(星期三并未区分黑象和白象)的造型,以及与生肖对应的星期日。当外地游客一进入充满傣卯人特色文化的村寨时,首先映入眼帘的就是其生肖文化,这有利于激发游客探索"异文化"的热情。

生肖象征物在家屋、佛寺建筑、村落等诸多空间中的呈现可能既是傣卯人与大自然之间,人与动物之间的和谐相处的价值观的体现,也是傣卯人生

---

① 调查时间:2016年7月28日;报道人:尚胆莫;调查地点:尚胆莫家。

肖文化融于其社会文化生活的表现。人的生肖、村寨的生肖，生肖将人、村寨、生肖动物紧密联系在一起。

第二节 人的生肖

人的生肖是根据人在一个星期中的出生时间来确定的，特定空间中的人与具体的时间结合起来便产生了属于傣卯人独特的生肖。人的生肖由于在傣卯人社会文化生活的诸多方面发挥作用和影响，与傣卯人的社会关系建构密切相关。

一 人的生肖确立标准

人的生肖符号在傣卯人的傣语中称为"鲁丸"（音译）。其中，"鲁"有"从某时起""孩子"之意，"丸"是"日子"的意思。所以，"鲁丸"可以理解为：某一特定日子出生的人。人的生肖的傣语称呼突出了"时间"和"人"两个要素。

瑞丽地区的傣卯人的生肖是按照人出生在一个星期中的某一天来确定的。按照顺序为星期日属鸟、星期一属虎、星期二属麒麟、星期三中午十二点以前属白象、星期三中午十二点以后属黑象、星期四属老鼠、星期五属牛和星期六属蛇。其中，星期三处于一星期中的中间位置，其对"象"的划分似乎总是要一分为二的标示出其特殊性，同时，也使一星期的前后保持各有四个生肖的平衡。

表 2-1 人的生肖与星期对应关系

	人的出生时间	星期日	星期一	星期二	星期三（中午12点之前）	星期三（中午12点之后）	星期四	星期五	星期六
星期	傣语称呼	丸迪	丸尖	丸甘	丸布	丸布	丸帕	丸舒	丸韶
	傣文写法	ᥝᥢ᥺ ᥖᥤᥴ	ᥝᥢ᥺ ᥓᥤᥛᥴ	ᥝᥢ᥺ ᥐᥛᥴ	ᥝᥢ᥺ ᥙᥨᥖᥴ	ᥝᥢ᥺ ᥙᥨᥖᥴ	ᥝᥢ᥺ ᥙᥐᥪᥴ	ᥝᥢ᥺ ᥔᥧᥝᥴ	ᥝᥢ᥺ ᥕᥨᥝᥴ
生肖	对应生肖	鸟	虎	麒麟	白象	黑象	老鼠	牛	蛇
	傣语称呼	咯	瑟	航细	臧分	臧兰	露	喔	姆
	傣文写法	ᥘᥩᥐᥴ	ᥔᥥᥴ	ᥑᥣᥒᥴ ᥔᥥᥴ	ᥓᥣᥒᥴ ᥚᥧᥢᥴ	ᥓᥣᥒᥴ ᥘᥛᥴ	ᥘᥥᥴ	ᥒᥨᥝᥴ	ᥛᥨᥝᥴ

资料来源：笔者根据田野调查绘制。

傣卯人纪日生肖符号的具体起源尚不可考，但村寨中流传着许多有关生肖的传说故事都在说明不同生肖的特点及其存在的合理性。麒麟是保护佛的安全的；老鼠个子小，行动灵活，专门找食物来供养佛；牛是拉犁的，在佛还是悉达多王子的时候，牛是拉王子的座驾的；蛇是专门守护佛的；老虎是力量的象征；而大象是专门为王子驮运东西的。

傣卯人跨中缅两国而居，两国之间有90分钟的时差，边民经常会为凌晨左右出生的新生儿到底属什么而争论，最后，他们会去请教一位老人，或是僧人、贺露，请他们帮忙撰写"玛咋"。有时候，在中国出生就按照中国的时间来确定生肖，但是如果请教的是一位惯用缅甸时间的老人、僧人或是贺露，他们便会按照缅甸的时间为新生儿撰写"玛咋"，无论如何，傣卯人的生肖总是在刚出生时就确定了。而随着生肖的确定，他们的人生经历中的某一部分似乎也跟着确定下来。

二 生肖与人的社会关系

不同的社会因其迥异的时空背景而拥有不同的人际关系结构，且每种人际关系网络的支撑点都不尽相同。在庞大而复杂的人际关系网中，厘清其主要的关系脉络，找出影响和构成该关系线的主要因素对于剖析、理解特定社区的社会文化结构无疑是至关重要的。如费孝通用亲缘和地缘关系构成的"差序格局"来描述中国传统的社会关系[①]，许烺光从心理人类学的视角总结出宗族是中国人最大的依靠[②]，等等。但是，这些勾连当地社会的主要社会关系对于生活在中缅边境地区的傣卯人却并不完全适用，生肖符号之于傣卯人的社会关系的构建就发挥着重要的作用。生肖符号之间的5种关系作用于人与人之间的关系，因而，傣卯人在确立人与人之间的关系时，经常综合生肖的因素选择进退、规避。在时间、空间的选择上，傣卯人都会结合人的生肖因素来考虑。生肖对人的影响在人出生后取名到去世后的葬礼仪式中都有体现，可以说是贯穿傣卯人社会文化生活的始终。

几乎每个傣卯人都有一张记录着自己的生肖并注明相生、相克生肖的叫作"玛咋"的东西。"玛咋"有"记录、记下"的意思。"玛咋"是请傣卯人社会中比较有文化、会写傣文、会算命的人，如贺露、萨拉、老人[③]为新生儿撰写的。即便医院已经给新生儿提供"出生证明"，许多傣卯人依然会请人依据出生证明

---

① 费孝通：《乡土中国》，北京出版社2004年版，第29—40页。
② 许烺光：《祖荫下：中国乡村的亲属·人格与社会流动》，南天书局有限公司2001年版。
③ 主要是指守八戒，在"入洼"时进奘房拜佛念经，睡在奘房，取得"帕嘎"名的人。

上的信息撰写"玛咋"。在传统的傣卯人观念中,"玛咋"不能随便给别人看,以防居心不良的人利用这些信息去做伤害"玛咋"主人的事。有老人说,以前,"玛咋"一辈子只能打开3次,即出生、结婚合八字和病危时。一个家庭中所有成员的"玛咋"都交由母亲保管,儿女的"玛咋"要等他们结婚并分家出去后才会交给他们。直至今日,"玛咋"仍然需要被小心保管,以备来日之需。

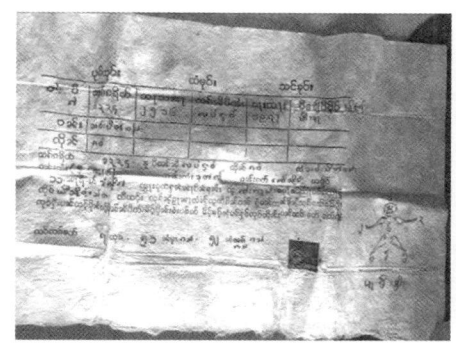

图 2-11　傣卯人的"玛咋"　　　　图 2-12　贺露的生肖书籍和"玛咋"

傣卯人在取名、择偶、交友、出行、治病以及葬礼等方面可能都会参照生肖信息。如取名。一个属虎的傣卯人名字里常会用"喊"或"翰"(傣语音译,意为"金色""金子"等,与虎的颜色相近)。这可能与傣卯人的历史记忆有关。曾经在傣族历史上煊赫一时的麓川思氏,其王名曰"思翰法",意为"非常威武的虎",人们视麓川王室为虎氏族。另根据 E. R. 利奇的报告,在中国境内的掸(傣)族土侯中,至今仍有三个出自白虎图腾的氏族,其中猛卯的图腾是金虎。[①] 在婚姻关系的缔结过程中,傣卯人认为双方生肖相生是最好的,最重要的是不相克。"两个生肖不和的人结婚后,做同一个生意,人家生肖相合的会赚钱,而相克的可能就会亏本,或者赚的少",一位老人说:"就只能让那个生肖强的人当家作主。"有年轻人在准备谈婚论嫁时因生肖不和而被家人和亲戚朋友合力劝阻,认为生肖相克的两个人的婚姻会遭遇不幸,甚至有因为生肖相克等原因而取消婚约的情况。当然,也有生肖相克的男女经过父母和亲戚朋友劝阻后仍然决定要结婚,这并不会被绝对制止,只是一旦后来发生感情不和或者离异的事情,生肖相克可能会被视为重要原因。

---

① 朱德普:《傣族的虎图腾》,《民族研究》1995 年第 6 期。

生肖相生的人一起出行和合作做事等往往被认为是稳妥的，也更可能成为朋友。如果有人生病去寻求萨拉的帮助，人们很可能根据生肖来选择举行仪式的日期，以及准备相应的供品。傣卯人社会中有一种说法，请一个与病人生肖相生的人来给其送药，病人的病会好得快。在葬礼时，也有因为与逝者的生肖相克而回避等情况。因而，在人与人的接触和相处中，生肖经常被视为非常重要的因素。

在一些时间的选择上，傣卯人也会考虑生肖因素。在做一些重要的事情之前，傣卯人一定会请人"看日子"，个人的生肖是看日子时的重要参考信息。傣卯人在建新房时，需要拿着一家之主的"玛咋"请萨拉看破土的日子。如萨拉认为，根据生肖，有的人不适合在当年或当月建房子，主人一般都会听取萨拉的意见。而翻修房子同样也要看日子。笔者在田野调查时所住的主人家给女儿买了一辆摩托车，家人先将摩托车放在门口，然后找人看日子才让车进入家中。因为是出行的工具，关系到生命安全，所以都要结合生肖看日子，选择合适的日子购买或将出行工具带进家门。傣卯人社会还有关于生肖的偏好和忌讳的说法。他们认为属蛇的人，尤其是女孩，会克死家里的人。如果家庭中的第一个孩子是属蛇的，那么意味着其父母的婚姻不会长久，迟早会离婚。当然，针对这些情况，傣卯人也有相应的禳解仪式。

由于每个生肖都对应着一个方向，傣卯人建盖住房时，大门朝向往往要根据主人生肖所对应的方向来确定，如主人生肖的为鸟，大门一般朝向东北方向。现在，为了方便生活，傣卯人都会选择将大门朝向村寨内较宽的道路。

生肖关系对傣卯人的宗教活动产生一定的影响。傣卯人信奉南传上座部佛教，但传统民间信仰也依然发挥重要的作用。傣卯人的日常生活受宗教的影响同时又影响着宗教的实践。傣卯人社会中与生肖有关的仪式可概分为两大类，一类是跟佛教有关的，一类则关乎民间信仰。具有佛教性质的仪式多半在寺庙或者当事人家里的佛龛前举行，而同民间信仰有关的仪式一般在雅浪或者萨拉的家中进行。

将人的出生与某种动物联系起来，就在纪时分类的时候把人的属性和动物特点进行了一定的关联。如星期五白天出生的属牛的人多半是命苦的（牛白天都在干活），而晚上出生的则被看作是有福气的（牛晚上休息）；属鸟的人适合种地，财运在远方；属虎的人适合卖服装，财运在附近；属麒麟的人适合做跟钱打交道的工作；属大象的人适合养动物；属老鼠的人适合种旱地；属牛的人适合做手艺，干一些机械之类的活；属蛇的人适合养殖，不适合做生意……虽然在现实生活中人们并不会完全按照这样的逻辑来安排生产生活，但诸如此类的生肖说法的广泛流传，已说明生肖文化早已融入傣卯人的社会文化生活。

第三节 村寨的生肖

傣卯人村寨的生肖是根据村寨名的尾音发音而来的，村寨名与傣文字母的结合构成了村寨生肖。尽管与人的生肖的确立标准不同，但是生肖符号依然对傣卯人村寨的对内管理和对外交往产生重要影响。就像努尔人对牛的关注导致他们的社会习语乃有许多是关于牛的习语，其社会行为大部分也是直接与牛有关的，在大量的社会关系中，牛是他们之间的纽带。努尔人有一种倾向，即把所有的社会过程和关系都用牛来界定。① 村寨的生肖也是人们在涉及与村寨有关的事项中不可避免要提及的内容，对内，傣卯人在村规民约的制定与实施，约束村内成员的行为活动等方面都会参考村寨生肖方面的知识。对外，村寨生肖作为傣卯人村寨与村寨之间的互动往来，如"送并"之类的村际交往活动时的主要衡量标准。

一 村寨生肖的确立标准

与村寨有关的生肖符号叫作"兰曼"（傣语音译），"曼"指村寨，"兰"指地方生肖。人在某一时候出生就对应于某一特定的生肖。村寨的生肖与村寨的命名相关，是根据村寨名字的尾音发音来确定的。

村寨名的尾音与字母ᨾ读音相近的，该村寨属鸟；村寨名的尾音与字母ᨡ、ᨳ、ᥤ读音相近的，该村寨属虎；村寨名的尾音与字母ᨿ、ᨷ读音相近的，该村寨属麒麟；村寨名的尾音与字母ᨾ、ᩋ、ᨽ读音相近的，该村寨属白象；村寨名的尾音与字母ᨭ读音相近的，该村寨属黑象；村寨名的尾音与字母ᨺ、ᨴ、ᨽ读音相近的，该村寨属老鼠；村寨名的尾音与字母ᨾ、ᨷ读音相近的，该村寨属牛；村寨名的尾音与字母ᨾ、ᨿ、ᩈ读音相近的，该村寨属蛇。如芒艾寨子的"艾"发音近似"ᨾ"，因而芒艾寨子属鸟。弄贺寨子的"贺"

---

① ［英］埃文思·普理查德：《努尔人——对尼罗河畔一个人群的生活方式和政治制度的描述》，诸建芳、闫云昌、赵旭东译，华夏出版社 2002 年版，第 25 页。

发音与"ၤ"接近，所以弄贺寨子属牛。

表2-2 傣卯人村寨与生肖对应关系（表中的傣文为傣卯人普遍使用的傣绷文）

村寨名尾音	村寨生肖
与ဉ的发音相似	鸟
与ဝဉင的发音相似	虎
与ကၤ的发音相似	麒麟
与လဝယ的发音相似	白象
与ၤ的发音相似	黑象
与ပၦေ的发音相似	老鼠
与ဝၤ的发音相似	牛
与ဃဃၤ的发音相似	蛇

资料来源：笔者根据田野调查绘制。

与人的生肖所对应的是特定的时间不同，村寨的生肖与具体的空间相关。村寨的名字决定了其生肖，傣卯人创造性地利用村寨名尾音与傣文字母发音相结合的方式来确定村寨的生肖。这样，村民不可随意为村寨选择生肖，这使得村寨生肖的确立与人的生肖的确立一样具有偶然性。

二 村寨的生肖与村寨内部管理

村寨口竖立的"生肖墙"是瑞丽江两岸地区傣卯人村寨的独特标识。与人的生肖相比，村寨的生肖以一种非常显眼的形态出现在傣卯人的生活空间中。几乎每个村寨的村口都竖立着一堵两面绘有生肖动物图案的墙体，这些生肖动物的图案多被细心描绘上鲜艳的颜色，异常显眼。墙体的一面绘制的是本村寨的生肖；另一面则绘制的是与本村寨的生肖互补的生肖，如瑞丽市弄岛寨子的"生肖墙"的一面绘制的是弄岛寨子的生肖蛇，另一面绘制的是与蛇相生的黑象，将两个互补的生肖放在一起寓意本村平安顺遂，越来越好。如果说"村寨是一定的人群按照一定的经济关系、社会关系和文化关系组成的一种生产生活空间。村寨一般不仅仅是以物质实体的方式存在的，它往往还是精神文化的载体"[①]，通常在村口修建一堵"生肖墙"，即表明一个村寨空

---

① 马翀炜：《村寨主义的实证及意义——哈尼族的个案研究》，《开放时代》2016年第1期。

间在时间上的诞生和存在，生肖象征物标识的竖立也是傣卯人建寨子命名的一个必备程序。因村寨的生肖而产生的一系列趋利避害的行为自然是不可少的。

图 2-15、2-16 弄贺寨子的"生肖墙"

村寨管理者结合该村寨的生肖进行村寨的内部管理。村寨的内部管理主要采取制定和实施村规民约的办法。如对去世的人下葬的日子的规定，传说地下有地龙，要根据地龙的爪子、尾巴以及头的朝向等来看日子。另外也要根据去世的人的生肖以及寨子的生肖，以及每个寨子所信奉的佛教的派别来决定，因此，许多村寨的规定都不一样。有的寨子规定傣历每个月的初二、初四不可以下葬，有的寨子则规定新月的第二天、月圆当天和月圆第四天不可以下葬，等等。瑞丽的广拉寨子则规定每个月的初二和十九不可以下葬。

图 2-17、2-18 弄岛寨子的"生肖墙"

一位老人说，如要建立新寨子，就最好不要选在星期一的属虎日和星期二的属麒麟日，在星期三属象日建寨子会有火灾，星期四属鼠日伤病多，选在星期五属牛日则没病没灾，星期六星期天的属蛇日和属鸟日也不错。村寨的生肖关系到村寨中的大事。如寨子要建新奘房、寨神庙，破土的日子必须要选一个与村寨生肖相合的日子，因为这些都是关乎整个村寨所有村民的事情。傣卯人认为，除了看村寨生肖，还要看当天的最佳时辰，因为每天的最佳时辰都是不一样的。

许多傣卯人村寨都规定，村内除了奘房四周可以有包括相克的各种生肖象征物，在其他地方不能出现与该村寨生肖相克、相同或是相生的生肖动物的图像标识。因村寨生肖不同，村规民约也有所差异。一些村寨生肖动物在生活中很常见，便尤其要注意。如瑞丽市的喊板寨子的生肖是老鼠，其村规民约规定，属鸟（鸟与老鼠相生）的人在赶摆时不能在奘房上挂鸟的象征物。弄贺寨子属牛，所以寨子里不能出现老虎和蛇的象征物，哪怕是图画之类的，因为蛇和老虎都对牛不好。不仅如此，弄贺村民还将奘房旁边的"供栓"弄成鸟的形状，因为鸟可以吃蛇，可以守护村寨。同其他许多属牛的寨子一样，弄贺寨子也规定不可在村内的奘房处杀牛，只能去村外。如果有村民违反规定，那么他将对寨子造成的消极的后果负责。

K寨子属牛，其村规民约规定不可在村内杀牛，尤其是不能在奘房附近杀牛，这些行为被认为会对寨子产生不利影响。2016年4月的一天，K寨子的新奘房建成，按照习俗，K寨子要邀请平时关系好的寨子前来举行盛大的赶摆活动，傣语称作"摆奘"。在赶摆的前一天，K寨子的不少人都聚集在公房准备第二天的食物、物品等。几个负责准备牛肉的年轻人图方便就在公房门口杀了牛。结果，第二天的赶摆活动出事了，两个男性村民（一名本寨子和一个其他寨子的）在摆场发生口角，随后便扭打起来，周围人都劝不住，直到弄岛镇政府的工作人员前来调解，双方才停止打架。事情发生后，K寨子的村民普遍认为打架事件的发生是因为前一天有人在奘房处杀牛造成的。随后，K寨子的村主任和老人出面，不仅对打架的人进行了罚款，还对几个杀牛的年轻人进行了每人罚款1000元的处罚，并警告杀牛者，如果再犯这样的错误，惩罚会更重。①

或许有人对 K 寨子在举行赶摆活动时发生的打架事件与前一天有人在奘房附近杀牛两者之间是否有因果关系抱怀疑的态度。但是无论如何，这确是傣卯人的思维方式，即在好的或坏的事情中寻找与生肖有关的线索，从生肖的角度去理解事件发生的缘由和解释事件发生的原因。村寨生肖对傣卯人的思想和行为产生影响。

另外，傣卯人在举行葬礼时，参加葬礼的亲戚朋友有在棺材里放上些零钱的习俗，村民说："这些钱是给逝者在去往'天国'的道路上坐车、坐船等的路费。"而与逝者生肖相克的人在放钱时是不能往棺材里面看的。

村规民约中有关生肖的规定是每个傣卯人村寨中非常重要的规定。村寨与村寨之间的关系的亲密和疏远亦受到生肖的影响，傣卯人村寨之间的互动和交往与村寨生肖密切相关。

三　村寨生肖与村际关系

村寨生肖对于村寨之间的社会关系交往具有重要影响，这主要表现在入洼后的"送并"（傣语音译）活动中。一般情况下，生肖相克的几个村寨即便是距离非常近，可能也不会相互送并，并遵守着一些禁忌，而生肖互补的村寨之间就算是距离较远也会相互送并。村寨生肖的关系影响着村寨之间是否送并，而送并关系是体现傣卯人村际关系的一种主要表现形式。

（一）作为村寨集体活动的"送并"

"送并"为傣语音译，其中"并"是对供给佛、出家之人的饭食的专门称呼，因而"送并"有供佛、赕佛之意。信仰南传上座部佛教的傣卯村民在入洼后，除了集体供养米饭等东西给本村的寺院之外，每家至少要有一个人跟着本村的贺露到周边的村寨的寺院去送并，他们带着米花、饼干等物品和钱到其他村寨的奘房参加念经、听经、拜佛等活动。村寨之间的送并活动是双向的，每一个村寨都有相对固定的送并关系，相互送并会形成送并文化圈。

关于"送并"的由来，傣卯人有这样的传说：远古的时候，这边的几个寨子为了争水源，互相械斗，惊动了佛祖，佛祖劝诫人们，水再重要，也不

---

① 调查时间：2017 年 10 月 5 日；报道人：岩亮；调查地点：K 寨子公房。

能因此伤了人与人之间的关系。听了佛祖的劝诫，人们认识到错误，纷纷去求得佛祖的原谅，佛祖便让大家在一定的时间里互相看望、相互拜访，和谐相处，于是就有了送并活动。有老人说，原本送并只在公历的9月进行，但是因为现在许多人在9月要收割玉米，所以便提前到8月份开始送并。还有人说，"送并"原本的意思就是给奘房的主持送早饭，现在发展到去关系好的寨子的奘房赕佛，变成寨子之间的交往活动。

送并是村寨的集体活动，送并时，村寨的贺露要一同前往，因为要代表本寨子向送并的寨子表达祝福，并主持赕佛仪式。同时，被送并的村寨的贺露也不能缺席，因为同样需要诵经和主持仪式。

据德宏傣族社会历史调查的相关资料，瑞丽的傣族村民的"宗教节日支出"中就包括"送并"这一项。① 据一些年长的村民回忆，送并活动早在"文化大革命"之前就有，"文化大革命"期间中断，十一届三中全会过后，1979年又开始恢复了。因此，送并不仅关乎一个人，一个家庭，而是以村寨为单位的集体活动，个人须服从村寨。每逢送并，每个傣卯人家庭至少要派出一个家庭成员跟随寨子的贺露、老人参加。如无故不参加送并，则要被村寨处以罚款，如弄贺寨子对无故不参加村寨送并活动的家庭是每次罚款50元。

1. 送并时的村寨运行

送并活动通常涉及两个及以上的村寨，甚至是四五个村寨之间同时互动。送并以及被送并的村寨需要保证集体行动有条不紊地进行。尤其是被送并的村寨，人们需要接待前来送并的客人，负责送并活动中的仪式环节，因此，村寨成员的分工与合作非常重要。

因洼期的佛事活动较为集中，主持送并等各项仪式活动的贺露和老人都非常忙碌，所以不论是去别的村寨送并，还是别的村寨要来本寨子送并通常都会提前沟通。通常是两个寨子的村干部或者老人提前确定一个时间，主要是选择一个没有村民举行仪式活动的日子，待日子确定后，村主任用广播通知整个村寨的人，让大家做好去送并或是迎接别的村寨来送并的准备。送并的形式灵活，通常会考虑到几个村寨之间的路程和路线，因而送并的村寨之

---

① 《民族问题五种丛书》云南省编辑组编：《德宏傣族社会历史调查》（一），民族出版社2009年版，第165页。

间的先后顺序并不是那么的重要，几个寨子之间是单独送并或是同时进行的情况都有。虽然最为常见是一个村寨到另一个村寨的送并活动，但是也有三四个寨子同时进行，如 A、B 寨子一起到 C 寨子送并。

也有一些寨子未提前打招呼便"突然"送并，这就非常考验村寨的及时应变能力。前期有序的安排，村内成员的积极配合，村寨组织之间良好的分工合作，经验丰富的傣卯人在处理这一类事情上是非常娴熟的。

进入洼期，每个傣卯人村寨都在奘房处安排了轮换的值班小组，值班小组里通常有老人和青壮年，一般由男性组成。一旦有人来送并，值班小组会迅速通知寨子里的人，如贺露、村干部。届时妇女组、青少年组、老人组等村寨组织便会安排成员前来迎接、招待和帮忙。随后，提前安排好的洼期做饭的小组便会依序到公房准备茶水、水果、饭食等。整个村寨呈现出灵活有序的状态。

以下是缅甸的滚海寨子和中国弄岛镇的弄莫寨子同时到中国弄岛镇的弄贺寨子送并的过程，这几个村寨不仅是互相送并的关系，还是固定的"吃饭"的关系。

2017 年 8 月 9 号，是入洼的第 25 天。早上 8 点左右，弄贺寨子的人便开始在公房忙碌，烧水、洗菜、蒸米饭等，老人们来到奘房门口等候，准备迎接客人。送并的人各个年龄段都有，有些人还将孩子带了过来，老人几乎都来了，他们都是滚海和弄莫两个寨子中各个家庭的代表，大概有 200 多人。从早上 9 点多开始，人们就陆陆续续到了，进入奘房前必须脱下鞋子。每个人都着傣装，背着"筒帕"（傣族传统挂包），"筒帕"里装着"扎"（绑着三角形彩纸的竹篾）、蜡烛、香、米、鲜花、米花、饼干等物品以及 2 元、5 元、10 元钱。弄贺寨子的奘房门口已经提前放了四个供盘，一个供盘专门放置米花、鲜花，一个供盘用来摆放蜡烛、香、扎等，一个供盘放饼干和水果，一个供盘放钱，另外还有一个大的盆子专门用来放米，来的人根据所带供品分类摆放。放下供品后，人们进入奘房，每个人在自行拜佛过后坐在佛寺大殿的地上休息，而弄贺寨子的人早就在大殿上的地板上摆上了茶水，来送并的人可自取自饮。

虽然是休息，但是大家还是按照平时拜佛、念经的顺序坐的。已经栾形的男老人坐在最前方，后面依次是依据年龄和辈分划分的没有栾形的男子、已经栾形的女老人和依据年龄和辈分划分的没有栾形的女子。

过了一会，弄贺寨子的贺露走到最前方，面对大殿内的佛像，跟弄贺、滚海和弄莫三个寨子的老人头并排坐在一起。此时大殿内没有一点骚乱，因为座次、顺序等都无须做太大改变，人们只用稍稍调整一下自己的坐姿，以虔诚端庄的姿势面对佛像。而在此之前，早就有人把鲜花、饼干、水果、米饭等供品分成小盘端到佛像前的供桌上，供品都非常精致，西瓜上被雕刻成各种花的图样，香蕉、火龙果、饼干等都被分别摆盘。这些供品是由弄贺寨子的村民准备的。

每到洼期，弄贺村民就被分成3—4个组，各个组被编号。每当有老人栾形，有寨子来送并，各个组就按照序号轮流到公房中服役，如准备茶水、饭菜等。另外，还有用几个大的供盘、盆子分别放着钱、米、鲜花等摆在奘房大殿的中间，即男、女信众的中间，这些都是送并的人们带来的供品，放在中间，一为展示，二是要"鲁"一下，这些供品就从普通的物品变成了具有神圣性的供品。

上午10：30，仪式开始。弄贺寨子的贺露开始念经，通常情况下，经文以贺露念"萨度"（音译）开头，这属于礼佛经。第一段经文念到11点结束。结束后，几个弄贺寨子的女老人弯着腰，用极快的小碎步走到佛前（这是表示一种尊重，不论是女老人、妇女、少年，在走路经过坐着的"栾形"的老人面前都要弯腰，并快速走过，不能磨蹭），把放在佛前供桌上的供品拿到附近的空地倒掉。倒掉供品是傣卯人许多仪式中都有的环节，意为供给佛的供品在经过念经等仪式后已经都尽数呈给佛祖。

第二阶段的仪式是在弄贺寨子男老人栾形时的住处举行。仪式内容跟前一段基本相同，中午11点半，这天上午的仪式宣告结束，待人们吃过午饭，下午还有听经的仪式。送并的人有些骑车回家吃饭，有些就在奘房吃自己从家里带过来的饭。

下午2点半左右，人们又陆续聚在奘房里听经。听经活动也是许多佛教仪式中都有的环节，即由主持仪式的贺露或者僧人念经、讲解、劝解，信众主要负责听。这天下午的仪式由弄贺、滚海、弄莫三个寨子的贺露轮流主持。这天，轮到弄贺寨子第三小组在公房服役、做饭，第三小组是沿着弄贺奘房往南的一条巷子里的约30户人家。此时，在妇女组组长以及贺卜贺冒的组织和带领下，30多个人正在公房热火朝天地忙着。他们从早上开始就在公房里忙碌，不仅要准备晚饭，还要准备茶水和小吃，这次，他们为大家准备了西瓜、煮花生等，下午3点多的时候，听经的人们中场休息，他们把这些吃食送到奘房给听经的人们享用。同时，他们还为送并的人每人都准备了一袋东西，每个袋子里有一盒蚊香、一瓶饮料、一盒牙膏和一支牙刷，这也被称为"咋嘎"，是对来送并的人和村寨的功德的回馈和祝福。弄贺寨子服役的人员将这些东西一袋袋的分发给听经的人们（包括来听经的弄贺寨子的老人）。这时，在公房里忙碌的人们已经做好了饭菜，并将饭菜在桌上摆好。下午的听经仪式一直持续到5点左右。随后，大家开始进入公房吃晚饭。跟傣卯人的所有佛事活动一样，首先是请老人们先享用饭食。这天吃饭的老人满满地坐了24桌，共有144名老人。年轻人须待老人吃完再吃。吃完晚饭后，人们各自回家，此次送并活动告一段落。①

虽然送并的人已经离开，但是弄贺村民的工作还没有结束，在公房服役的人忙着洗碗碟、打扫，而弄贺寨子的会计则在清点账目。据悉，此次迎接滚海和弄莫两个寨子来送并共花费3343元，主要是买菜、米和水果的开销。这些钱是从村里人共同出的"送并经费"中支出，每年弄贺寨子每户要交70元给老人组，作为送并的费用，弄贺寨子共有124户，每年老人组收到送并的费用大概有8680元，这些钱都交由老人掌管，要用的时候便从老人那里支取。如果这些钱不够，则再从村寨的公共经费中支出。这次，会计从老人那里领取了4000元，现在要把剩下的657元以及支出明细还给老人头瑞板岩。而蚊香和饮料那些被称为"咋嘎"的送给大家的东西，则是弄贺寨子里每家每户出20元捐出来的，这也代表着全村寨人的心意。

由于入洼期间佛事活动非常多，一些村寨将送并活动集中在几天之内，这样，一个村寨有时一天内要去三四个村寨送并。如果是几个寨子同时送并，那么送并仪式便简化了许多，一般是献上供品，由贺露主持着几十分钟的赕佛仪式后便离开。一般情况下，上午的仪式由去送并的寨子的贺露主持，下午则由去送并的寨子及被送并的寨子几个贺露轮流主持，每人念一段经。送

---

① 调查时间：2017年8月9日；调查地点：弄贺寨子奘房。

并的当天上午一般只供佛，并由贺露带着大家念经，下午才是正式的念经，即由贺露念，信众听。下午的仪式中的经文的内容多为教育类的，如教育大家要心无杂念、多行善事等。

2016年8月25日，笔者随同弄贺寨子去芒滚、棒弄、弄相三个寨子送并。但是在芒滚和棒弄寨子都是短暂的停留，随后棒弄与弄贺寨子一起去弄相寨子送并，并在弄相寨子吃晚饭。

  早上8点，我所住的房东奶奶就吩咐我和她的孙女两个人去送并，就在前一天，村主任已经在广播上通知了大家今天要去芒滚、棒弄、弄相三个寨子送并。大家都提前做好了准备，我拿上提前准备好的供品，分别是"扎"三把、鲜花三束、米花三小袋、米三小袋、蜡烛三十根、饼干三袋和三张1元钱纸币，平均每个寨子一份，房东奶奶说，奘房没有和尚的寨子一般只用给1元—2元钱，如果那个寨子的奘房有僧人，就可以多给，这次送并的三个寨子的奘房都没有僧人。

  不过十几分钟的路程，我们就到达了芒滚寨子，同样是放供品、拜佛等程序。上午9点10分，弄贺寨子的贺露开始带着大家念经，这一段经念了大概15分钟后结束，随后芒滚寨子的人送来饼干、糖果等小点心分发给大家吃，与此同时，弄贺的贺露对着芒滚寨子的老人说着"我们把米和饼干等东西送给你们，祝福你们好吃好在"等祝福的话。随后大家便离开，出发去棒弄寨子送并，棒弄寨子与芒滚寨子是在同一条大路的两侧，只不过芒滚寨子更近，显然，这样的搭配让大家更为方便。到了棒弄寨子的奘房，弄贺寨子的贺露与老人头先把佛前的蜡烛点上，几个人合力将送过去的饼干装在盆里抬到大殿中间，10点，弄贺寨子的贺露开始念经仪式，10点20分结束。随后大家又继续前往今天送并的最后一站，弄相寨子。

  原来，棒弄寨子要和弄贺寨子一起到弄相寨子送并，于是，两个寨子的人一起出发，由于常年往来，几个寨子的人早就熟识，一路上，大家有说有笑，非常欢快。在弄相寨子举行的送并仪式于上午11点开始，同样是念到11点15分，便换到弄相寨子的公房来念，男女分别从公房两侧的楼梯上去，同时，刚才放在奘房的饼干等供品也被抬到公房来，弄相寨子的公房也有一个佛龛，这也是入洼奕形时老人们的住处。11点25分，弄相的贺露开始带领大家念经，11点45分左右，上午的仪式结束。下午 2 点半左右，"听经"仪式开始，首先是弄相寨子的贺露念一段经文，随后棒弄寨子和弄贺寨子的贺露分别念一段，如此进行了一轮，最后以弄相寨子贺露多念一段经文宣告结束。随后便吃晚饭。①

送并时，村寨主要遵循以老人和村干部为指导，由各村寨组织，村民在奘房、公房进行具体的工作，大家之间互相协作。其中，村干部主要负责协调、部署和安排，老人主要负责送并仪式的有序进行，并精准地掌握节奏。如他们熟悉送并仪式上的每段经文，在快到小憩时提醒村民送茶水和小吃，辅助贺露等人完成仪式，适时地推动送并的节奏，等等。老人、村干部、村寨组织以及负责主持仪式的宗教人物贺露等是送并活动中关键人物，正是在他们的密切配合下，每一次的送并活动才能够顺利进行。

2. 村寨生肖与送并圈

送并关系是相互的，村寨之间会形成一个相对固定的送并关系圈。一般而言，村寨生肖对送并圈影响很大。相互送并的村寨之间极少出现生肖相克的。两个生肖相克的村寨之间存在诸多禁忌。生肖相克的两个村寨的寨门不能对着，要朝两个不同的方向，否则会对两个寨子不利。傣卯人认为，寨子与寨子的生肖相克，两个寨子的接触需要非常谨慎，因为如果不克制的话，很容易产生冲突。据一些村民回忆，生肖相克的寨子在早前是不通婚的。而那些生肖相生的，即使距离很远，也会相互送并。

下面以弄岛镇的弄双、芒艾和弄贺三个寨子为例来说明生肖对送并关系的影响。

与弄双寨子（牛）互相送并的村寨有芒艾（鸟）、芒晃（牛，缅甸）、姐冒（老鼠）、弄莫雷（老虎）、小拥棒（老鼠）、大拥棒（老鼠）、南涝（白象）、弄马（鸟，缅甸）、弄贺（牛）、弄幸（麒麟，缅甸）、俄罗（白象）、弄喊（老虎，缅甸）、弄莫东（牛）13 个。这个送并圈没有与弄双相克的属蛇的村寨。

与芒艾寨子（鸟）送并的寨子有 13 个，分别是弄贺（牛）、弄双（牛）、弄岛（蛇）、弄贸（老鼠）、弄马（鸟，缅甸）、等相（牛）、小拥棒（老鼠）、大拥棒（老鼠）、弄莫雷（老虎）、弄喊（老虎，缅甸）、弄混（老虎）、姐冒（老鼠）。其中也没有与芒艾寨子生肖相克的属麒麟的寨子。

---

① 调查时间：2016 年 8 月 25 日；调查地点：芒滚、棒弄、弄相寨子奘房。

隶属等秀村委会的弄贺寨子属牛，其送并的村寨有等秀（麒麟）、芒艾（鸟）、弄莫（老鼠）、弄喊（老虎）、跌沙（牛）、喊等（蛇）、芒滚（老虎）、棒弄（黑象）、滚海（牛）、弄相（牛）、姐冒（老鼠）、弄双（牛）。在以弄贺寨子为圆心构建的送并圈中出现了一个相克的村寨喊等，这是较为特殊的，也有其特殊原因。据村民说，在20世纪60年代中后期，当时的极"左"路线导致两个寨子的不少村民逃到其他地方，人口变得极少的弄贺寨子和喊等寨子的村民开始走近，建立了非常好的关系。为了延续老一辈们的友好关系，两个寨子之间送并。因为"老人们的关系好，这个不能变"，弄贺寨子和喊等寨子的村民这么说。同样属牛的弄双寨子则不和属蛇的喊等寨子建立送并关系，虽然两个寨子的距离也很近。

芒艾寨子和等秀寨子相距仅2.5公里，前者属鸟，后者属麒麟，两个寨子之间的生肖相克，没有送并活动。芒艾寨子与距离更远的两个缅甸村寨有送并关系。以弄双寨子为原点的送并圈中，有四个是缅甸的村寨，其中缅甸的弄幸寨子距弄双寨子有8公里远，是所有村寨中距离最远的。到这个缅甸的寨子去送并除了距离远，还要增加一道边民出国手续，但还是要互相送并，最重要的原因就是两寨生肖互补，前者属牛，后者属麒麟。

事实上，人们很可能在失败或成功的事例中寻找与生肖相关的线索，用生肖关系将抽象的事物关系以形象化的方式来进行理解。如瑞丽市的弄双寨子由于过去一段时间人数太少不能独立成一个寨子，便依附于弄贺寨子，直到20世纪70年代初，因人数的增多从弄贺寨子分出来成为独立的一个村子。1974年弄双寨建新奘房、寨神庙，弄贺寨子举寨帮忙，有的捐木材，有的出人力。2015年，弄贺寨建新奘房时弄双寨也出钱出力地给予了帮助。为了解释两个村寨之间的亲密关系，也为了将这种友好的关系表达得更加具体和形象，村民这样解释："弄贺寨子的牛是母牛，弄双寨子是公牛，它是母牛生出来的小牛，所以我们关系好。"

送并关系是几个村寨之间友好关系的表现，送并活动加强了村寨之间的社会联系。当然，送并圈只能算是基本固定，这个文化圈也会因为村寨之间的关系变化而发生变化，增加或减少几个村寨也会发生，但生肖相生的村寨之间的送并关系通常都是较为稳定的。

棒弄（黑象）寨子和些混（老虎）寨子的生肖属于既相生又相克的

关系，两个寨子一直是稳定的送并关系。大约五六年前，些混寨子有个年轻人在棒弄寨子贩卖毒品，被棒弄寨子的民兵发现，当棒弄寨子的民兵准备将其抓住时，双方发生了较为严重的冲突。双方在扭打中棒弄的民兵砍了些混寨子的人两刀。事情发生后，两个寨子的人各说各有理。虽然些混寨子认识到本寨子的人的有错在先，但是他们还是觉得寨子的人被别的寨子的人伤了很没面子。而棒弄寨子的人认为，些混寨子的人跑来自己的寨子贩卖毒品就是很大的错误，结果对方被抓时还反抗，更是错上加错。就这样，两个寨子彼此之间都有怨言，嫌隙渐生，慢慢地，两个寨子的关系就僵了，后来就不再互相送并。①

具有送并关系的村寨之间会因为偶然的事件而中止送并关系。这说明生肖关系虽然是影响送并关系的重要因素，几个村寨因为生肖相生而送并，但也可能因为偶然事件而中止送并关系。送并关系是动态的，是可以被一些现实中的事件影响的。生肖之间的关系可能是几个村寨表现友好、表达友好关系的一种说法。更为重要的是，傣卯人愿意将村寨间多种多样的关系用生肖文化去解释。

送并时存在是否在对方村寨吃饭的两种情况，一种情况是只是送并，在进行赕佛仪式后，只是喝些茶水，在上午的仪式中途休息时吃些小吃，中午就离开，下午并不听经。另一种是在送并的寨子吃晚饭，即上午进行赕佛、诵经等仪式，下午再举行听经仪式，听完后便在送并的寨子吃晚饭。并不是所有互相送并的村寨都会在对方的村寨吃晚饭，通常，"吃晚饭"的关系也是固定的，吃饭或不吃饭是村寨之间关系是否更亲密的表现。以下是2016年弄贺寨子送并情况。

*来给弄贺寨子送并的村寨、吃饭关系及顺序：

1. 芒滚、棒弄　　送　弄贺
2. 跌沙、等秀　　送　弄贺
3. 弄相　　　　　送　弄贺（吃饭）
4. 喊等　　　　　送　弄贺

---

① 调查时间：2019年8月6日；报道人：岩所；调查地点：岩所家。

5. 姐冒、弄双　送　弄贺（吃饭）
6. 滚海　　　　送　弄贺（吃饭）
7. 芒艾、弄莫　送　弄贺（弄莫吃饭）
8. 弄喊　　　　送　弄贺①

*弄贺寨子送并的村寨、吃饭关系及顺序：

1. 弄贺　送　芒滚、棒弄、弄相（在弄相吃饭）
2. 弄贺　送　等秀、姐冒（在姐冒吃饭）
3. 弄贺　送　芒艾、弄莫（在弄莫吃饭）
4. 弄贺　送　弄喊、弄双（在弄双吃饭）
5. 弄贺　送　跌沙、喊等
6. 弄贺　送　滚海　　（吃饭）②

在与弄贺寨子（牛）送并的12个村寨中，只有弄莫（老鼠）、滚海（牛）、弄相（牛）、姐冒（老鼠）、弄双（牛）5个寨子会相互在对方的村寨吃饭。可以发现，在具有"吃饭"关系的村寨中，有3个寨子是跟弄贺寨的村寨生肖具有相同关系的，而其余两个村寨的村寨生肖与弄贺寨子的生肖也不具有相克的关系。

如果说送并中的大部分仪式都是围绕人与佛之间的交换、村寨与村寨之间的交换，那么"吃饭"关系则是将这种关系再次细化到人与人之间的食物交换。范热内普将共餐归为聚合礼仪，是身体（地域）结合礼仪，并认为共餐是互惠的，是一种食物交换，以构成对此种约束关系之肯定。③ 一同吃饭即是一种食物的交换，可以说，具有"吃饭"关系的村寨是傣卯人在送并的基础上对村与村之间的友好关系的再次强调。

3. 送并与傣卯人社会

送并不仅是一种宗教活动，还是扩大村寨关系网络、结交友好伙伴关系

---

① 调查时间：2017年10月9日；报道人：尚明；调查地点：尚明家。
② 调查时间：2017年10月9日；报道人：尚明；调查地点：尚明家。
③ ［法］阿诺尔德·范热内普：《过渡礼仪》，张举文译，商务印书馆2010年版，第24页。

的一种方式，是傣卯人社会关系网络建构过程中至关重要的一环。送并是在傣卯人基于生肖符号之间的逻辑关系，运用佛教文化表达的一种村际交际方式，送并圈是村寨间互相送并的轨迹形成的网络。每个村寨都有自己的送并圈，而即便是地理距离非常相近的两个村寨，其各自的送并圈可能也会有不同。以生肖符号之间的逻辑关系为基础来挑选并建立送并关系，是由傣卯人社会文化结构所决定的。

送并需要准备礼物，礼物主要由两个部分构成，一是每个村民准备的礼物，这份礼物主要代表的是个人和家庭，属于私人贡献出的礼物，在礼物未送出去之前，这些礼物以个人、家庭、村寨的形式被分类，它们象征着个人对村寨的服从和贡献；二是村寨集体准备的一份礼物，这份礼物通常由村寨的老人头等人负责送出，老人头象征村寨的传统权威。然而，当这些礼物进入送并的村寨后，所有的礼物都被视为来自同一个村寨的礼物。礼物交换的基础是个人、家庭和村寨，个人准备的礼物是以家庭和村寨的名义送出去，而即便是同样的供品，如果不是跟随村寨的集体行动去赕佛，便不可称为送并。送并在傣卯人社会中只用于每年入洼期间以村寨为单位的去往其他村寨拜佛、赕佛的仪式活动。

送并的礼物主要是各种各样的供品，一般是钱、鲜花、米花、米、蜡烛、香、小彩旗、饼干等。但是，最后这些礼物并不会全部以供品的形式在送并仪式中消耗。除了在送并仪式上的消耗，即用来赕佛和分发给参与仪式的人们享用，其所剩余的部分通常如饼干、米等，既可以留待下次送并，也可以出售，但是所卖的钱只能用于修缮奘房、公房等公共事务。这表明送并的礼物属于村寨的公共财产，但并不一定被专门用于宗教事务。送并的礼物以这样的形式完成了从礼物（有个人的也有集体的）→村寨供品→村寨公共财产的转变，这样的转变实际上也是傣卯人日常生活常态和观念的一种反映。将个人和家庭的私有财产贡献给村寨，这是个人服从村寨，以村寨利益为最高利益的一种表现形式，当村寨的个人、家庭的私有财产汇聚在一起，进入其他村寨，所有的礼物所代表的便只有一个含义，即村寨的。礼物从不同的地方出发，进入佛寺这个神圣的空间后，变成无差别的"喔咋"，"喔咋"（傣语音译）是对佛事活动中用来赕佛的物品的一种统称。互相送并的村寨成员用这些供品赕佛，并自己享用一部分，完成人与人之间乃至人与佛之间的分享，建立起一种超越了世俗的具有神圣意义的友好关系——送并关系。最后，剩余的供品由被送并的村寨处理，这些早已分不清具体是从何人处来的供品变成了村寨的公共财产，从佛寺的供品到村寨公共财产的转变也是神圣回归世俗的一种转变。伊利亚德论证了神圣与世俗从本质上说即是人类生命存在的两种基本样式或者方式。① 事实上，神圣与世俗之间的不断切换和转变对于傣卯人社会中的人和物都是一种常态。而在这样的转变过程中，唯一没有改变的就是，礼物完成了一个村寨对另一个村寨的馈赠。

在送并的礼物中，不仅有香烛类的供品，还有饼干、面包类的食品。傣卯人将各类饼干，包括吐司、小面包等都称为"号闷"，说明这些物品都是外来物，所以在傣语中没有特定的名词来区分。因为许多的佛事活动都用到"号闷"，所以为一般傣卯人家庭常备，尤其在洼期。在傣卯人的集市上，有很多专门出售饼干等小食品的商店，地处中缅边境的傣卯人有着其独特的口味偏好，既喜酸辣，也爱富含黄油、奶油之类的奶茶、咖啡类食品。商店中的食品不仅有中国制造的，还有来自缅甸、泰国、越南等国家的。这些食品不仅用来食用、人们往来送礼，还是许多宗教仪式中上的必需品。傣卯人集市上这类小食品商店经久不衰，逢年节及入洼生意尤其兴旺。送并的礼物产地的多样性在一定程度上还体现了傣卯人社会与其他国家和地区之间的密切关联。

送并活动结束后，饼干、面包可能被送去另一个家庭、另一个村寨，也可能被卖给别人，甚至以更为低廉的价钱回到集市上的商店，再被重新卖出。送并活动中这类物品的数量很多，人们消耗不尽，便将其卖出。由于饼干和面包等在送并圈乃至傣卯人社会中不断流动，不少作为"礼物"的饼干类食品其实早就已经过期。但由于许多人并不会食用，所以不会注意。另外，即使是过期的饼干，也并不妨碍其被送出去成为佛寺中的"喔咋"。这就像库拉圈里的臂镯和项链，其本身所具有的价值往往是处于次要的位置，最主要的是其象征意义。② 在送并中，人们更看重一些礼物的象征意义而非其实际用途。

送并在传统上对于每个傣卯人最终形成各自的交际圈至关重要。一个傣卯人自出生起，最先接触到的人是亲友，随后是所在村寨的人，对傣

---

① ［罗］伊利亚德：《神圣与世俗》，王建光译，华夏出版社2002年版。
② ［英］马凌诺斯基：《西太平洋的航海者》，梁永佳、李绍明译，华夏出版社2001年版。

人来说，这都属于"内部"的人。送并是以村寨为单位的与"外部"的正式交往，通常互相送并的村寨成员之间的关系友好，并保持着长期的通婚关系。对于长期生活在村寨中的傣卯人而言，他们将村寨视为自己的家。村寨生肖之间互补、不相克也是婚姻和谐的一个好的前提。即便是现代傣卯人已经有了很多扩大交际圈子的方式，送并作为傣卯人社会的一种世代相传的、被认可的村寨之间的交往方式，仍然是许多傣卯人自儿时的重要回忆，整个村寨的人结伴而行去往另一个村寨，无论是在奘房进行神圣的赕佛仪式，或是在公房充满欢乐的聚餐，都可能成为傣卯人结交外村伙伴的开始。

如果说波利尼西亚地区的人之间交换和回赠礼物是一种既不是纯粹自愿和完全白送的呈献，也不是指生产或单纯意在功利的交换，而是在这个社会种盛行的一种杂糅的观念的话，① 那么，送并就可以说是一种由傣卯人社会文化结构决定的，将生肖文化逻辑、宗教文化仪式等糅合其中，伴有一定目的性的具有美好愿望的建立社会网络关系的方式，其同样是一种混合诸多观念的较为复杂的活动。送并以生肖为基础，以礼物为勾连，以村寨之间的交往和人与人之间的互动为主要表征，最终的结果是村寨间友好团结、互相帮助，达成某种友好同盟的约定。送并在某种程度上可以说是傣卯人建立交际圈子的基础，互相送并的村寨之间具有某种程度上的"同甘共苦"的约定。当一个村寨需要帮助时，伸出援手给予帮助的是与其具有送并关系的村寨，如一个村寨需要建设奘房、公房，要借钱、借物，或是一个村寨需要合作伙伴，如建立合作社、需要社员入股，等等。以村寨为基本生活单位的傣卯人的集体活动非常丰富，不仅节日，还有日常的各种各样的摆。这些活动都是一个乃至多个村寨聚在一起进行的集体活动，通常，邀请其他村寨共同参与是傣卯人最为常见的做法。毋庸置疑，拥有互相送并关系的村寨是傣卯人在集体活动中互动最多的村寨。因此，送并是傣卯人社会中以村寨为单位结交伙伴的一种方式，在傣卯人社会网络建构中发挥重要影响。生肖不仅在村寨的对内管理和对外交往中发挥影响，个人的生肖因为与村寨的生肖同属一套生肖文化体系从而也会产生不同的关系。

---

① ［法］马塞尔·莫斯：《礼物》，汲喆译，上海人民出版社2002年版，第196页。

第四节　个人与村寨的生肖关系

由于人与村寨共享同一套生肖文化体系，因而，生肖之间的5组关系同样对人与村寨之间的关系产生作用。不仅人与人、村寨与村寨之间的关系受到生肖的影响，生肖在个人与村寨的关系中同样发挥作用。在个人与村寨的关系中，最为突出的是相生关系和相克关系，生肖相生的人与村寨之间拥有和谐关系，生肖相克的人与村寨之间则被认为是相互排斥的关系。

一　个人生肖与村寨生肖的和谐

人的具体出生时间使得人不能选择自己的生肖，而村寨生肖的确定规则是与村寨名尾音相关从而也具有偶然性。个人的生肖与其所生活的村寨的生肖之间存在5种不同关系的可能。其中，如个人的生肖与村寨的生肖是相生关系，人与村寨之间的关系处于和谐的状态。傣卯人认为，如所居住的村寨的生肖与自己的生肖相合，那么生活就会顺心很多，在村寨中办事也会比较顺利。

一位老人说：当人的生肖与寨子的生肖是互补关系，那么就会很顺，当寨子的领导也会很好；而既不互补又不相克的生肖在一起的话就不好不坏了，就像一个人去菜市场买菜，哪个都不认识，都是一样的。D寨子属牛，寨子的村民瑞板岩老人属麒麟，与村寨的属相互补，他说"这非常好，因为傣卯人不管做什么事情都喜欢看日子，一般情况下，只需要选择自己的生肖日或者村寨的生肖日即可"。2018年，瑞板岩老人家翻修房屋，他挑了一个与自己的生肖互补的日子，即属牛日。一般情况下，个人的事情看自己的生肖，村寨的事情看村寨的生肖，但是如果能在做这些事情的时候同时，兼顾个人和村寨的生肖就更好了。

瑞板岩曾担任D寨子的村主任、书记，现在他是老人组的老人头，他已经管理D寨子的老人组十几年了。他将在担任村干部和老人头期间比较顺利的原因归结为自己的生肖与村寨的生肖互补。

傣卯人认为，每个生肖在每年都有几个月"愣边"（傣语音译，意为做什么都不顺的），倒霉的时期，所以无论是出行、做生意、结婚、建新房等，都必定要避开这一个或几个月，除此之外，即便是平时，在"愣边"这个月份里说话做事也要小心。而每个生肖的"愣边"在每年都是有所变化的。以属麒麟的人为例，2017年愣边的月份是傣历的12月，所以属麒麟的人如要做什么大事都不能选在12月，而后在其他月份里选一个合适的属牛日。

事实上，当个人与村寨的生肖相合时，具体的表征可能不那么明显，因为即便是有不好的事情发生，人们也不会将其归结为是个人和村寨的生肖的问题，而一旦个人的生肖与村寨的生肖相克，那么，这就会被视为许多不顺利的事情发生的重要原因。

二 个人生肖与村寨生肖的张力

人的生肖与其所生活的寨子的生肖之间处于相克关系的情况也是较为普遍的。傣卯人认为，人的生肖与村寨生肖相克，个人与村寨之间的关系会存在张力，这会不利于个人在村寨中的发展。

一位老人告诉笔者，一个生肖与村寨生肖相克的人，尤其是寨子的生肖盖过了人的生肖，那么他即便是当了寨子的领导，村民对他的说的话、对他下的命令都不会很服从，会纠纷不断。虽然傣卯人重视生肖之间的关系对人与村寨之间的关系的影响，但由于家庭成员所在、土地的分配、社会关系的重建等原因，他们并不会因此而换寨子居住，当然，也不能改变自己或者村寨的生肖。在傣卯人眼中，个人生肖与村寨生肖相克的关系的后果通常以人的不好的遭遇为表征。如作为领导，村民不服从，村寨管理出乱子，或是在村寨的公共事务中遇到挫折，等等。他们往往会就此寻找原因。事实上，可以找到的原因是多种多样的，也可能并不止一个，如何判定是否是生肖的原因，最终还是由当事人决定，但由于生肖文化在傣卯人社会中的重要影响，所以生肖因素往往是不可忽视的重要原因。

总体而言，是否将发生在个人身上的不利情况归结为是其生肖与村寨生肖相克的缘故，或者说将个人生肖与村寨生肖相克视为最主要的原因，这取决于在生肖文化影响下的傣卯人的文化逻辑。一旦出现不好的事情，生肖可能被视为原因之一。傣卯人处理个人生肖与村寨生肖之间的相克关系的方法是拜生肖、举行"延鲁"仪式、请雅浪或者萨拉举行禳解仪式。

一般情况下，傣卯人在平日里经过佛塔和菩提树时，就会拜一下自己的生肖，而个人生肖与村寨生肖不和，或是因此遭遇挫折的人则在这方面更为注意，他们会特意带上供品前去献供，并且次数较多。一些人还会将与自己生肖互补的生肖象征物带上身上。"延鲁"仪式为在发生不好的事情时举行的赕佛、念经仪式，意为消灾、祈福。首先，"延鲁"仪式会根据仪式对象的属相来看日子，如挑选一个与其生肖互补的生日，在仪式上，主持人会念到仪式对象的生肖，如"为一个属××生肖的叫作××的人祈福，请消除他的灾难，祛除他的霉运……"祈求佛祖的保佑。雅浪或者萨拉举行的禳解仪式也是需要看日子举行，并且需要将仪式对象的生肖信息写成小纸条，绑在手工制作的蜡烛上，在仪式的期间点燃，或者让仪式对象带回家，在固定的时间点燃蜡烛，等等。多种多样的与生肖有关的仪式在傣卯人村寨中是较为常见的。

傣卯人创造了生肖符号，赋予生肖符号以文化的意义，生肖符号之间的关系又制约和影响着傣卯人的观念和行为。这是因为"人是悬挂在由他们自己编织的意义之网上的动物"[①]。人为自己定义，赋予世界以意义，最后其意义往往又被意义所左右，即人按照人赋予的意义去生活。生肖符号之间存在5种关系，这5种关系作用于人与人、村寨与村寨以及人与村寨之间的关系，规约着傣卯人的生活。

世界上的许多国家和民族都有生肖，但是他们赋予生肖的意义是不同的，生肖符号所象征的这一切都具有地方性的意义。人的出生时间的偶然性以及村寨名尾音的关系致使人和村寨不能选择生肖，也就是不能选择生肖符号背后的一系列文化意义。正因如此，生肖赋予人和村寨一种神秘的，或者说是不可选择的，也就可能是更让人信服的符号意义。傣卯人用这种具有神秘色彩的生肖符号来解释自己的行为、观念。如一个属牛的人会将自己性格中踏实而固执的一面解释为源于属牛这一生肖符号，这样的解释让人无法反驳之处正是"牛"这个生肖符号并不是人自己所选择的。这种赋予人、村寨以生肖动物的特征，把生肖动物人格化，将生肖动物与人、村寨合为一体的逻辑思维方式，便是傣卯人利用符号去创造文化的具体实践。

事实上，生肖不仅是符号，还是签名。签名是让符号变得可以理解的东西。[②] 生肖为生肖动物签名、为村寨签名，也让生肖动物、村寨变得更容易理解，如果说"大象"二字是为一种动物命名，在傣卯人社会中，"生肖"就

---

① 克利福德·格尔兹：《文化的解释》，纳日碧力戈等译，上海人民出版社1999年版，第5页。
② ［意］吉奥乔·阿甘本：《万物的签名：论方法》，尉光吉译，中央编译出版社2017年版，第48页。

是为大象签名，提到生肖符号中的大象，人们就会联想到白象、黑象，林中的大象，与虎、蛇等生肖动物具有相生或相克关系的大象，等等，而这些脑海中的概念便是生肖为其签名所赋予的，签名丰富了符号的内涵和意蕴。

在庞大而复杂的人际关系网中，厘清其主要的关系脉络，找出影响和构成该关系线的主要因素，对于剖析、理解特定社区的社会文化结构无疑是至关重要的。而生肖符号就是一张勾连傣卯人社会文化生活诸多角落之网。美国人类学家罗伯特·芮德菲尔德用"社会结构"这个名词来指一个社区里长期存在而且起十分重要的作用的人际关系网络。他说："每个社区的这种长期存在而且起十分重要的作用的人际关系网络与任何其他一个社区里的这种人际关系网络都是有区别的。"① 结构功能学派代表者拉德克利夫 - 布朗强调，结构即事物的组成部分或成分之间的有规律的联系。② 社会结构是一直延续的，不管具体行动的人如何变化，但是必须有人持续地存在于社会结构中。于傣卯人而言，生肖符号不仅影响着人与人之间的关系结构，对村寨与村寨、人与村寨之间的关系也同样具有重要的影响。

---

① ［美］罗伯特·芮德菲尔德：《农民社会与文化：人类学对文明的一种诠释》，王莹译，中国社会科学出版社 2013 年版，第 53 页。
② 参见［英］A. R. 拉德克利夫 - 布朗《原始社会结构与功能》，潘蛟、王贤等译，江西教育出版社 2014 年版，第 19 页。

第三章　傣卯人生肖与村寨仪式

宗教生活是傣卯人生活的重要组成部分，村寨中举行的各项仪式是傣卯人宗教生活的具体实践。有学者将仪式研究概括为神话—仪式学派、心理学派、结构—功能学派、现象学派、实践—表演学派等。① 不同学派对于仪式的理解、研究的侧重点乃至研究方法等都有所差异。还有学者试图将仪式分为两大类，即宗教性仪式和巫术性仪式，埃米尔·杜尔干认为这两种仪式的基本区别在于：宗教性仪式在宗教社会内或教会中具有强制性；而巫术性仪式具有选择性。② 这样的分类方法有一定的合理性，但是对于傣卯人社会的仪式而言却又过于绝对。仪式作为一种关联当地社会文化的行为实践，总是与特定文化背景中的人及其文化分不开。虽然民间宗教的仪式和南传上座部佛教的仪式在参与人、仪式程序乃至宗教含义方面都有所不同，但是许多仪式都与生肖文化有关，生肖因素在民间宗教和南传上座部佛教中的并存现象是两种宗教在傣卯人社会中具有地方性特色的共存的一种表现。村寨中的仪式跨越了民族、血缘，强调了村寨空间的边界，服从以村寨利益为最高原则，是践行和巩固傣卯人村寨主义思想的重要方式。

第一节　村寨中的民间信仰仪式

傣卯人村寨中与民间信仰有关的仪式主要有祭寨神、祭勐神和祭寨心等仪式。寨神、寨心与生肖等是构成一个真正意义上的傣卯人村寨的重要组成部分，傣卯人建寨子时必须设寨神庙供寨神，立寨心，明确村寨生肖。萨拉、

---

① 彭文斌、郭建勋：《人类学仪式研究的理论学派述论》，《民族学刊》2010 年第 2 期。
② ［英］A. R. 拉德克利夫－布朗：《原始社会结构与功能》，潘蛟、王贤海等译，中央民族大学出版社 1999 年版，第 151 页。

雅浪等人在民间宗教仪式中扮演重要角色,他们主持的许多民间信仰仪式都与生肖因素有关,生肖文化要素在民间信仰仪式中的呈现表明生肖与村寨、民间信仰,与傣卯人村寨生活之间的密切关系。

一 寨神、勐神、寨心与生肖

寨神、勐神、寨心信仰是傣卯人民间信仰的重要表征。寨神是一寨之神,勐神是守护数个村寨的地方神,村寨生肖是村寨的属性的一种表达。村寨将寨神、勐神、寨心、生肖几个要素联系起来。

(一) 寨神

寨神的傣语为"召曼",傣卯人普遍认为,在寨子里生活的第一批人中最先去世的人即为寨神。因而,傣卯人村寨的寨神涵盖了男女老少甚至是幼童。作为守护村寨的寨神,其被供奉在傣语为"亨召曼"的寨神庙,每个村寨都有一个"亨召曼",供奉本寨子的寨神。有些村寨将寨神庙设在村头处,有些则设在村中较为隐蔽处,并以天然的竹林遮蔽,彰显寨神庙的神圣性。

寨神庙分内外间,内间供有寨神像,从寨神像的装扮大致可看出寨神的性别。寨神像正前下方是供桌,常年供奉着鲜花、水果、饼干等。而外间则主要供奉鲜花等物,并有马、大象等雕塑,傣卯人将其视为寨神的"坐骑"。为了防止有人随便进入冒犯了寨神,傣卯人地区的寨神庙内间的门平时都锁住,除非有祭祀活动。平日里,如有妇女等人来祭拜寨神,供奉香烛、鲜花等都在外间,不可入内。

图 3-1 弄贺寨子寨神庙

图 3-2 弄贺寨子的两位寨神像

  许多村寨的寨神庙都供奉有二位寨神。村民对寨神的身份有较为具体的说法，如瑞丽市喊板寨子就有二位寨神，据寨子里的老人说，其中一位寨神当过喊板寨子的村主任；一位寨神教村民武术，曾是村寨的武术头领。瑞丽市的弄贺寨子也有二位寨神，村民说：一个是老寨神，一个是新寨神。其中老寨神是清朝到明朝时期行政划分时的几个寨子的头领，相当于现在的村委会书记。新寨神是盈江人，到弄贺寨子来当官，因其死后显灵，保护村寨，后来便被供奉起来。寨神庙外有两匹马的雕塑，其中一匹马带着翅膀，村民说："老寨神穿着黑色的衣服，骑着长着翅膀的天马到处去开会。新寨神穿着黄色的衣服，坐骑是一匹普通的马。"人们通过自己的理解赋予寨神以诸多想象。

  寨神的职能是守护村寨，保护在物理界线明确的村寨内生活的村民，维护村寨秩序。一个寨神只对一个村寨的村民发挥影响。村民逢婚丧嫁娶、出远门、比赛等事宜，都要告知寨神，需带上做好的饭菜、水果、鲜花到寨神庙，把供瓶换上干净的水和新鲜的花，并摆上供品请求寨神的允许和庇佑。据相关记载：新加入或者即将迁出本村社的人，都必须以鸡、酒、腊条等对社神进行祭祀，求得社神的批准和保佑。① 这个习俗至今仍然存在。因为寨神十分重要，与寨神庙有关的一切事宜都与整个村寨的村民有关。如弄贺寨子的村民就因为寨神庙重建的事情特地开了好几次会，人们不仅就新寨神庙的方位、动土时间等进行了讨论，并出钱出力地参与了寨神庙的重建工作。

> 弄贺寨子的寨神庙于2016年重新修建。重修的原因是2014年寨神庙前的公路重修，造成公路的地势高于寨神庙，寨子的老人认为，这样不利于村寨。因为寨神庙是关系到全寨子村民的大事，村寨专门召集村民讨论了这件事，大家商议后，决定到缅甸请教一位佛教高僧。僧人认为，一是公路的地势高于寨神庙，不妥；二是寨神庙的方位是面向北边的，该方位不利于村寨的和谐与团结，会死很多人，需要把庙的方位改成面向东边的位置。在听过僧人的意见后，寨子又开了一次会，最后，村民举手表决，一致认为应该听从该僧人的指点，将寨神庙重建，并在该僧人的指点下选择动土的日子。寨神庙的修建共花费7万多元，都是弄贺寨子村民们自愿捐出的钱。弄贺寨子有村民124户，平均每户捐出560多元。②

除了村民家中有事需要去祭拜寨神，每年还有集体的以村寨为单位的祭祀寨神仪式。傣卯人祭祀寨神的时间是每年的傣历7月7日（公历的5月）、7月17日或者7月27日，即在这3天中选择一天。瑞丽市喊沙寨子的村民庄帅坐说：

> "召曼"就是寨神，以前第一批来这个寨子的人中第一个去世的人就变成了召曼，不分男女、年龄，只要第一个去世，就是召曼。喊沙寨子的召曼是男的。村民遇事总是会去祭拜召曼，请求保佑。寨神庙要修在寨子边上，以前喊沙寨子的寨神庙在奘房背后的大叶榕树那里，20多年前搬了。每年的傣历7月7日、17日或者27日，由村主任在广播里通知

---

① 中国少数民族社会历时调查资料丛刊：《傣族简史》，云南人民出版社1986年版，第190—191页。
② 调查时间：2016年8月7日；报道人：尚莫；调查地点：尚莫家。

大家去祭祀召曼，可以根据情况在三天里选一天举行仪式。由村干部带着过去。其中，当天去过奘房的人就不再去祭祀寨神了，村民带着花、水果等供品去，贺露要领着村民念经，经文的大概内容是：请寨神、勐神等神灵来保佑寨子平安，保佑谷子好好长出来，等等。大家要一起跪着磕头，寨神庙只有男人可以进去，女人不能进去。祭祀寨神要杀鸡，把杀好了的鸡拿到公房煮，煮好了拿去寨神庙，也有些寨子是在寨神庙那里杀鸡、喝酒，因为喊沙的寨神喝酒（也有些寨子的寨神不喝酒）。祭完寨神后要请佛爷到寨心处念经，念经结束后才可以开寨门。①

主持祭寨神仪式的是贺露和僧人，主要参与人是村干部和男性老人，妇女只能在寨神庙外面帮忙换花、打扫，不可进入内部祭祀，僧人则最好回避。据瑞丽市弄贺寨子瑞板老人说：

  祭祀寨神的那天，要封闭寨子，禁止人们出入。约十几年前是在祭祀寨神之前就封闭寨子，封一整天，直到仪式结束后仍然封着，现在是仪式举行前才封闭，随着仪式结束，寨门就打开。祭寨神由贺露、村主任带领寨子的村民先去寨神庙处，和尚不去，但是可以在寨子里的奘房待着。女人可以到寨神庙前，但是不可入内间。一般情况下，一家最少去一个人，除非身体不适，男老人都要去。到了寨神庙处，人们先打扫、换花、摆放供品，寨神庙内间只能由男人打扫，供品也只能由男人摆放，女人可从外间帮忙递过去。待这些事项完毕后，正式的仪式开始，由贺露带领村民念经，念经的内容有"我们为您准备了您爱吃的水果、饭菜，请寨神过来享用，请寨神保佑寨子平平安安，谷子丰收，人丁兴旺"，等等。贺露或寨子老人还需要端着小供桌向寨神磕头。②

村民对寨神的身份和习惯似乎都有一些了解，这些了解来自传说故事以及寨神的"显灵"行为。据说寨神会附身到某个村民身上，借被附身的人之口告诉大家自己的喜好、对寨子的建议，等等。通常，在寨神庙新建成那天，

---

① 调查时间：2016 年 7 月 24 日；报道人：庄帅坐；调查地点：庄帅坐家。
② 调查时间：2016 年 7 月 19 日；报道人：瑞板；调查地点：瑞板家。

需要邀请雅浪来举行仪式，届时雅浪需要打扮成寨神的样子，穿着与寨神相近的服装，持与寨神相似的刀或剑。傣卯人认为，寨神到时会附身在雅浪身上，雅浪通过唱、跳、念的方式说出"寨神"的要求和建议。瑞丽市姐勒村委会的棒埠寨子有两个寨神，村民对寨神的一些"习惯"非常清楚，如其中一个寨神是可以吃荤的，另一个则只吃素，每年祭祀寨神时，需要拿两个家鸡下的鸡蛋去供，并将供完的鸡蛋拿回家给鸡孵出来。村民严格按照寨神的喜好和需要去祭拜，以免寨神"不高兴"或者不显灵。

寨神庙的香火长年不断，鲜花也是日日有人去换，寨子中的很多事情都要去寨神庙，不少村民甚至在去进行驾照考试之前都去拜寨神，村民说，并且不止拜一次，逢考必拜。如果在做这些事情之前没有去祭祀寨神，那么事情有不好的结果可能被归结为是寨神"发火了"，需要虔诚地带上供品再去拜寨神，请求寨神原谅。据弄贺寨子的村民依弄说：

> 以前寨子里有一户人家，住得离寨神庙很近，他家儿子结婚时，婚宴上做的炸鱼每条都是烂的，怎么都炸不出完整的鱼。后来有村民提醒，是不是办喜事没有去拜寨神。果然，主人家因为太忙而忘记去祭拜寨神了，随即主人家就准备了供品去寨神庙祭拜寨神，并向寨神道歉，说：家里因为疏忽而没有提前告知，请求寨神宽恕，并保佑婚礼顺利，等等。等到拜寨神的人回来，鱼就可以炸出完整的了。①

傣卯人认为，因为结婚没有及时告知寨神、祭拜寨神，导致婚礼上的鱼总是炸不好。由此可见，寨神的"神力"具有两面性，一方面保护村寨和村民；另一方面也可能会因"发火"而惩罚村民。村民对寨神不但有敬也有畏，这是傣卯人民间信仰中的神灵的一个显著特点，如勐神也有这个特点。

（二）勐神

勐神是地方神，为地方人民做过很大贡献的人去世后为勐神。相比一寨之神的寨神，勐神的管辖范围更大。朱德普曾探讨过勐卯（今瑞丽）勐神的三处祭坛，分别是祭祀勐卯第一代王思可法（也称思翰法），思可法的弟弟召

---

① 调查时间：2017年10月3日；报道人：依弄；调查地点：依弄家。

三弄，以及为守卫勐卯战死的成千上万的士兵。① 他们都是为勐卯做过重大贡献的人。如今，傣卯人地区已经较少见到集体性的勐神祭祀仪式，只有一些村民自发的祭祀仪式还在延续。

据瑞丽市棒蚌寨子（瑞丽市菩提学校附近）的一位老人说：

> 勐神就是召勐，几个寨子为一勐。在瑞丽老城子那边，佛爷在所有法会上念经的时候都会念召勐、召曼，如"今天我们有法会，请召曼召勐来一起参加，来一起来做善事，做好事"，等等。祭祀勐神的时间也集中在祭祀寨神那段时间，但是其他时间如果自己想去（祭祀）也可以，没有规定时间，只要想去祭祀就去。有时寨子的几个人商量好了就去拜召勐，在傣王宫（今瑞丽市菩提学校所在处）那里有一个塔，可以拜思可法。有时候几十个人一起去拜，他们会带上召勐喜欢的，比如香烟、酒，还会带鱼、鸡肉、猪肉，有些是在现场杀鸡、现场煮，有些是从家里带过去。祭祀的时候，他们会念勐神、寨神、土地神，还有许多其他神……②

傣卯人社会中对勐神的信仰依然存在。村民们祭拜思可法之处正是相传的勐卯古国的遗址，即今天的棒蚌寨子附近，也是朱德普曾提到的勐神祭坛所在地。除了祭祀元代云南"麓川王国"首领思可法，还有一些村民将传说中的勐卯国国王召武定奉为勐神之一，他们会去瑞丽雷允山上的召武定塔处祭拜。雷允山下有一个叫作"雷允"的村寨，寨中的村民便会去祭拜召武定。召武定不仅是雷允寨神，也被视为勐神。关于这一点，有学者探讨过：雷允寨傣胞既视召武定为寨子保护神，又称其为勐神（色勐）。每年傣历七月祭召武定，从初七、十七、二十七这三天中择定日期，限于男性参加，仅供茶水斋饭。③ 将历史上为地方、村寨做过巨大贡献的人同时奉为寨神和勐神的做法其实并不难理解，一是因为勐神的管辖范围较大，不能只保护一个村寨，而作为寨神的召武定则与村寨的关系更近一些。二是召武定遗址就在雷允寨子，

---

① 朱德普：《勐卯勐神内涵及与猛卯古国史事互证》，《思想战线》1994年第6期。
② 调查时间：2019年7月26日；报道人：帅喊三；调查地点：棒蚌寨子公房。
③ 朱德普：《傣族召武定故事本原和孟定地名历史嬗变考说》，《中央民族大学学报》（社会科学版）1997年第1期。

是属于村寨内部的物理空间,村民尊召武定为寨神似乎是遵循了傣卯人村寨以物理边界划分内外的文化逻辑。

祭祀勐神仪式并没有祭祀寨神仪式盛行,这表现在祭祀勐神仪式的人数较少,祭祀时间不固定,并且仪式不是以村寨或者地方为单位的较为隆重的集体活动。关于集体性的勐神祭祀仪式的式微,有学者认为是"随着50年代中期进行的和平协商土地改革,标志着封建领主土地制度的崩溃,作为封建土司制度精神支柱的勐神祭祀也相应废止了"[①]。不可否认的是,土司制度的瓦解使得傣卯人的生活单位发生了改变,现代傣卯人的基本生活单位是村寨。围绕村寨的信仰、祭祀活动盛行于傣卯人地区,祭祀寨神时,要召唤勐;而在祭祀勐神时,同样要召唤寨神,但是都提到要保护村寨,寨神、勐神信仰的最终旨规都是为了村寨的利益。这可能解释了为何祭祀寨神的仪式经久不衰,如寨神庙这样的实物象征也是傣卯人祭祀寨神仪式存续的重要表征。

(三)寨心

傣卯人不仅赋予村寨以生肖,还赋予村寨以"心脏"——寨心。寨心的傣语为"再基",即村寨的心脏之意。据《傣族简史》记载,傣族把他们居住的村社比作一个人的躯体,有灵魂,也有心脏。每个村寨的中央都有"刚曼""宰曼",就是寨子的心脏,往往是以巨石、大树或用竹排围成的土台为标志,竖立或更换"宰曼"也要举行隆重的仪式,每年都要进行。[②] 生肖、寨心都是傣卯人将村寨拟人化的表现。

寨心不仅是村寨物理空间的中心位置,同时也是村寨精神核心的表征。通常情况下,寨心是由沙子、石头所堆的一个沙包,沙包中间插一根木棍,寨心四周以围墙、栅栏等为界。一些村寨还在沙包的基础上建成2层竹木式的建筑。寨心下面放了金、银和一些宝石,还埋着一个土罐子,罐子里盛着植物油。罐子里的油不能干涸,因为油干涸对寨子不利,要有油才能红红火火。每年泼水节过后,寨子里的老人都会去查看土罐子里的油是否干涸,如果快要干了,则要往里面再加油。早期是每家每户出一点油,意为村寨的所有村民都为寨子出力,现在有了村民小组,就由村民小组负责去买油,由老

---

① 朱德普:《勐卯勐神内涵及与猛卯古国史事互证》,《思想战线》1994年第6期。
② 中国少数民族社会历时调查资料丛刊:《傣族简史》,云南人民出版社1986年版,第191页。

人负责将油装到罐子里。

图 3-3、图 3-4 寨心

由于村寨与寨心之间密切的关系，祭祀寨心的意义主要也是为了祈求村寨的平安的兴旺。祭寨心的含义主要有二：一方面是把寨里的一切祸祟、邪气、鬼怪祛除，所以有的傣族地区又称祭寨心为"送曼"，有"清扫""驱除"之意，汉话通称"扫寨"。另一方面是祈神赐福，人口、牲畜平安，全寨兴旺。① 与常规的祭祀寨神不同的是，一些地方只在寨子里碰上"祸祟"之年（如瘟疫人畜死的多、火烧房子等），才祭寨心。但是傣卯人祭祀寨心的时间都较为固定，不仅在祭祀寨神的那天要祭祀寨心，请僧人到寨心处念经，泼水节时也要祭祀寨心，泼水节结束的那天，要佛爷领着老人、妇女，拿着黄豆、谷子、鲜花等去寨心处念经，再将黄豆、谷子等拿回家并挂在门口。村民举办婚礼时，要2名女性亲属和1名男性亲属到寨神处换花，等等。寨心处有一定的禁忌，平时不允许人们去到寨心的第二层，怀孕的妇女被认为"不洁"，不可靠近寨心，只能绕寨心而行。保持寨心处的"洁净"就是保护寨子的平安与洁净。

在祭祀寨神后，要去寨心处举行仪式。寨心处通常有2层的建筑，女人不得上第二层。这时，需要请5位佛爷（比丘以上级别）来一同念经。佛爷、贺露、男人都聚在寨心的第二层，女人只能在第一层地面，不得上第二层。村民拜完佛爷后，祭祀寨心的仪式开始。佛爷先念佛法僧三宝的经，念"蒙嘎拉"的祈福经，为寨子祈福，祝愿寨子平平安安。

---

① 朱德普：《傣族原始土地崇拜和古代汉族社神比较》，《中央民族学院学报》1992年第2期。

贺露请诸神前来保护村寨，这些神有：家神、寨神、勐神、水神、火神、动物神、树神、石头神等（在此种情景之下，似乎天地万物都有内在之神，而请这些神来的目的只有一个——请他们保护寨子）。最后，以佛爷为村民滴水结束仪式。[①]

与寨神庙一样，寨心也是关系到村寨全体村民，所以，但凡是寨心处要重修、翻修等，都是村民们集体出钱。这不但是一种村寨义务，同样也被视为一份功德。傣卯人重视任何做功德的机会，即便是省吃俭用，也心甘情愿地出一份"功德钱"。

村寨生肖与寨神、寨心都是傣卯人村寨的必要组成部分。代表村寨生肖的生肖墙在村寨内的矗立表明生肖之于村寨的重要意义。不仅如此，不少傣卯人还认为村寨生肖即寨神的生肖，把村寨生肖与寨神的关系进一步密切化。他们认为，寨子有生肖，寨神也有生肖。村寨、寨神因为拥有了生肖而与人拥有了相同的属性，因此有了禁忌。事实上，这可以被理解为傣卯人村寨具有典型的拟人化特征的表现，一个村寨不仅有寨头、寨尾，还有寨心、寨神和生肖，以及更大的地方神——勐神的庇护。"寨神是村寨的代表，村寨的生肖应该以寨神的生肖为生肖"，一位老人说。这不仅是对寨神的地位的一种认可，也是对村寨生肖的重要性的一种解读。村寨生肖、寨神都是代表村寨的文化事象。

在祭祀寨神的日子，需要祭祀寨心。寨神、寨心对村寨的作用具两面性，不能冒犯寨神，否则会对村寨不利。同样，不能使寨心不洁，不可使寨心下面的盛有油的油罐干涸，否则村寨会有祸事。因而，寨神和寨心都需要祭祀，这样便能强调其正面作用，通过祭祀使他们对村寨予以保护，同时，这也是村民对村寨的祝福。在祭祀寨神、寨心的仪式中，要请勐神等诸多神灵前来保护村寨，勐神等多种神灵在祭祀寨神仪式中为了保护村寨这唯一和共同目的的出场是傣卯人作为村寨主义的社会的重要表征，即无论是权力多高、管辖范围多大、职能多么专一的神灵，皆需要为村寨服务。作为傣卯人生活的核心单位的村寨，在祭祀活动中得到最大的强调，也说明傣卯人以村寨利益为最高原则的文化逻辑，一系列的祭祀活动都是遵循以村寨为边界，强调和

---

① 调查时间：2016年7月19日；报道人：瑞板；调查地点：瑞板家。

维护村寨神圣空间的实践活动。

寨神、勐神、寨心与村寨生肖都具有鲜明的地缘性，村寨生肖与这些傣卯人民间信仰的代表性元素具有内在的统一性。它们丰富了村寨的内涵，赋予村寨以拟人化的特征；它们代表村寨，维护村寨利益。在现实社会中，民间宗教也有萨拉、雅浪等代表性人物，这些人进行民间宗教的各种仪式，生肖文化要素在这些仪式中的呈现也表明生肖与民间宗教的融合。

二 雅浪、萨拉与生肖仪式

"雅浪""萨拉"为傣语音译，他们是傣卯人民间宗教的代表人物。其中，雅浪一般为女性，被视为傣卯人社会中的"巫师"。雅浪是某一天突然受到"启示"而拥有了某种超自然的、可通灵的能力，然而，正如来得突然，这种能力可能也会突然消失，是不稳定和不为人所掌控的。萨拉又被称为"下"，一般为男性，在傣卯人社会中被视为算命先生和巫师。萨拉通过系统的学习而掌握相关知识。很多萨拉都曾长期跟随不同的师父学习，一些专门讲生肖知识和生肖仪式的书是萨拉所必备的，萨拉经常为人们看日子、占卜。跟民间信仰有关的生肖仪式一般在雅浪或者萨拉的家中进行。

雅浪、萨拉等民间宗教代表人物的存在主要是源于傣卯人的灵魂观。傣卯人相信"鬼""神"的存在，认为人死后仍有灵魂。有关琵琶鬼、巫术的传说普遍存在于傣卯人社会。一位傣卯人妇女说：

> 每个人都有琵琶鬼，有好的也有坏的，如果是坏的就要多做善事、积德，这样坏的就会变成好的，有些时候琵琶鬼会来捣乱，会让你突然手疼、脚疼、肚子疼之类的，这样你就要买点吃的，用米、饼干之类的送走它，告诉它不要再来找麻烦，这个很有用。许多人都有被琵琶鬼捣乱的经历。所以人不能乱说，不能说自己有什么，这样琵琶鬼就会知道，也就会来找你麻烦。①

被认为拥有"超自然能力"的雅浪经常进行"通灵"一类的仪式，将自己充当阴阳之间的媒介，招来去世之人的魂魄附身，与在世的人进行"沟

---

① 调查时间：2017年1月26日；报道人：也论；调查地点：弄贺寨子也论家。

通"。一般傣卯人家庭中有人去世，待丧事办完，人们都会带上两三斤米和几十元钱去找雅浪，进行傣语为"隆形"的活动。雅浪通过召唤去世之人的灵魂附于自己的身体，回答死者的亲人的一些问题，如去世之人有何遗愿，在"下面"缺些什么，等等。通过雅浪的回答，死者的亲人便可以准备好物品烧给死者，尤其是过世得较为突然的年轻人，其家人必定会去寻求雅浪的帮助。

岩所的弟弟17岁，他在一天凌晨骑摩托车回家的路上，因为大雾视线不清，撞到树上当场死亡。家人悲痛不已。丧事办完后，死者家人就去找瑞丽市姐相乡隆弘村的一个雅浪，据说这位雅浪的通灵本领非常高。以下的案例是根据死者的哥哥岩所讲述的内容整理：

  在佛龛前摆上米等供品，焚香，点蜡烛，拜佛，然后雅浪念一些咒语，内容大概是：请死者所在村寨的召曼（寨神），召荪（家神）让开，我要把他（死者）的魂招过来，请你们不要为难他。也请我们寨子的召曼让开一下，让他进寨子来，让他上我的身，他的家人有些事情要问一下他。念完咒语，雅浪闭上眼睛。等到雅浪再睁开眼睛时，她的神情已与之前大不相同。只听雅浪对在场的死者的哥哥说："哎呀，岩载（大哥）帮我扶一下，我的脖子太疼了。"（死者去世时脖子断了）在场的亲戚意识到：应该是死去的男青年"上身"了，便开始试探性地发问，如指着在场的亲戚问："这是谁？"结果，"雅浪"都能够以死者的身份将在场的所有亲戚以准确的称谓叫出来。"连说话的语气都很像我弟弟"，岩所说。接下来，大家都确信死者的灵魂已经来了，便开始同其"沟通"。家人开始问，为什么会去撞那个树？雅浪用男青年的口吻回答："因为你们打电话催我，其实我车速不快，但是为了避开2个鬼魂（据说之前有2个人在同一个地点去世），就撞到树上，我也不想这样。我出生的时候阎王只给了我17年的阳寿，在9岁的时候避开过一次，这次是避不开了。"其亲戚继续问，来世投胎你要做男的还是女的？"雅浪"很果断地回答：女的。岩所说，他的弟弟在世时就总是说自己来世要投胎做一个女孩。这些回答让死者家属更加相信，在说话的那个人就是死去的男青年。①

---

① 调查时间：2019年12月20日；报道人：岩所；调查地点：岩所家。

几年以后，岩所的另一个弟弟的妻子生了一个女儿，家里人将其视为已经去世的男青年的投胎转世。傣卯人相信死去的亲人会托生到某个亲人的腹中再次回到家人身边。岩所说，这位雅浪本身不会讲汉语，但是如有四川、湖南等地的汉族去找她，有汉族人上身的时候雅浪就讲汉语。许多傣卯人对雅浪的通灵本领深信不疑。

在雅浪的"咒语"中可以发现，召唤灵魂首先要经过死者所在的村寨的寨神同意，让他们"放行"；二是请雅浪所在村寨的寨神同意，让他们让死者的灵魂"通过"。人们说，不经过寨神同意，鬼魂是出不来的。可见，在傣卯人的世界观中，人不仅在世时受到寨神的保护，即便是去世后，灵魂还是归寨神管理。佛、寨神、生肖文化，通过雅浪被联系在一起。

在世的人通过雅浪与已经去世的亲人产生"交流"，傣卯人认为，这样就可以了解去世的亲人在"下面"的一些需要。他们会在清明节时将冥币、纸扎的"生活用品"，如电视机、冰箱、衣服等烧给死者。这是傣卯人灵魂观念的表现，他们相信人死后灵魂不灭。雅浪似乎为生者提供了一种可以与死者继续保持联系的方式，他们认为生与死之间仍然有沟通的桥梁，这一点为许多傣卯人相信。突然离世的人总是让在世的亲人感到非常遗憾和牵挂，雅浪的存在对抚平生者的伤痛起到了很好的作用。不仅如此，雅浪也宣告可以利用其"通灵"的能力预知未来，许多人为了得知一件事情的答案而去求助雅浪：

> 瑞丽畔弄寨子的一位50岁的汉族妇女曾去找过芒滚寨子的雅浪两次，每次都是带一点米和20元钱。第一次是去问她女儿有没有考上大学，因为快到开学的日期了，但是她女儿的通知书还没有到，家里人都很着急。雅浪先在自己家里的佛像前上香，拜佛，然后坐定，便回答说："考上了。""后来真的考上了，快开学了那几天收到通知书了"，汉族妇女兴奋地说。第二次是因为儿子毕业后找工作，儿子参加了一个招聘考试，在考试结果还没出来之前，汉族妇女又带着米和钱去找雅浪询问，雅浪的回答是肯定的。"后来真的找到了，当了老师，还挺准的"，那个妇女说。①

---

① 调查时间：2019年7月18日；报道人：张海玲；调查地点：张海玲家。

第三章　傣卯人生肖与村寨仪式

　　一些雅浪在举行仪式之前需要了解死者的一些身份信息，其中就包括死者的年龄、生肖等，而一些雅浪则什么都不需要，只要家属说明来意即可举行仪式。事实上，在很多仪式中，雅浪都需要结合人们的生肖信息来制定解决办法。

　　前文讲述的"黑象如林"的故事说明了傣卯人将某个生肖动物的特性延伸、转移到了人的身上，或者说个人拥有了自己所属生肖的特性，这与杜尔干阐述个人与图腾的关系非常相似："在个人与和他同名的动物之间存在着最密切的联系。人具有那个动物的性质，具有它的优点，也有它的缺陷。"① 在人具有了某个生肖动物的性质后，在处理某个人的事情时，也有很多部分似乎是针对其所属的生肖动物进行，如两个人所属的生肖不和，所以这两个人也被认为是不和的。同样，当村寨被赋予了某个生肖时，该村寨便也有了该生肖的属性，所有的村寨成员也就有了某种共性，这种共性使得村寨内所有成员联系更加紧密。

　　诸事不顺的时候，傣卯人有可能会认为这是由于某种神秘力量的干扰。他们便会选择雅浪或萨拉来完成各种驱邪仪式。与雅浪不同的是，萨拉并没有超自然的能力，他主要通过书本上的内容为人们举行仪式。

　　傣卯人并不会把所有的疾病都认为鬼怪作怪，但如果认为是"鬼""灵"作怪而引起疾病的时候，就很可能会求助于雅浪或萨拉。如一个出生不久的婴儿总是啼哭不止，便有可能是"夜哭鬼"之类的东西在作祟，家人带上孩子的"玛咋"和衣物等去找雅浪或萨拉，雅浪或萨拉根据婴儿"玛咋"上的生肖等信息，为其举行仪式。婴儿穿上经雅浪或萨拉施法的衣物便会受到保护，不再受"夜哭鬼"的纠缠。对于一些疾病的治疗往往也要结合生肖来进行：

　　　　喊妹在怀孕期间一直身体不适，时常呕吐，甚至吐出了不少血。喊妹的母亲便带她去缅甸弄喊寨子找一个萨拉。见面后，萨拉首先问她的生肖、出生日期，然后将4瓶矿泉水分别倒在4个杯子里，萨拉对着装着水的杯子念一些听不懂的"咒语"。矿泉水被以3元一瓶的价格卖给喊

---

① ［法］E·杜尔干：《宗教生活的初级形式》，林宗锦、彭守义译，中央民族大学出版社1999年版，第169—170页。

妹，萨拉吩咐喊妹用已经施咒的水洗脸，并带回家喝，还用蜂蜡制作的蜡烛压在写着喊美生肖的纸上，在佛像前点燃。喊美照着该萨拉的指示去做，然后说自己好了很多。①

诸如此类的故事是在调查过程中不断听到的。在雅浪或萨拉为人们举行的许多仪式中都有拜佛的环节，经常需要根据特定的人的生肖来制定相应的解决方法，这可被视为傣卯人的民间信仰与南传上座部佛教信仰互相融合的表现。

与雅浪相比，萨拉更多的从事为人"看日子"的工作。看日子需要结合人的生肖乃至村寨的生肖来看：

> 2017年8月，在化妆品店开业之前，也美妈妈交代她必须要请萨拉看一个好日子，这样店里的生意才会好。萨拉首先询问了也美的生肖，也美属老鼠，萨拉即选定了8月27日，因为这天是属鸟日，而鸟与老鼠为互补的生肖。但是，这一天村里正好有人做法事，家人都走不开，随后他们又去请萨拉再重新选择一个吉日，最后，萨拉选定了8月24日，因为这天不仅与也美的生肖一样，都是属鼠日，且是傣历新月的第三天，也是一个好日子。②

看日子分两种情况，一种是为个人的事情看日子；另一种是为村寨中的公共事务看日子。给个人看日子要以个人的生肖信息来看，如果能结合个人所在的村寨的生肖一起来看，那就更好了。为村寨的事情看日子则要依据村寨生肖的信息来看。一般情况下，总是会选择与个人、村寨的生肖互补的日子。当然，生肖信息虽然是重要的参考信息，但是看日子也并不只是看生肖，如一位萨拉说，地下有地龙，每天凶神所在的方位也不一样，要避开凶神的方位绕开走等，需要结合这些一起看。但是无论如何，不会选择与个人、村寨的生肖相克的日子。

每个萨拉都有很多关于生肖知识的书籍，有些生肖的书专用于给人看日子，如建新房时应该如何选择动土的日子，在动土时用何种植物帮助驱邪，

---

① 调查时间：2017年8月30日；报道人：喊妹；调查地点：喊妹家。
② 调查时间：2017年8月25日；报道人：也美；调查地点：弄贺寨子公房。

等等。有些书记录了与生肖有关的仪式，如属鸟的人到了几岁应该供奉些什么、做什么仪式，属不同生肖的人在不同时间段的禁忌，遇到一些情况时怎么处理，等等。而那种常用的装有写着特定的人的生肖信息的手工蜡烛也分为很多种，用途也很广泛，有的用于为人去霉运，有的是为人们出行、做生意举行仪式等。人们会找僧人、萨拉制作这种蜡烛，然后带回家去点。关于生肖知识的书籍大部分来自缅甸，较少来自中国境内，书的内容大部分都用傣语书写。在傣卯人赶摆时，经常可以看到一些摆摊卖书的小贩，这些有关生肖知识的书籍就可能会出现在书摊上。傣卯人不管是进新房、结婚、去霉运、生病等都会看生肖，并结合着年龄等一起看。

图 3-5　萨拉制作的写着人生肖的手工蜡烛　　图 3-6　萨拉的关于生肖的书籍

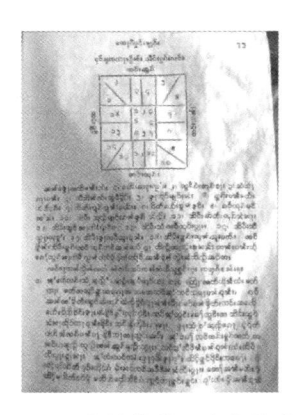

雅浪和萨拉较为普遍的存在于中缅边境傣卯人生活的地区，这是因为傣卯人的日常生活中经常需要这类角色。因为并不是每个村寨都有雅浪、萨拉，人们去别的村寨，甚至跨越国境线到缅甸去找雅浪、萨拉也是常事。并且，傣卯人经常避免找本寨子的雅浪，这是因为同在一个村寨中，村民对彼此的事情都有了解，而找距离较远的地方的雅浪则能更好地验证其是否灵验。

雅浪与萨拉的共同点是都会根据生肖知识来为人们解决相关问题，雅浪更多的是"通灵"类的仪式，而萨拉更多的是依照相关书籍的记载为人们举行祛病仪式，为人们看日子。虽然雅浪也会为人举行祛病的仪式，但是雅浪与萨拉的区别在于，萨拉是有系统的教学，主要是通过跟随师父学习的方式获取相关知识。据芒艾寨子一位70岁的萨拉说，他先是在寺庙当了3年和尚，学习了一些佛教知识，后来跟随缅甸滚海寨子的一位萨拉学习"算命"学了7年，后来哪里有厉害的人他就到哪里去学，并且会看一些有关生肖文化的书籍。他现在主要给人看病、看日子以及算命，最近有四五个人请他去给自己的属相点蜡烛，即在蜡烛上写上当事人的名字、年龄、属相等，到当事人家的佛龛前念经。萨拉的存在具有稳定性；雅浪则是受到某种启示，被赋予了通灵的超自然能力，通常情况下，雅浪在"通灵"仪式结束后会宣称并不记得之前发生的事情。雅浪的超自然能力来得突然，失去时也毫无征兆，并不稳定，傣卯人村寨中有不少曾为雅浪的妇女，失去超自然能力后的她们被认为与普通人无异。

傣卯人的社会文化观念承认巫术的存在，雅浪、萨拉等经常要根据仪式对象的生肖来举行仪式。这种行为并非不可理解，生肖符号在雅浪、萨拉的仪式场景中被用于指代某人，特定的生肖符号与特定的人互为隐喻。努尔人也总是通过他的牛来与鬼魂或神灵建立联系，只不过他们是将牛进行献祭。[1] 莫斯在对巫术进行研究时也曾再三强调：与宗教相比，巫术具有其私密性与个人性，因此，他把巫术定义为："跟任何有组织的教派无关的仪式都是巫术仪式——它是私人性的、隐秘的、神秘的。"[2] 暂且不论利用生肖等信息是否真的能够给生者治病、与死人对话。这可能是傣卯人对于如何去确定一个人的具体身份的逻辑——生肖符号是傣卯人用以将此人与他人区别开来的重要的符号，而生肖符号与具体的空间（人们生活的村寨）相结合即能表明一个独一无二的个体。在这个角度上，生肖符号同样是傣卯人具有私人性的、神秘性的符号。

关于雅浪是否真的可以召唤灵魂上身，以及巫术是否存在等问题并不是本书的主要关注点。但这是傣卯人思维的一种反映，于他们而言，谈论"鬼魂""巫术"等问题并不是什么奇怪的事情，就像对阿赞德人来说，巫术是日常生活中的平常事，一天中的任何时候他都有可能因为巫术遭受痛苦。[3] 傣卯人认可这些神秘的未知领域的威胁，正是对这些问题的探索和怀疑，雅浪和萨拉一类的巫师的存在变得合理，因为巫师的身份同样具有神秘性，将同样具有神秘性质的人、符号和事件等归到一起是傣卯人的分类逻辑的体现。从

---

[1] ［英］埃文思·普理查德：《努尔人——对尼罗河畔一个人群的生活方式和政治制度的描述》，诸建芳、闫云昌、赵旭东译，华夏出版社2002年版，第24—25页。

[2] Marcel Mauss, *A General Theory of Magic*, trans., Robert Brain, London: Routledge and K. Paul, 1972, p. 24.

[3] ［英］E. E. 埃文斯 - 普理查德：《阿赞德人的巫术、神谕和魔法》，覃俐俐译，商务印书馆2010年版，第8页。

功能论的角度，巫术和仪式都是为了满足人们的需求，巫术总在执行着这样一种原则："帮助那些需要帮助的人们。"① 傣卯人正是以这样的智慧面对未知而神秘的领域。换句话说，尽管有许多未知的领域，但是人们总是尽可能地利用已知的要素作为媒介去探索，于傣卯人而言，雅浪、萨拉乃至生肖符号就是这样的"媒介"。

列维－斯特劳斯曾举过这样的例子，一个人如果知道自己是巫术加害的对象，那么根据他那个部落人的最神圣的传统，他便会坚信自己在劫难逃，他的亲友们对此也深信不疑；对几起因精神创伤而最终去世的当事人的解剖研究表明，他们的机体并未受到任何损伤。② 当然，列氏在此强调的是一种多方面作用的结果，在此不加赘述。但从列氏的案例中我们得到的启示是，人们思维模式的不同，意识形态的差异可能导致同一事件的不同结果。因而，暂且放下对傣卯人发生的许多生肖故事的真实性的追问，即按照生肖之间的关系逻辑是否就能治好某人的病，在房间摆满竹子后那位属黑象的老人是否真的便安然离去，等等，无须质疑这些文化现象。也正是如此，生肖符号在傣卯人社会中获得发挥的空间，生肖互补的人、村寨之间的交往是有利的；反之则要有所避讳。秉承这一点，傣卯人在其生肖社会结构中衍生出了诸多的仪式，在仪式中，人得以存在和凸显，人们的生活得以延续。生肖秩序规范了傣卯人的生活空间，人们的实际需要使秩序不断被打乱，这种实际需要包括跨越生肖的障碍缔结婚姻、结交生意伙伴等，在此过程中，整体结构中的各部分相互联系、自行调整，并不断完善。

在某种程度上，雅浪、萨拉等社会角色的长期存在也是傣卯人的生肖社会关系网络作用的结果，因为生肖仪式需要他们。但是，这些拥有不同社会文化功能的人在傣卯人社会结构中的位置是变动不居的。近年来僧人的逐渐减少使傣卯人社会结构出现断层，老人在一些仪式中有日渐填补和代替僧人的趋势。而不论社会结构如何变动，生肖因素是一直存在的。生肖知识不仅是傣卯人日常知识的主要构成，同时也在作用于他们的日常思维，日常思维意味着人们大部分时候总是在依赖固有的思维模式进行思考。生肖在人成为

---

① ［英］马林诺夫斯基：《巫术与宗教的作用》，金泽、宋立道、徐大建等译，载史宗主编《20世纪西方宗教人类学文选》，上海三联书店1995年版，第91页。
② ［法］克劳德·列维－斯特劳斯：《结构人类学——巫术·宗教·艺术·神话》，陆晓禾、黄锡光等译，文化艺术出版社1989年版，第1—2页。

具有社会文化存在的"人"的过程中发挥影响，使个体懂得如何与他人、与集体构建何种社会关系以谋求自我发展。同时，村寨的生肖凝结了村寨成员的集体意识，生活在同一个村寨的人拥有共同的村寨生肖而遵守着同样的禁忌，村寨的发展与个人的发展息息相关。村寨生肖象征物使得村寨的空间边界明晰，强调了村寨内部的团结。生肖之间的关系逻辑影响着人们的择偶观、合作观和处事观念等，从而影响着人与人之间的交往。僧人、贺露、老人、雅浪及萨拉的存在，使得形式多样的生肖禳解仪式得以完成，因而，生肖相克的人和村寨之间的往来互动并未被杜绝，人们在有意识地规避的同时，也会用其他办法来解决和降低由生肖相克带来的消极影响。即便如此，生肖相生的人和村寨之间的互动依然得到强调，是人们的思维和行动趋向，而那些被定义为不按照生肖逻辑来行事而带来的一系列消极影响，即社会秩序暂时被打乱的状态。

傣卯人遵循生肖之间的关系逻辑来行事，趋向相生，规避相克。人们遵循生肖关系逻辑来思考和行动即表明，生肖文化某种程度上为傣卯人提供一套社会秩序。然而，这并不等于人的一切行动都必须和应该遵循生肖逻辑，因为任何社会都没有一套对每个人都奏效的行为规范。所以，秩序被打乱几乎是必然的。为生肖相克的人结婚而举行的祈福、禳解仪式，依据人的生肖而进行的消灾、祈福仪式以及结合村寨生肖进行对内管理和对外交往等都是从遵循秩序到打乱秩序再到恢复秩序的过程。形式各异的与生肖相关的仪式的举行就是为了恢复秩序，使社会重新回到有序的状态。傣卯人的生活就在不断打乱生肖秩序到恢复秩序的行为活动中继续。同样，村寨中的许多佛教仪式也与生肖文化相关。

第二节　其他传统仪式

德宏地区的南传上座部佛教有润派（又称"摆润""耿润"）、摆奘、朵列（又称"多列"）和左抵四个教派。德宏州地区的南传上座部佛教一直以摆奘势力居冠，朵列次之，润派为老三，左抵居尾。1989年，瑞丽县（今为瑞丽市）拥有摆奘派的佛寺24座，朵列派系的佛寺52座，耿润派系的佛寺3

座，左底派系的佛寺 2 座。① 左底派的僧侣已于 1915 年迁往缅甸勐养。② 在瑞丽地区信众最多的派系是摆奘和多列，两个派系的僧侣的等级和地位相同，随着长时间的发展，摆奘派和多列派在教规教义、仪式和禁忌等方面的差别也越来越小。不少傣卯人现在已经不能准确地说出自己所信奉的南传上座部佛教的派系。傣卯人的佛教仪式众多，这些仪式多数在村中的佛寺、家中的佛堂处举行，仪式的主持者主要是僧侣、贺露。因生肖文化与佛教文化密切相关，因而，许多的佛教仪式中都包含生肖因素。

一　佛堂、佛寺与生肖

傣卯人信仰南传上座部佛教，家家有佛堂，村村有佛寺，家屋中的佛堂和村寨的佛寺中都供有释迦牟尼佛像。傣卯人认为，释迦牟尼有生肖，家屋的主人有生肖。释迦牟尼佛转世为许多生肖动物的故事被抄进经文中，常被傣卯人诵读。佛寺中以生肖动物的绘画与图案作为装饰，并以佛祖与动物的故事来教化信众多行善事，与大自然和谐相处的价值观念。家屋的主人的生肖可能影响着傣卯人家屋的构造，大门的方位，甚至是家中佛堂、佛像的朝向，等等。

佛堂的傣语叫作"形达拉"，"形"有柜子的意思，"达拉"即佛像，"形达拉"，即供着佛像的柜子。佛堂的佛像一般是一张释迦牟尼的照片，少数人家会有从缅甸等地请来的雕刻的佛像。佛像旁边常年供奉着鲜花、水果、饼干等物，鲜花水果由于经常换常年保持新鲜。傣卯人的佛堂一般设在家里一楼或者二楼正厅，通常，佛像面朝西方，背靠东方。傣卯人的八生肖具有标示方向的功能，即鸟——东北，老虎——东方，麒麟——东南，白象——南方，蛇——西南，老鼠——西方，黑象——西北，牛——北方。由于每个生肖都对应着一个方向，傣卯人往往会依据家中主人的生肖来设计住房的方位，大门朝向经常要根据主人生肖所对应的方向来确定。如主人生肖为牛，大门一般朝向北方。现在，傣卯人还是以方便生活为主，选择将大门朝向宽阔的道路。一些笃信生肖文化的人家甚至将放置佛像、佛龛这些较为神圣的事情

---

① 张建章：《德宏宗教——德宏傣族景颇族自治州宗教志》，德宏民族出版社 1992 年版，第 130—131 页。

② 张建章：《德宏宗教——德宏傣族景颇族自治州宗教志》，德宏民族出版社 1992 年版，第 122 页。

与生肖联系在一起，当家庭的主人更替之时，佛像就可能会根据家里新的主人的生肖来重新摆放。

傣卯人地区的佛寺通常建立在村寨中的中心地段，多为无墙基的体现傣民族传统建筑风格的"干栏式"，因桩柱较高，门前多设楼梯。佛寺大殿为坐西向东，传说这是因为释迦牟尼成佛时是坐西向东的方向。佛寺外观鲜艳华丽，内里也是富丽堂皇，陈设有佛幡、彩帘等。佛寺不仅是信众举行佛事活动的场所，早期还是傣卯人青少年儿童接受教育的地方。佛寺通常是傣卯人村寨中最为庞大和华丽的建筑，其附属建筑通常有公房、佛塔、供栓等。

佛寺内部及四周多有与生肖动物有关的图案、彩绘。佛寺区域被视为村寨中最为神圣的空间，许多禁忌都是与佛寺区域的空间有关。如属牛的弄贺寨子规定：不可在村寨内杀牛，其"村寨内"主要就是指佛寺这个区域。除此之外，建新佛寺的日子、方位、朝向以及修葺佛寺的时间等，都要结合村寨生肖来决定。

现在，中国境内傣卯人地区的佛寺中大多没有僧侣，村民讲述了一些原因：

> 瑞板岩负责管理奘房的钥匙，并担任老人头。20多年以前，弄贺寨子的奘房曾有两个和尚，一个来自缅甸；一个是中国的。寨子里的人每天早上六点给他们送饭食，每天两家合送一顿，四家合送一天，因为和尚中午12点之后不可以吃饭，所以都是上午送。村民对他们非常尊重，给他们供奉的钱物很多，省里还给他们配了一辆车。但是1997年这两个人都走了，原因是他们与外面的女子产生感情。他们偷偷地把奘房的东西都卖掉了，把村民供奉的功德钱也卷走了。大和尚跟喊沙寨子的一个女人好上，回到缅甸成家，还盖了新房子；二和尚跟寨子里的一个寡妇结婚，生了两个儿子。"从那以后我们寨子就不想要和尚了，有些缅甸的和尚想来我们寨子，但是我们不要"，说起请僧人入住奘房的事，瑞板岩老人说。全寨子有124户，大家的意见不统一，因为之前和尚跑了的事，现在寨子里人都不想再请他们了。①

---

① 调查时间：2017年1月18日；报道人：瑞板岩；调查地点：瑞板岩家。

瑞丽市姐冒寨子 70 岁的约喊岩冷老人说：

"文化大革命"时期，姐冒寨子的奘房都用来装粮食，直到后来才请佛像跟和尚。有些地方没有请和尚，有事就请附近的寨子里的和尚来帮忙，但是请和尚也只请"朵列"派的和尚，因为有些派系的和尚很随便，既抽烟又喝酒，所以就不请他们。以前"文化大革命"的时候，没有和尚也挺过来了。现在国家提倡教育，小孩子五六岁就去读书了，没有时间去当和尚。缅甸人因为读书读不起，所以很多人当和尚，在缅甸当和尚吃喝都有人供奉，出门坐车坐船，只要说你是和尚，很多时候都会免费。请和尚入住奘房是一件非常隆重的事情，需要全寨子去供他，但是只要供品、钱慢慢多了，这些和尚就去买摩托、汽车，有些贪心的就直接卷钱跑了，如果这样供一个跑一个，那还不如不供。还有就是，村民不团结，如果有的人不愿意去供，和尚就饿肚子了。①

佛寺中无僧侣的现象的产生主要有几方面的原因：一是虽然中国境内的僧侣越来越少，但是由于邻近缅甸，人们在需要僧侣主持佛事活动时可以从缅甸请僧侣；二是贺露、老人近年来在傣卯人的诸多佛事活动中担任主持，带领信众诵经，有日益取代僧侣在佛教仪式中的角色的趋势；三是随着传统的生计方式和生活习惯的改变，傣卯人不再像旧时一样长时间居家，他们喜欢更为自由的生活，请僧侣入佛寺需要村民每日茶饭供奉，很多傣卯人觉得麻烦，宁愿寺中无僧；四是由于之前一些僧侣的行为，致使人们对僧侣的信任度降低，他们不再轻易地相信僧侣；五是传统佛寺教育的式微。20 世纪 50 年代之前，小男孩一到七八岁便被送入佛寺，学习文字、佛学、历史、算术、文化习俗等，出家是傣卯人接受教育的主要方式。随着学校教育的推行，现在的傣卯人只有少数会出家，佛寺作为传统教育场所的功能逐渐式微。相关资料显示："1989 年瑞丽县弄岛乡弄贺佛寺有学僧 12 人，沙弥 7 人……教学方法是：先教缅傣文（傣绷文）拼音字母，再教短句和长句。待掌握缅傣文后，再开缅语课，使用缅甸出版的缅语小学教材，教学方法及进度均与缅甸

---

① 调查时间：2017 年 7 月 28 日；报道人：约喊岩冷；调查地点：约喊岩冷家。

小学相仿。待基本掌握缅文拼法后，才转入讲授巴利文大藏经。"① 如今的瑞丽市弄岛镇弄贺佛寺已经 20 多年没有僧人入驻了。

以前作为系统的、日常的佛寺教育现在只有在每年入洼期间（主要是暑假）由一些民间组织发动群众报名学习傣文、傣语。由于教学时间短，面对的学生的基础参差不齐，所以教学的内容相对简单，基本以教授傣文字母的拼写和发音为主。并且，由于佛寺无僧人，考虑到教学器材和设备等问题，现代的傣文教学也转移到了其他场所，如各个中小学，并不拘泥于佛寺。如 2019 年 7 月 30 日，由瑞丽市弄岛镇等秀村委会，瑞丽市民间傣协会共同举办的为期 20 天的傣文培训班开始在弄岛镇的弄岛小学授课，该次报名人数约 120 人，学生的年龄为 6—20 多岁不等。授课教材为一本 25 页的精简版的傣语课本，老师则是附近村寨一些精通傣语和傣文的老年人。

中国境内傣卯人地区的许多佛寺虽然都已经没有僧侣，但是佛寺仍然在傣卯人生活中发挥重要作用。佛寺依然保持了其空间的神圣性，许多佛教仪式都在佛寺举行，傣卯人通过从别处请僧人或是以贺露、老人来主持仪式的方式保证仪式的正常进行。

二 僧人、贺露及生肖仪式

村寨中与佛教有关的仪式通常与僧人、贺露有关，僧人、贺露是佛教仪式的主持者和组织者。僧人是南传上座部佛教的代表性人物，他们长期在寺庙持戒修行，研习佛法经典。贺露通常是出家后的还俗之人，并且在还俗之前有一定的僧阶。僧人和贺露的共同点是都曾在寺庙系统地学习南传上座部佛教的相关知识，并在出家期间就曾参与为信众主持的各种仪式，这为他们独立的主持许多与生肖有关的仪式奠定了基础。

入洼期间的许多仪式活动都与人的生肖有关系。入洼，即 Vassa，Vassa 是巴利语，为"雨安居"之意，傣语音译为"洼萨"，完整的称为"毫洼萨"（入雨安居），"奥洼萨"（出雨安居）。"入洼"与"出洼"又被称为"关门节"和"开门节"，这是其他民族的说法，因族际交往而被傣族接受。洼期定于傣历九月十五日（约为公历 7 月）开始（入雨安居），傣历十二月十五日

---

① 参见张建章《德宏宗教——德宏傣族景颇族自治州宗教志》，德宏民族出版社 1992 年版，第 211—213 页。

(约为公历 10 月）结束（出雨安居）。一般认为，入洼源于古代印度佛教雨季安居的习惯，三个月的洼期被视为信众的安居期。雨安居期间气候潮湿多雨，不方便出门从事生产活动。因为不是农忙的季节，地里的稻谷也还未到收获时，人们只是偶尔到地里拔拔草施施肥，相对清闲。老年人要定期"栾形"，进入寺庙持戒修行，并参与寨子里大大小小的仪式。青年人则要参与"送当露""送并"等仪式活动，并在老人"栾形"期间为他们准备饭食，等等。傣语音译为"延双""塔玛扎嘎""嘎并嘎栓"等佛教仪式是每年入洼期间必不可少的仪式，还有许多如"延鲁"、进新房、建新房等仪式。这些仪式无论是以个人、家庭，还是以村寨为仪式对象，最后都会让整个村寨的村民参与进来，不少仪式都涉及生肖因素。

（一）"延鲁"仪式

"延鲁"是为在世的人举行的佛教仪式，"鲁"是献祭的意思，意为向佛祖献祭，祈求灾去，福来。延鲁仪式通常不限定时间，主要根据个人或家庭的情况，如觉得某段时间运气很差，遭遇了一些不好的事情，如摔伤、车祸、大病等，傣卯人就会举行延鲁仪式。

延鲁需要看日子，如果是为一个人延鲁，那就根据个人的生肖、生辰来看。如果是给全家延鲁，那就根据家里的主人的生肖和生辰看日子。基本规律是找一个与他们生肖相合或是相同的日子，星期三属象日，区分黑象、白象可从仪式的时间看出来。白象是上午，黑象是下午，生肖与具体的时间对应。所有的贺露都掌握了为已经去世的人延双的仪式，但不是所有贺露都会延鲁的仪式，这有几个方面的原因：延双的仪式是每个村寨每个村民家庭都必须要举行的仪式，也是村寨中举行次数最多的仪式之一。所以作为村寨的仪式的主要主持者，这是必须精通的仪式，也是固定的。而延鲁则不是，虽然一个傣卯人家庭在一年中或多或少会延鲁 1—2 次，但是由于延鲁仪式是根据不同的情况来确定规模的大小，是否请僧人，所请的僧人、贺露、老人的数量也并没有统一的规定，需要准备的供品要根据"鲁"的种类来定，所以需要延鲁的家庭会根据情况请人来主持。如果本寨子的贺露不精通延鲁仪式的程序，人们会到附近的寨子，甚至缅甸的寨子里请人主持：

2017 年 8 月 15 日，弄贺寨子的旺明老人为他的孙女喊伦启程去外地上大学举行延鲁仪式。喊伦17岁，属牛，而8月15日是星期二，属麒麟日，牛与麒麟相合。这个日子是请一位萨拉看的。由于弄贺寨子的贺露并不会延鲁仪式，旺明老人特地去缅甸的弄喊寨子邀请了一位贺露前来主持。当天早上8点多，被邀请的老人们依次来到了旺明老人家，他们都带来了米花、三角旗、饼干等。旺明老人家的佛堂在家里的二楼，家人早已准备了一应供品，这些供品除了摆在佛像前的供桌上，还有2份是摆在竹制的小供桌上（傣语叫作"板"），每个种类的供品都是17个，象征着喊伦的年龄——17岁。这些供品有17根三角旗、17撮沙子、17颗米花、17根蜡烛、被切成17块的香蕉。接下来贺露开始主持仪式，在贺露念经过程中，喊伦需要抬起小供桌，让贺露对其念经祈福，如好好读书，出入平安等。另外，还有一个小供桌上摆着每个种类都是108份的供品，这是为了家人准备的，有108根三角旗、108支花、108撮沙子，这份供品在念经的过程中，由喊伦的爷爷（一家之主）抬起来代表全家接受祝福。①

上述是一个较为小型的延鲁仪式，主人家共邀请了20多个老人，多为亲戚、本寨子的老人，并没有请僧人，主要目的是祈福，祈求佛祖保佑喊伦平安、顺利地完成学业。通过生肖符号、仪式对象与举行仪式的时间、仪式上的器物等建立起联系，延鲁仪式持续了2个小时左右，主要内容是贺露带领众人念经，在念经的过程中，贺露要不断地强调仪式对象喊伦的生肖，说明是为这个生肖的主人祈福。

延鲁分为"鲁哈"和"鲁搭"两种。"鲁哈"，意为迎进好的事情，如芭蕉树上一串芭蕉如结了24个或28个的芭蕉，就要举行"鲁哈"。一位老人说：

> 一串芭蕉上结了24个或28个芭蕉是很少见的，这是很好的，是有福气的，这是佛祖的香蕉，是佛祖想吃香蕉了。24是因为佛经中有一个《二十四节佛经》，所以逢24这个数字就要拜佛。28是因为一个传说，从前有个人拿着一串30个的芭蕉去拜佛，在路上他的爸妈想吃芭蕉，但

---

① 调查时间：2017年8月15日；调查地点：喊伦家。

图 3-7、图 3-8　为平安出行举行的延鲁仪式

是他不给。见到佛祖后，佛祖说，这个芭蕉我不能要，父母是最大的师父，你的父母要吃你都不给，我怎么能吃。后来这个人就将其中一串芭蕉中的 2 个分给了他的父母，拿着剩下的 28 个去拜佛了。所以，后来大家都拿着 28 个芭蕉去拜佛。①

张建章也提到过这种现象，"一串芭蕉如果结 24 或 28 台时，亦请僧侣念经"②，因为这是"祥瑞之兆，意示 24 或 28 尊佛莅临人间，故此串芭蕉的主人家及寨人颇感荣耀幸运，应尽快择日举办庆典，念经迎佛"③。笔者曾在瑞丽市姐相乡的弄别寨子见到一户人家因为树上长出了一串有 24 个的芭蕉而延鲁的场景。当天正是大年初三，女主人摘下一串芭蕉时发现是 24 个，其 80 岁的母亲便说要延鲁，来迎进福气。随后一家人高高兴兴地准备了供品，请来了贺露，十几个老人来家里念经迎佛，该仪式规模不大，主要是邀请了主人家的亲戚，仪式在家中的佛堂举行，那串 24 个的芭蕉被放在佛龛前供佛，贺露对着一本经书来念经。念完经后，芭蕉被念经的老人食用，以示对老人的尊敬。

"鲁搭"意为将不好的东西挡在外面，驱赶霉运，如别人家的猪进到自己家里就有可能带来晦气，猫头鹰等进了家门都要举行鲁搭仪式。傣卯人对动物有较为明确的分类，一些动物进了家门被认为是好的，无须举行仪式，如

---

① 调查时间：2016 年 7 月 19 日；报道人：罗蒙；调查地点：罗蒙家。
② 张建章：《德宏宗教——德宏傣族景颇族自治州宗教志》，德宏民族出版社 1992 年版，第 168 页。
③ 张建章：《德宏宗教——德宏傣族景颇族自治州宗教志》，德宏民族出版社 1992 年版，第 168 页。

孔雀、狗；而猪、猫头鹰则被认为是带来晦气；一些不知名的鸟类等飞入家中则要去询问僧人是何缘故，这有可能被认为是祖先的灵魂对在世亲人有所诉求，需要举行相关仪式。瑞丽芒滚寨子的一位贺露告诉笔者：

> 我们傣族1—75岁有3个阶段。第一阶段是1—25岁，用来读书，也叫作"钱"；第二个阶段是25—50岁，是赚钱的时候，叫作"金"。第三阶段是50—75岁，是享福的时候，叫作"宝"。一个人运气不好的时候，傣族叫作"哦嗯"，只用找一个与自己生肖互补的人，不管什么年龄都可以，让那个人拿着花、三角旗、蜡烛这些东西来拜自己，哪怕是给一瓶水都是好的，要是生肖互补的人去给对方药，那就更好了。①

除了因为诸事不顺，傣卯人社会中有根据生肖来定期延鲁的习俗，如一个属麒麟的人到了37周岁时就要带上傣语音译为"莫撒别""勐朗习""莫多啦"三种植物去寺庙拜佛。一个属虎的人到了40岁时可能需要"延鲁"，那么就要数40支鲜花、40根蜡烛、米等，把蜡烛捆在一起烧。如果是为了全家祈福"延鲁"，那么就要108根蜡烛、108根鲜花、108撮沙子等。并请贺露来家中念经，一边念经还要一边念仪式对象的名字，讲述其不幸，请求佛祖保佑。

图3-9 为17岁的当事人举行的延鲁仪式供品（每样供品为17份）

图3-10 为全家举行的延鲁仪式供品（每样供品为108份）

许多延鲁仪式都参照"玛咋"上的信息，如将写有当事人生肖信息的小纸条绑在手工制作的蜡烛上，或是在制作蜡烛时将写有属相等信息的纸条放

---

① 调查时间：2019年7月24日；报道人：尚进；调查地点：尚进家。

进蜡烛里，将蜡烛供奉在佛前，僧人和贺露带着众多的老人念经祈福，又如贺露口中念着"为某某地一个属某种生肖的叫某某的人祈福"等。

(二)"延双"仪式

"延双"是在入洼期间为近三年去世的亲人举行的拜佛、念经、超度仪式，需要为去世的人每年在洼期举行连续三年的延双仪式。一位老人说："延双就是人去世后有的去了天堂，有的下了地狱，家里人要请人来念经，请大家来听一听，经的主要内容是讲故事，讲人间和天界的故事，都是有教育意义的，这样一来，死去的人听了经心情会好、会转世做人。"

延双仪式中为故去的人准备的供品常常含有生肖文化的因素，傣卯人经常将小面额的纸币、铁皮等材料做成生肖动物的形状，如将纸币折成牛、铁皮制成的鸟、彩纸扎成的大象等。人们对于这样做的理解有些争论，一些人认为这可能是考虑到家人的生肖因素；而另一些人认为，这主要是因为生肖动物形状的供品外观好看，除了这些，也还有花草树木等形状的供品。事实上，傣卯人并不会将生肖符号用于标记已故之人，在他们看来，生肖在仪式中总是用于生者。因此，在做功德的同时，又兼顾到外形美观而受到傣卯人欢迎的原因可能更为贴切。傣卯人在这些供品上写上已故之人的名字，标明该供品的归属人，送到奘房，请僧人念经，过后再烧给已故之人。我们在傣卯人佛寺中经常看到有各种钱折成的动物形状的"象""孔雀""狗"等，其中许多都是在延双仪式时人们为过世的亲人准备的。

图 3-11、3-12 延双仪式中的生肖动物形状的供品

一般情况下，延双主要避免与同寨子的其他人家的佛事活动在同一时间，这样，寨子的贺露、老人就可集中在一处举行延双仪式。每当延双时，僧人、贺露及老人都必须在场。延双仪式在村民家中的佛堂举行，一般会持续一天一晚。

图 3 – 13　延双仪式　　　　　　　图 3 – 14　延双仪式的供品

在仪式举行之前，主人家先要做一些准备工作。主要包括：1. 请贺露，跟贺露约定时间来家里主持仪式。2. 请僧人，通常情况下需要请 3 个以上的僧人，由于现代中国境内的傣卯人村寨中已经少有僧人，傣卯人经常到附近有僧人的村寨，或是缅甸的村寨中去请僧人。由于洼期的许多仪式都需要请僧人，所以一到洼期，僧人就非常忙碌，几乎天天都有佛事活动，经常是一天去好几户人家主持仪式。出于这种情况，有时僧人实在是"分配"不过来，一些傣卯人家庭在举行延双仪式时只能请到一位僧人作为代表。3. 准备供品。这些供品分为两类：一类是用来赕佛的，赕佛的物品一部分被现场用来摆在佛堂中，一部分待仪式结束后交给僧人带回寺庙供奉，各种生肖动物形状的供品即属于这部分；另一类是为贺露、僧人、来帮忙的亲人、寨子里的人准备的"咋嘎"。鲜花以及雕好的西瓜、哈密瓜、杧果等摆在家里的佛像两侧，另有数十碟水果、米、饼干等摆在佛堂前的供桌上供佛。除了鲜花、水果等供品，给贺露和僧人以及来帮忙的人准备的物品是日用品和钱。日用品包括：油、卫生纸、饮料、蚊香、米等，其中每个僧人各一份，贺露一份，家里刚去世的这位老人一份，家里的所有去世的亲人一份，为全家人祈福的一份，还有寨子里近几十年去世的人的一份。这些物品被整齐地摆放在家里的佛堂中，每份物品都放有100元、50元、20元或10元。4. 请本寨子的人以及外寨子的亲戚前来帮忙，请年轻人到公房帮忙准备饭菜，请老人去家中念经。

通常情况下，仪式从第一天的晚上开始，这天傍晚，被邀请的前来帮忙的人纷纷到来，他们每个人都准备了鲜花、三角旗、米、饼干、钱等物，交给主人家。来的人多为本寨子的村民。第一天下午已经有人在雕花，准备供品了，并由贺露带领老人念经，叫作"鲁莫"。第二天早上，首先是贺露带领老人念经，随后由僧人带领众人念经，念经在主人家的佛堂进行，僧人背向佛像，面向众人坐在第一排。接下来是贺露，念经的声音通过悬挂在窗台上的喇叭传出去，整个村寨的人都能听到仪式上的经文。紧挨着贺露坐的是男老人，最后排是女老人。僧人念经的时间在一个小时左右，从上午十点多持续到11点多，几段经文结束后，供桌上的供品被倒掉。僧人在念经结束后就会离开，村民恭敬的送僧人出门，并且将给僧人的物品搬到僧人的车上，每位僧人有100—200元。僧人走后，念经仪式继续，由贺露继续主持。这天叫作"鲁双"。

第一天晚上和第二天一整天，主人家都要招待客人吃饭，并准备在念经过程中的饮料、点心等。吃饭地点通常在公房。整个延双仪式中，老人全程在佛堂中念经、听经，如果因人数太多，佛堂的大厅坐不下，则可移到一楼正厅甚至门外坐。洼期天气炎热，每当举行延双时，就可看见人们人手挥动着一只竹篾扇。

第一次举行延双仪式需要立"换"，"换"为傣语音译，为一根高约20米的竹竿，竹竿上绑满着三角旗、花、水果、钱、米、饼干、甘蔗、沙子、稻谷等，竹竿顶端有彩色的纸幡，竹竿下方绑着一颗芭蕉树。这些物品都是献祭给佛祖的，傣卯人认为，立"换"是为去世的人及其家人祈福，祈愿下辈子能平安、富贵，竹竿挂的水果、钱和米等物越多，表明越有诚意。关于"换"的由来，一位贺露这样说：以前有四个人互相争着说各自的供品好，后来有一个人让这四个人把各自的供品放在竹竿上，这些供品一个是红色的，一个是绿色，一个是黄色，一个是白色，大家看到竹竿的影子，发现影子都是一样的，这个人就告诉那四个人，大家的供品都是一样的好，所以现在要将供品放在竹竿上去献给佛祖。尽管竹竿上的供品五颜六色、各不相同，但是对佛祖的诚心是一样的。傣卯人认为立"换"就是做好事，希望去世的人在下辈子投个好胎。

图 3-15　一起立"换"　　　　图 3-16　立好的"换"

　　每个傣卯人的村寨都有一个集中立"换"的地方，一般是村寨旁边的一块空地，全寨子需要立"换"的人家都将自家的"换"立在此处。每到洼期，一根根"换"高耸云间，是傣卯人村寨颇具特色的一道风景线。立"换"需要老人去砍一棵长度合适，粗细适中的竹子，砍去枝叶后，大家开始一齐往竹竿上放供品。用削细的竹篾穿过种类繁多的水果等供品，将它们固定放在竹竿上，这种活较为细致，一般由妇女和女老人负责。竹竿上一串一串的供品之间相隔几厘米，竹竿越长，放的供品就越多，因而砍竹子之前要根据主人家的心意准备合适长度的竹竿。当放供品的工作准备就绪，几十个男性小心扶住竹竿上下端的各个位置，将其竖起来，把竹竿底部插入地下，并弄些砖块和石头，或者用水泥固定竹竿下端，使其直立不倒。立"换"是一项集体工作，单靠几个人的力量很难完成，通常是村寨里的男女老少共同参与。

　　每当有人去世，其家人都要举行连续三年、一年一次、共三次的延双仪式，如果是在洼期去世，那么去世时就要举行延双仪式。否则要等到下一年的洼期再延双。通常情况下，第一次延双仪式最为隆重，但是总体上还是要看主人家客人的数量，一般情况下，邀请的人越多，消耗越大。下面以瑞丽市弄岛镇弄莫东寨子妹彭家 2017 年 8 月 30 日的一次延双仪式为例，我们可以从中了解延双仪式的开支情况：

　　　　妹彭的奶奶于 2016 年去世，这次是妹彭家第二次举行延双仪式。妹彭家于2017年8月29日晚请贺露和老人来家里念经，8月30日请了三位僧人前来念经。由于家人常年在外地工作和上学，妹彭家很少去别人家帮忙，所以他们减少了邀请来帮忙的人的数量，并从附近的小餐馆预定了饭菜，这样就不用在公房准备饭菜，节省了很多人力。他们只邀请了老人来念经（这是必要的），一些妇女和亲戚来帮忙。妹彭说："我家建新房才几年，爷爷也才去世第四年，现在奶奶又去世，一直在不断地举行仪式，寨子里的人也就不断地在送礼金。我们家人觉得很不好意思，所以这次决定不收礼钱。"这种情况是较为特殊的，一般情况下都是收礼钱的，通常一个人20元、30元、50元或100元不等，之前妹彭家延双一次大概能收到3500元的礼金。

妹彭家延双仪式的相关开支：

1. 8月30日中午饭菜费用：从饭店里定饭菜，每桌三荤三素，15桌，每桌200元，共3000元。

2. 供品费用：妹彭爷爷、奶奶、外婆、姑父（皆已故）各一份；3位僧人3份；贺露一份；帮忙雕花的妇女组一份；来念经的老人组一份。共1200元。

3. 人员费用：3位僧人，每人150元；贺露30元；妇女组50元，老年组30元。共560元。

4. 水果开支：1000元。

5. 米线：8月29日晚上供老人念经结束后食用，共350元。

6. 矿泉水和花生：8月30日下午念经中途给老人发矿泉水和花生，矿泉水6箱，120元；花生230元。共350元。

7. 给老人的"咋嘎"物品开支：每位老人每人一套茶杯（一套6个），一盒6块，128盒。共768元。

其他：方便筷子、塑料袋、一次性桌布、味精、油、茶叶以及供在家里佛龛前的鱼、肉、鸡蛋等。共约150元。[①]

共计约7300元

[①] 调查时间：2017年8月31日；报道人：妹彭；调查地点：妹彭家。

由于妹彭家此次延双仪式没有收礼钱，所以花费较高。一般情况下，如果加上亲戚邻居的礼钱，那么一次延双的开支在 3500—5000 元。这对于一般家庭来说并不是一笔很大的开支，但由于傣卯人的仪式活动非常多，就算自己家不举行仪式，每次参加别人家的仪式也需要花费几十元到上百元不等，因而一年下来，傣卯人在诸多仪式中的费用开支少则几千元，多则上万元。

弄贺寨子的喊妹在 2017 年 9 月 12 日为其外公举行第二次延双仪式。喊妹和家人及几个帮忙的亲戚早上 5 点多就起来准备供品，这些供品摆放在二楼的佛堂，如果雕、米饭、肉等。喊妹家共请了 86 位老人来念经。上午 9 点左右，老人们陆续到来。被邀请的村民、亲戚每人送来 10 元、20 元，妇女组长帮忙记账、收钱，收完钱后妇女组长拿着这些钱去买一些毛巾、牙膏牙刷、蚊香等分给大家，即"咋嘎"。记账是为了方便下次给别人回礼，所以账本要自己留着，账本分好几份，一份记的是送钱买东西的（即"咋嘎"）；另一份记的是送钱买供品的。举行延双仪式时大都在公房请吃饭，所以要给公房 150 元钱，用来买电、买扫把、锅碗瓢盆等，但因为喊妹的丈夫是负责管理公房的电的，所以不用给这 150 元，弄贺寨子的贺卜、贺冒、妇女组头领以及老人头 4 个人可以不给这份钱，因为他们平时就经常在公房为大家服务，所以寨子里为他们免去这份钱。此外，还要给僧人、贺露钱。喊妹家还用铁皮做了一个孔雀，在孔雀上写上已故老人的名字，放在家里的二楼念经，念了 2 天，然后抬到奘房去放着。傣卯人喜欢用五角、一元扎成各种各样的动物放在寺庙里供奉，这样，在做功德的同时，还保证了美观。傣卯人无时无刻都在追求"美"，即便是在做功德时也不例外。在许多佛事活动中，都有许多外装精美的供品。

喊妹家为此次延双共准备了 5 份供品，每份供品的东西是一样的，即一箱方便面、一大瓶豆油、一箱饮料、一包洗衣粉、一瓶洗洁精、一包盐、一袋味精、一袋卫生纸、一包饼干、一瓶罐头、一袋水果。供品这样分配：1. 给贺露一份供品和 100 元钱；2. 去世的外公一份；3. 全家人一份（祈求平安）；4. 之前去世的亲人一份；5. 全村去世的人一份。除了贺露的那份，其他的都由僧人带到寺庙里去。给老人以及帮忙的人的"咋嘎"是：一瓶大豆油，一筒面条。主人家在给大家分发这些东西的时候，要很感激地说：咋嘎。喊妹家延双花了 5000 元左右，其中，别人送的礼钱有 1000 多元，即这次延双花了约 4000 元。①

概括起来，延双仪式的开支主要包括供品、饭菜、小吃以及人员费用等方面。每家延双都需要支付这几方面的费用。

以下案例呈现了延双仪式较为详细的过程。弄贺寨子妹论 2018 年 7 月 21 日为其父亲举行的延双仪式。妹论的父母离异，母亲改嫁，父亲于 2 年前病逝，现年 20 岁的妹论与爷爷奶奶一起生活，她常年在昆明的一家傣族餐厅打工：

> 仪式的前一天下午，十几个亲戚（主要是本寨子的）聚到了妹论家，大家七嘴八舌地商量明天延双仪式需要买什么东西、请哪些人。最后，通过商议，妹论家决定不去公房，在饭店订饭菜送到家里，在自家招待客人。这也是因为妹论常年在外打工，在别人家有事的时候不能去别家帮忙，如今也不能邀请更多的人前来帮忙。
>
> 待需要购买的物品、需要邀请的人、饭菜、场地、桌椅等事情商量妥当后，大家开始在小本子上写下弄贺寨子近几十年里去世的人的名字，由于年代久远，需要众人一起帮忙回想。这是延双仪式中很重要的环节，每个家庭在举行延双仪式时，都需要将其所在的寨子近几十年甚至是能回忆起来的所有去世的人的名字记下，在仪式当天请主持的贺露念他们的名字，为他们念经超度，请他们来享用供品，护佑村寨。最后，妹论家人及亲戚一起回想起了弄贺寨子已经去世的 57 个人的名字，这是大家能想起来的所有的名字，甚至已经记不得这到底是多少年之内去世的人了。
>
> 接下来，人们开始分头去购买仪式所需要的东西，去邀请少量帮忙的人，并将买回来的东西分好，整齐地摆在家中二楼佛堂的佛龛前。傣卯人许多的佛事活动都是这样摆放物品。一是将物品摆在仪式场地中，念经时将这些物品"鲁"一下；二是将东西摆在佛堂，所有来参加仪式的人均可看见，主人家对佛祖的诚心、对已故之人的重视程度似乎都在

---

① 调查时间：2017 年 9 月 13 日；报道人：喊妹；调查地点：喊妹家。

通过这些物品对外呈现。人们经常通过仪式中准备的物品丰富程度、合理程度等来评价主人家平时的行为处事，如"这家是通情达理的，做事妥当，想得周到"，"那家是很小气的，仪式物品准备的寒酸，又不实用"，等等。当然，评价时人们总是不会忘记结合主人家的经济状况。

一应物品很快被5个中年妇女整齐地摆放在佛堂，妹论家共准备了4份供品，每份有：一箱饮料，一箱方便面，一箱八宝粥，一桶油，一打卫生纸，大的白色蜡烛一支，一瓶饮料，一小袋米，糖，奶粉，小面包一袋，咖啡一袋，饵丝一袋，牙刷牙膏各一支，肥皂四块，味精一包，盐一包，小洋葱和干蒜头一小袋，小零食一小包，水果罐头一瓶，面粉一包，苹果一小袋（梨、西红柿），毛巾一条，伞，扇子，鞋子，饼干，150元钱。这4份都是供品，一份为妹论的父亲准备，一份是为全寨子近几十年去世的人准备的（即列在名单上的人），一份是为妹论爷爷的妹夫（新近去世，因为家里太穷，于是和妹论家一起延双），一份是为妹论全家祈福的供品。另外，他们还单独准备了一份物品（比给僧人的少一半）和100元钱给贺露。

晚上8点多，被邀请来帮忙的人依次到来，大家开始分工工作。一拨人负责雕花，主要是将两个大西瓜的一面去皮，雕刻出花的形状，用于摆放在佛龛两侧，另外，将苹果、梨、黄瓜、香蕉、桂圆、菠萝、提子、火龙果等水果摆盘。另一拨人则负责准备部分菜色，主要是炸鱼、牛肉干巴和豌豆片等。

妹论家共定了11桌饭菜，每桌180元。因为家里的桌子和凳子不够，他们去公房借了些过来，付给公房50元的耗损费。傣卯人村寨中，凡是因为自家的事情而动用村寨的公共物品，都要支付一笔耗损费。这笔费用通常由管理公房的老人保管，充作村寨的公共经费，用作今后公房、奘房的重建和维修。

7月21日早上7点多，人们陆续将供品搬到奘房，摆在佛像下方的供桌上，有水果、米饭等共20多小盘。上午8：40，一个男老人开始带着大家念经（因为贺露临时有事，所以由老人代替），来念经的共有22位女老人、15位男老人，带头念经的男老人时而拿起供盘边拜边念，供盘里装着鲜花、蜡烛、米花、香、三角旗等，第一段经念到8：53分结束，人们把供品拿到奘房边的一个空地倒掉。半小时后，人们开始休息，等待僧人来念经。同时，妇女亲戚也在为老人们准备稀豆粉，用作下午的小食。10点左右，来了1位僧人，开始念经，此时，楼上楼下都坐满了人。

吃完午饭后，人们各自回家午休，下午14：30左右开始继续念经，念到15点多中场休息，主人家分发水果瓜子等小零食，下午4点多仪式结束。仪式结束后主人家开始给帮忙的人分发"咋嘎"，每个老人一个不锈钢盆、一包泡面和一把伞。同时，贺露开始念送礼金的人的名字和金额，代主人家表达感谢。①

在傣卯人村寨中，无论是谁家为亲人举行延双仪式，都需要写下整个村寨在近几十年里去世的人的名字，让贺露"请"他们来一同享用供品。延双仪式虽主要是为了某一个亲人举行的仪式，但同样可以为其他许多故去之人超度、诵经。与延鲁仪式相比，延双仪式更具有群体性。

（三）建新房、进新房

建新房动土的日子，以及在新房建好后，进新房的日子都需要慎重选择。建新房、进新房都需要找人看日子。通常，人们会带上主人的"玛咋"以及一些米和钱去请萨拉看日子，萨拉根据主人的生肖等信息，确定建房子破土的时间。在选定的日子里，主人要把一种叫作"莫撒别"的花捆在建房的钢筋上竖起来。而进新房则要复杂一点，因为不仅要看日子，还要请僧人、贺露、老人举行"延鲁"仪式。

相关资料对生肖与德宏地区傣族建新房、进新房的关系有记载："盖房备料有一定禁忌，上山选树做柱子时，一定要选高大挺拔的，而且要选属蛇的那一天砍第一根柱子……动土盖房子要找属兔或属鼠的日子，认为这些日子最为吉利，猴、马日也可以，而且在这些日子里还必须是双日，即二、四、六、八、十等，单日子不好，有的日子也不能用，因为每月至少都有一天忌日，如五月忌狗日，不能用……"② 虽然这些生肖不一定就是傣卯人的生肖，但是足以说明德宏地区的傣族在进新房时，有许多关于生肖方面的禁忌。人

---

① 调查时间：2018年7月21日；调查地点：妹论家。
② 《民族问题五种丛书》云南省编辑组编：《德宏傣族社会历史调查》（三），民族出版社2009年版，第117页。

们的居住空间与生肖文化有一定的联系。

有些人家会选择找僧人看日子，报上主人的生肖、生辰八字等。一来是请僧人帮选一个合适的日子；二来是供佛、拜佛，请僧人赐予一些吉祥物放在即将入住的新房里。也有一些人家会带上主人的"玛咋"请萨拉或是通晓传统知识的老人看日子。建新房、进新房的日子经常是与一家之主的属相相同、相生的日子，如果与所在的村寨的生肖相生就更好。进新房时要举行延鲁仪式，意为驱邪、迎福。以下是一户人家进新房时的情形：

> 仪式的第一天下午，主人家的亲戚、朋友、同寨子来帮忙的人都陆续到来。被邀请的老人带着饼干、米、三角旗、花等，放入主人家提前准备好的供盘里。大家先在公房吃饭。饭后，晚上7点多开始由贺露带着人们在主人家二楼的佛堂念经，念傣语为"忙嘎拉"的吉祥经。佛龛前的供盆里供着米花、三角旗、鲜花、香、水，点着三根蜡烛。旁边放着给5位僧人准备的5份东西，每份包括一床毛毯、一个水壶、牙膏、一袋米、一打饮料、一大瓶食用油、一包糖、一包盐、一条毛巾、一包卫生纸，以及160元。供品的形式其实与其他的延双、延鲁上的仪式相似，没有什么特别之处。
>
> 晚上，妇女、老人等都在主人家的新房前唱歌、跳舞。妇女们围在一起跳"嘎光"，两个妇女抬着一个大大的铓、鼓敲起来，还有人唱起了傣剧，大家通过这种方式为主人家助兴，为主人家送去祝福，跟主人家讨要"喜钱"，这种活动傣语叫作"动苏"。"动苏"是傣卯人进新房时必不可少的活动，类似于汉族在乔迁新居时请亲戚朋友来"暖房"，哪家的"动苏"越是热闹，说明主人家的人缘越好，越是喜庆，是很好的兆头。如果进新房这天没有几个人去唱去跳去闹，主人家反而会觉得没有面子。这天，主人家准备了两份东西给老人组和妇女组，每份为600元和几盒饼干。大家玩到凌晨12点多才各自回家，主人家给每个客人用塑料袋装了一包盐、一包味精、一瓶饮料、两包泡面、一包洗衣粉作为"咋嘎"。
>
> 第二天是进新房仪式中最正式的一天。早晨9点多贺露便带着老人们开始念经，这天赕佛的供品比昨天多。被邀请的5位僧人上午十点半左右到，他们都来自缅甸弄喊寨子的奘房。僧人开始主持仪式，带领大

家念经。有时是僧人念完贺露念，然后老人念，有时仅是为首的大佛爷念，有时是 5 位僧人一起念，根据经文的不同，念经的形式也有所不同。接下来是拴线仪式，用一条长长的白色棉线连接到僧人、供品和房子上，念傣语叫作"刚巴哇"的经，经文的大概内容为：从此以后这里就是佛教徒的家，请那些妖魔鬼怪，包括曾经在这里下过的咒等，一切不好的东西都从这里出去，远离这里……这种"刚巴哇"的经文专门用于人们进新房，有驱邪、祈求平安吉祥的意思。①

僧人走后，主人家继续在公房宴客，其间，主人家委托几位老人带上饭菜到村寨的寨神庙里去拜祭寨神，告诉寨神：家里的仪式已经举办结束了，从此以后就要住进新房子里了，请求寨神保佑平安吉祥。关于为何要在进新房时举行这样的仪式，人们说，新房子在僧人没来念经之前是不敢睡的，就算睡也睡得不安心，一位老人说："新房子里有很多'鬼'，僧人来念经拜佛后才能把这些'鬼'驱走。"

（四）婚礼、葬礼

傣卯人在结婚前，家人会将男女的"玛咋"拿去找萨拉看，生肖是其中考量的重要因素。首先，要看男女双方的属相是否合适，如不合适，则要举行相应的禳解仪式，如延鲁；其次，是根据两人的属相等信息来选择举办婚礼的日子。举行葬礼时，一些与死者属相相克的人要回避，还有一些村寨规定某些日子不可下葬。

虽然不少傣卯人认为属相相克的两个人结婚"不太好，家里会很乱"，但是由于傣卯人尊重自由恋爱，家长也并不会干涉太多，一些傣卯人家长表示，如果他们真的要结也没办法：

> 弄贺寨子的岩吞属蛇，他的女友属牛，蛇与牛是相克的关系。两人是自由恋爱，家人并没有因为属相相克而反对。家人去请教萨拉，萨拉认为，在这两个属相中，蛇比牛要更强一点，为了让女方的属相不被男方的属相压制，让女方变弱，所以在选择婚礼的日子方面要格外小心。

---

① 调查时间：2017 年 1 月 24 日；调查地点：弄贺寨子。

由于女方家在西边，男方家在东边，在 2019 年下半年的几个月中，只有公历的 11 月 23 日这一天可举办婚礼。①

弄贺寨子的岩弄于 2017 年 1 月 20 日结婚。在此之前，家人就拿着男女双方的"玛咋"去找萨拉看过，萨拉表示，男女双方都属老虎，既不相生也不相克，这桩婚事没有什么不妥。由于婚后要在男方所生活的弄贺寨子居住，萨拉就选了一个与弄贺寨子的属相一样的属牛日结婚：

> 婚礼前一天，妇女组组长、贺卜贺冒以及亲戚一起在岩弄家吃饭，商量为婚礼买菜等事宜，他们边吃饭边聊。其间，家里的长辈强调要告诉寨神一声，说在家门口祷告就行了，寨神听得见，并说寨神以前托人告诉过他们，他喜欢黄色和白色的花，不喜欢红色的花，所以去寨神庙都要按照寨神的喜好来。婚礼决定 6 个菜（其中，鸡、鱼、肘子是婚礼必须有的）。妇女组长说每次帮被人买菜时都会记账，这样主人家放心，他们自己也放心。因为婚礼在公房摆宴席，所以要给 200 元的损耗费给公房，其中 150 元给贺冒，50 元给帮晒被子的妇女，被子是村寨的公共物品，借来给新人的亲戚在公房住时使用。
>
> 婚礼这天的早上，妇女组长和贺卜贺冒早上 7 点多就去集市上买菜，寨子里的人纷纷到公房来帮忙，择菜、洗菜、切菜、铺桌布、摆桌椅等。岩弄家的长辈去寨神庙拜寨神，他们带上水果、糖果、水、饮料、饼干、鲜花和蜡烛，在寨神像下方的供桌左边点香，右边点燃蜡烛，擦洗台面，清扫寨神庙四周，面向寨神磕头。
>
> 贺露带领老人们到奘房举行仪式。首先由贺露带着老人们念经，这天共有 60 多位老人。领头的是贺露，接下来是男老人头，他们两人坐在最前方，面朝释迦牟尼佛像。婚礼上需念傣语为"忙嘎拉"的吉祥经。随后，新郎新娘用小供桌端上米、香蕉、烟、炼乳、白糖和香蕉，双手合十地倾听贺露说祝福词。②

---

① 调查时间：2019 年 7 月 20 日；报道人：罕伦；调查地点：弄贺寨子。
② 调查时间：2017 年 1 月 20 日；调查地点：岩弄家。

无论是嫁、娶还是"两边在"（即商定婚后可在男女方共同居住，时间安排由双方共同决定）都要给所在村寨一定数额的钱。否则婚后将不允许另一半到村寨中居住，哪怕是一天。给出的钱将作为村寨的公共经费，不同的村寨对于钱的数额有不同的依据。关于这个习俗，《傣族简史》也有记载：男女结婚也要拿出一部分彩礼交给村社，作为祭祀社神的礼品。① 除此之外，给这笔钱还因为要感谢养育自己的村寨，每个傣卯人在成长过程都离不开村寨的养育，这包括从村寨中习得文化习俗，做人的道理等。这时，尤其是要嫁到别处去的姑娘，都会通过给村寨一些钱来表达对村寨亲朋好友及邻居的感激之情。其次是通过迎娶或上门的方式婚后继续居住在本寨子的夫妻，将来两人生的孩子也将在寨子里落户，这笔钱有提前缴纳"落户费"之意。

（五）"塔玛扎嘎"

"塔玛扎嘎"为傣语音译，有"转法轮"的意思，其是收录了佛陀三转法轮的中心思想形成的佛教经典。瑞丽地区在2007年成立了塔玛扎嘎念经团，每年的入洼期间都会轮流在各个村寨举行塔玛扎嘎活动，中缅两国的傣族边民都有参与。塔玛扎嘎是较为大型的集体活动，一般由一个村寨主办，并邀请附近的村寨来参加，一些村寨会参照村寨的生肖来确定举行塔玛扎嘎的日子。

塔玛扎嘎念经活动由瑞丽市佛教协会会长召等傣等人发起。经过十余年的发展，塔玛扎嘎念经活动的举办已经非常成熟。塔玛扎嘎念经团在傣卯人地区不断发展成员。参加塔玛扎嘎时需统一着装，不少人认为，通过加入塔玛扎嘎念经团，为僧人们服务，可拉近跟"佛"的关系，甚至比奕形的老人跟佛的关系还要近。截至2018年，整个瑞丽有400多人成为塔玛扎嘎念经团成员。目前，以喊沙寨子为界，每年在喊沙寨子以东和以西的瑞丽地区的5个寨子分别举行5次塔玛扎嘎念经活动。

塔玛扎嘎念经活动在瑞丽地区以村寨为单位举办，每当在一个村寨举行活动，该村寨都要出一定数额的"功德钱"，一部分用于给僧人"念经费"；另一部分用于给参加念经活动的所有人"咋嘎"，包括在念经活动期间提供的水、小食品和在活动结束时送给他们的一些小日用品。举办塔玛扎嘎的村寨

---

① 中国少数民族社会历时调查资料丛刊:《傣族简史》，云南人民出版社1986年版，第191页。

作为主人需要邀请周边的一些关系好的寨子来参加,其中,生肖互补并有送并关系的寨子之间基本都会互相邀请。受邀参加活动的村寨也会为活动赞助一定的功德钱。

塔玛扎嘎念经活动的主要内容是僧侣念经,赕佛,信众听经,偶尔有几段是僧人带着信众念。信众每人都有一本《塔玛扎嘎》经文,内有缅语、傣语等好几种文字,如果不熟悉经文,人们可以对着本子念。《塔玛扎嘎》的内容主要是关于佛教教义、道德伦理等方面的,僧人在念经的时候还会穿插一些佛祖成佛前后的小故事或是傣族的历史传说,主要是为了教化信众要行善积德,具有一定的趣味性。

图 3-17　塔玛扎嘎欢迎仪式　　图 3-18　各个村寨参加塔玛扎嘎仪式的人数

2016 年入洼期间,轮到瑞丽市的弄贺寨子举行塔玛扎嘎。在举行前,村寨的村干部、老人便在一起商量具体的日子。他们准备邀请附近的中国和缅甸的十几个村寨来参加,举行大型的活动时,人们最担心的就是乱,傣卯人指的"乱"有好几层意思:一是指没有秩序,活动办得不好,这样的话,不仅是对佛的不恭敬,也会让寨子没面子。二是指摆场上出现吵架斗殴等事件,几年前因为有人不顾寨规在寨子里杀牛,导致摆场上打架的事还历历在目,因而生肖禁忌在弄贺寨子受到重视。弄贺寨子属牛,原本大家商量将塔玛扎嘎的日子定在 8 月的一个属麒麟与寨子的生肖互补的日子,8 月 2 日或者 8 月 9 日,但是由于与塔玛扎嘎念经团的人在时间安排上冲突,最终将时间定在 8 月 4 日属鼠日,鼠与牛是不生不克的关系,这样的安排起码对村寨没有坏处。在邀请别的村寨时,弄贺寨子的老人也充分考虑到了村寨生肖因素,首先是邀请与村寨有送并关系的村寨,因为这些村寨与本寨子交好,是必须要邀请的;接下来就是尽量不邀请与寨子生肖相克的村寨。

为了办好塔玛扎嘎活动，弄贺寨子仅是妇女组就捐了 6900 元的功德钱。活动的前一天，寨子里的妇女组长就组织妇女们到公房做准备工作，往每个小塑料袋里装上纯净水、饼干、面包和小糖果，这是准备在迎接客人时发给他们的；另一个塑料袋装着味精、盐和泡面，打算在客人离开时分发。活动当天的中午，被邀请的各个村寨的人陆续到达。人们统一着装，女性穿着白色上衣，深色隆基；男性则是白色上衣和傣族传统的深色粗筒裤子。弄贺寨子的妇女、女孩们都列队站在奘房门口，双手合十，欢迎到来的客人。被邀请参加活动的人以村寨为单位，村寨名字及其对应的赞助的金额都被写在小黑板上，公之于众。共有十多个寨子大约 600 多人前来参加活动，其中缅甸的寨子来的人居多，每个人都带来了供品，包括鲜花、蜡烛、三角旗、钱等，由于人数较多，奘房外面的走廊、弄贺寨子的老人奕形时的住处都坐满了人。活动共邀请了 13 位僧人，其中 12 位来自缅甸，弄贺寨子给这些僧人每人 100 元的念经费。

2017 年 8 月 26 日，塔玛扎嘎念经团成立十周年纪念活动在瑞丽市大等喊寨子举行，共有瑞丽市 150 多个村寨以及与瑞丽接壤的缅甸木姐和南坎等地区的十几个村寨的村民前来参加，活动有赕佛、念经、舞台表演、休闲娱乐等内容，可谓是一场大型的赶摆的活动。活动当天下午，大等喊寨子的奘房内外、公房内外已经坐满了人，僧人在奘房的大殿内，其念经的声音通过喇叭传出，这样，即便不与僧人同一场地的信众也能听到，并跟随僧人念经。另一些地方，在奘房旁边的空地上，热热闹闹地摆满了各种临时摊位，形成一个临时的集市，年轻妇女带着小孩子在"集市"上逛着。

图 3-19　塔玛扎嘎经书　　图 3-20　塔玛扎嘎念经团十周年仪式现场

据统计，当天聚集在活动场地的临时摊位就有 50 多个。其中，卖衣服的摊位7家，包括3家汉族服装摊和4家傣族传统服装摊，出售包包、筒帕的摊位1家，贩卖儿童玩具的摊位1家，珠宝首饰摊位3家，水果摊13家，卖烧烤和油炸小吃的摊位多达20多家，照相摊位2家，观赏鱼摊位1家，快餐摊位1家，以及固定的杂货店和饭店各一家。大部分的临时摊位都是用简易的塑料棚和木板等材料搭建。临时摊位的买卖人有本地人，也有来自河南等地区的外省人，他们在各种大大小小的活动上做生意。凡是外地的摊贩来摆摊，其摆摊地所属村寨的民兵组织都会向摊贩收取一定的"摆摊费"，一般是依据摊位的面积收费，每平方米50—100元，而本地人（即便不是举办活动的寨子的人）都不收取摊位费。

图 3-21、图 3-22　摆上的临时摊位

念经仪式结束后，舞台表演活动开始，僧人与塔玛扎嘎念经团的人坐在第一排最靠近舞台处观赏节目，这显示出念经团成员较高的地位。表演的节目丰富多彩，唱歌、跳舞、乐器演奏、傣剧等节目应有尽有，活动还请来了在傣卯人中非常受欢迎的歌星，气氛非常愉快。

（六）"嘎并嘎栓"

"嘎并嘎栓"为傣语音译，其中"嘎并"意为"午饭"，"嘎栓"有"早饭"的意思，"嘎并嘎栓"是信仰南传上座部佛教的信徒到寺庙中为僧人布施、供养早饭和午饭的活动。通常情况下，人们去某个寺庙布施主要是因为寺庙的僧人比较多，或是寺庙有德高望重的大佛爷，抑或是寺庙有着悠久的历史。

嘎并嘎栓与村寨生肖是有一定关系的。通常，傣卯人嘎并嘎栓的佛寺大多是与本寨子关系较好的村寨的佛寺，比如有送并关系的寨子。互相送并的村寨之间的属相大多是相生和不克的状态，相互之间交往没有什么禁忌，并受到多数人的赞许。另外，由于傣卯人的佛教仪式非常多，如本寨子没有僧人，一般

第三章 傣卯人生肖与村寨仪式

都会去相互交好的村寨的佛寺中去请僧人主持仪式。因此，嘎并嘎栓不仅是积德行善，人们也借此对曾经帮助过自己的村寨和僧人表达感激之情。

瑞丽市弄贺寨子的奘房20多年来都没有僧人，村民经常到别处有僧人的奘房去嘎并嘎栓。2017年9月9日，弄贺寨子的12位女老人相约去雷允寺嘎并嘎栓，具体的过程是这样的：

早上7点多，12位老人一起凑钱到集市上购买食材，食材以蔬菜和水果为主。到了雷允寺，老人们先到厨房用盆摆放供品，供品总共4份，第一盆是鲜花、米和一杯水；第二盆是鲜花、米花、三角旗、20根香、20根蜡烛、一杯水；第三盆下面放约半盆米，上面放卫生纸饼干饮料等；第四盆用盘子放上水果、米饭和饼干，并有12位老人一起供的400元放在上面。

大家将摆好的供品端到奘房大殿上，先向佛寺的大佛爷拜了拜，然后再献上蜡烛，住持的大佛爷点燃蜡烛。接下来开始念经，念经过程中，由年纪最大的老人负责端起供品，不时向大佛爷跪拜，念经持续了约半个小时，此时已经是上午10点多，一部分老人将食材拿到厨房开始准备做饭；剩下的老人继续参加仪式。最后，大佛爷将一把香沾了水朝他们带来的其中一盆供品洒水，并吹了一口气。吩咐老人们把沾过香的水拿回家，可以洒在家中，有驱邪的作用。另外，大佛爷还准备了3瓶水，在水里放了些像沙子一样的东西，让大家拿回家喝，并送给村民一些手串、挂饰等。

做好饭后，首先将饭菜摆在供盘端给大佛爷，然后是小沙弥，饭后水果也是一样的顺序。不论是给佛爷，还是小沙弥供奉饭菜或水果，在食用前都要举行这样的仪式，信众扶住桌子，后面的人扶住前面的人，意为连结，大佛爷双手合十念经，向信众表达感谢和祝福。

雷允寺有一个很大的铓，村民说，铓上面的图案代表着一个星期中的7天，也就是7个生肖，从自己生肖的方位开始摸铓，据说与佛有缘、运气好的人才能摸的响。不少信众都会去尝试摸铓，并虔诚地拜一拜铓。

下午，佛爷为嘎并嘎栓的人念经祈福，村民坐在下方，佛爷在上面念经，不时拿一把香沾水向老人泼洒。念经结束后，有几位老人请求佛爷给他们"算命"，他们在纸上写上自己的生肖和生辰八字等，佛爷拿着一本书在那里查，不时给他们做出回答，有时候还会再做一瓶沾过香的水让他们带回去，洒在家中，意为消灾祈福。①

图 3-23　嘎并嘎栓的饭前仪式 　　　图 3-24　嘎并嘎栓的饭前仪式

嘎并嘎栓与送并有相似之处，即都是到寺庙去供佛。不同的是，送并是以村寨为单位的赕佛、拜佛、念经活动，主要目的除了赕佛，还是村际交往的一种主要形式。嘎并嘎栓的范围一般较小，通常是几个亲戚、朋友或是同一个寨子的人约好一起去给僧人供奉饭菜食物。而且送并的寺庙不一定有僧人，而人们通常会选择有僧人、住持的寺庙进行嘎并嘎栓，因为主要是给僧人供养饭菜。除此之外，嘎并嘎栓不限定时间，一年四季都可以，而送并则固定在每年的入洼期间举行。

（七）其他

傣卯人村寨中与佛教有关的仪式活动还有很多。如泼水节、小和尚出家、请铓（从缅甸或者泰国请一个大铓到放到本寨子奘房的活动，具有合摆的性质）、出洼赶摆、金袈裟摆、袈裟摆等。

图 3-25　缅甸弄喊寨子的袈裟摆 　　　图 3-26　请铓

---

① 调查时间：2017 年 9 月 9 日；调查地点：雷允佛寺。

据瑞丽市菩提学校的大佛爷说，傣卯人在很多与佛教有关的仪式活动，如供奉袈裟、奈形、延双等，都是按照以下流程举行念经仪式：

第一步，念礼佛经。因为要坐在众人的前方，高出众人的地方念经，所以如果是年纪较小的贺露、僧人，在念经之前都要说：我年纪小，但是因为要念经，要坐在高处，请各位老人原谅之类的话语，以示尊重。然后开始念礼佛经。

第二步，念傣语叫作"喊买耶登那散嗯召"的佛法僧三宝经。首先就是要净身、净嘴（不能说脏话）、净心、摒除杂念，达到静心的效果。

第三步，供养，念傣语为"广鲁满鲁双"经。一般晚上供养鲜花，早上和中午供养饭；一位佛爷说：这其实不是念经，而是一种祝福。经书上专门有注明，比如说：感谢你们送来（花、水果、饭、袈裟），恭喜发财，瑞里今晚（好吃好在），噶立马换（出入平安）……

第四步，念"喊嗯形"经，即受戒的经文。普通信众受五戒，奈形的老人和尼姑等受八戒，如果有不同的人在场，就要分开。各念一次。

第五步，念"喊阮功"，即赞颂佛法僧的经文。

第六步，如果有僧人，就念"孟嘎啦"，再讲经；如果没有僧人，就进入滴水环节。如果没有僧人滴水，可以由人们自己滴水，即"喊送咩答"。

第七步，滴水、回向。如果是老人奈形，可由老人在佛爷的带领下自己滴水，其他时候是佛爷为信众滴水。一般僧人都是用"莫撒别"这种植物，有些是把水倒在"莫撒别"上漏下去，有些是拿"莫撒别"沾水滴（僧人专用，有时老人也可以用。如进新房时，人们将佛爷用"莫撒别"沾过的水拿回家，洒在卧室里，但是必须要奈形的老人洒水，年轻人洒是没有作用的）。

其中，第一步和第二步念的经其实是连着的同一套经。几乎所有的佛教仪式都要念这套经文，接下来可能念佛本经故事，许多傣卯人家中都有请人抄写的佛本经故事、佛陀传等。相传佛曾转世千万次，所以有很多故事，大家喜欢哪一部分就请人抄这一部分。此外，也有具有教导意义的经书和家训。不少家训是由主人自己构思，请人写出来的。

念经和讲经是不同的。如在葬礼时，其实是请佛爷去讲经而不是念经，讲经讲的大概内容是：人都有生老病死，你们也不要过分悲痛，要节哀等开导众人的话语，佛爷强调，念经和讲经是不一样的，讲经就类似于开导；调也不一样，尤其是南传上座部佛教和北传佛教，差别很大。

除此之外，还有跟生肖因素密切相关的一些民间习俗。如果一个人生病了，请一个与生病之人生肖互补的人拿上鲜花、蜡烛对着生病之人拜几下，被认为是对生病之人祛除晦气的有益方法，一位萨拉说："几个生肖互补的人，如果其中一个人生病了，其中一个给另外一个哪怕是一瓶水都是好的，要是生肖互补的人去给对方药，那就更好了。"傣卯人认为属蛇的孩子，尤其家中的第一个孩子属蛇不仅对父母的身体不利，还会导致父母离婚。因此，他们多会采取这样的禳解仪式，将孩子送到奘房让僧人"鲁"一下，即举行一个小型的延鲁仪式，并让僧人帮其取名字。家人还要制造这个孩子被别人"偷走"，再从别人家"买"回来的场景。通常是属蛇的孩子的父母请另外一家人帮忙配合，将孩子"偷走"，"偷走"孩子的人将孩子放在自家照看几日，家人请僧人看好日子，再假意出钱将孩子"买"回来。傣卯人社会中很多属蛇的孩子名字中含有傣语意为"买"字的字眼，如"思""实"等，意为是从别家"买"过来的。人出生时间的偶然性使人不能选择自己的生肖，针对生肖的这类禳解仪式普遍存在。

萨拉、雅浪、僧人、贺露和老人等不仅是傣卯人各种生肖仪式的主持者，同时，他们还是生肖文化的主要实践者。较之普通村民，他们更为熟悉生肖知识，也更为广泛地将这些知识应用于生活。生肖知识经常被用于生活中一些琐碎的事情，比如何时去买一辆摩托车，买完后何时将摩托车推进家里等，都可能结合生肖知识来决定。一些贺露、萨拉甚至会将生肖知识用于娱乐活动中，相信属特定生肖的人坐特定的方位更容易获胜。僧人不仅引导普通信众去正确供奉佛塔四周的生肖象征物，他们自己也时常会去供奉自己的属相动物塑像。生肖文化在日常与宗教活动中都有体现。

在以上与生肖有关的佛教仪式中，延鲁和延双仪式对生肖因素的运用和不运用，在一定程度上反映出傣卯人的分类逻辑。所谓分类，是指人们把事物、事件以及有关世界的事实划分成类和种，使之各有归属，并确定它们的包含关系或排斥关系的过程。[①] 涂尔干和莫斯认为分类是人对于世界的理解的一种反映。列维-斯特劳斯通过分析不同人群的分类的逻辑来帮助我们理解

---

① ［法］爱弥尔·涂尔干、［法］马塞尔·莫斯：《原始分类》，汲喆译，上海人民出版社2000年版，第4页。

人类思维的本质，并将"思维"也作了分类，将原始人的思维称为"野性的思维"，将现代人的思维归为"被驯化了的思维"。① 可以说，分类不仅是认识和理解事物的基础，也是一种手段，同时还是思维的反映。在傣卯人对于人的分类上，可以看出生者与逝者大有不同。首先，这跟他们信奉的佛教的理念有关系，佛教思想中对于逝者（包括逝去的人和动物）的超度主要是为了使故去的人或物脱离苦处，并增加活着的人的功德福报。逝去的人和逝去的动物在某种程度上具有一致性，即他们都是失去了生物意义上生命的"物"，在这样的分类中，已逝者（包括人和物）与生者处在不同的分类中。

生者与逝者的仪式对生肖符号的运用与否，反映出傣卯人对人与生肖符号的理解。为生者的举行的延鲁仪式总是强调生肖因素，如仪式对象的生肖、其家人、朋友的生肖，其所在村寨的生肖等，但是为逝者举行的延双仪式却很少强调生肖。这可能是因为创造生肖符号的目的是标记人（活着的人）以及人与人的区别和不同。正如卡西尔所说，人因为超出有机生命的界限从而"不再生活在一个单纯的物理宇宙之中，而是生活在一个符号宇宙之中"②。这种符号的世界即人类生活的世界，生肖符号是为了解释活跃在世间的人类的文化和意义；而生肖符号不再标记逝者，因为逝者的世界是未知的，尤其是不与现实世界相同，因而并不属于"符号宇宙"，逝者全部被归为灵魂、祖先，在某种程度上是无差别的群体。这样，相对于延鲁，为超度逝者而举行的延双仪式就不再特别标记具有个体性和私密性的生肖符号。

进新房、建新房以及婚礼和葬礼则涉及具体的个人、家庭成员乃至村寨的生肖，需要结合生肖符号之间，以及个人与家庭之间、个人与村寨之间的关系来考虑，以此确定仪式的时间、方位和具体的形式等。因而，这几个仪式事实上是生肖符号之间的关系，以及傣卯人社会关系的体现。塔玛扎嘎仪式主要是考虑仪式举行时间与村寨生肖之间的关系，因为它属于村寨的集体活动；嘎并嘎栓与生肖的关系间接但却实际，个人、群体之间的交往受到村寨交往的影响。因而，这几个仪式主要是受到生肖符号之间的逻辑关系的制约。

生肖符号赋予傣卯人仪式一套秩序，趋于相生、规避相克。但是，在这

---

① 参见［法］列维-斯特劳斯《野性的思维》，李幼蒸译，商务印书1997年版。
② ［德］恩斯特·卡西尔：《人论：人类文化哲学导引》，甘阳译，上海译文出版社2013年版，第43页。

个过程中总是会不断有人打破禁忌。而仪式的禁忌使得人们对事物的发展的认知有了共同的方向,为复杂的社会网络关系做出了贡献,对稳定傣卯人的社会秩序发挥重要作用。

傣卯人的八个生肖符号之间的关系规则对人与人、村寨与村寨以及人与村寨之间的关系进行规约,这些关系同样表现在仪式中。事实上,无论是赋予人、村寨甚至花草、石头等以生肖,其基本结构是不变的,因为符号之间的关系和意义总是持续而稳定的,因为结构主义的方法是要在不同的内容中去感受那不变的形式,而不是在多变的形式中找重复出现的内容。[①] 傣卯人的生肖符号系统作用于不同的事物,以它们之间的关系结构为傣卯人社会中的诸多事物制定规则。同时,生肖仪式中体现的诸多元素都彰显出傣卯人村寨主义的思想。

第三节 村寨主义的生肖仪式呈现

傣卯人许多仪式中不仅有大量的生肖因素的呈现,并且几乎所有的仪式都彰显出"村寨主义"的要素和文化内涵。涂尔干把宗教分解为信仰和仪式,并认为,仪式属于信仰的物质形式和行为模式,而信仰则属于主张和见解。[②] 其认为社会是一种仪式秩序,是建立在人们互动的情感基础上的集体良知,即社会是建立在一种共同的道德秩序而不是理性的自我利益之上。他提出有机械团结和有机团结的概念,概括而言,机械团结存在于劳动分化程度较低的社会。人们从共同的经验中产生很多共同的观念,任何违反集体良知的行为都会受到法律的严酷惩罚。个体是被强制性、机械性地整合起来,有机团结则存在于劳动分工较高的社会。人们的职业各不相同,可以实现相互交换。他们之间的共同点较少,市场交换让他们不断让人们互相交往,因而违反契约也只是小众时间,不会导致社会的集体愤怒。有机团结则是因为其自身各部分是相互交换的,就像身体的各个器官,这种团结为集体归属提供了基

---

① [法]克劳德·列维-斯特劳斯:《结构人类学》(第二卷),俞宣孟、谢维扬、白信才译,上海译文出版社1999年版,第304页。
② 参见[法]E.杜尔干《宗教生活的初级形式》,林宗锦、彭守义译,中央民族大学出版社1999年版。

础。① 由涂尔干的一系列分析回到许多类似于傣卯人地区的中国西南的少数民族社会，他们生活的社会主要是由村寨构成，而村寨里的社会分工程度并不高。但是，从上述傣卯人一系列的仪式可以发现，傣卯人的村寨社会里同样展现了共同的道德秩序高于理性的自我利益，个人利益服从村寨利益的近似于"有机团结"的一面。

村寨主义是以村寨利益为最高原则来组成和维系村寨社会文化关系，并运行村寨日常生活的社会文化制度。② 不同于涂尔干的是，村寨主义更多地考虑到具体的社会文化特征，如对共同的生活空间和边界的维护，村寨成员对共属相同的村寨生肖的意义的认可，等等。村民的集体意识也因为共享相同或相似的文化观念而趋于一致。分析傣卯人的生肖仪式，就会发现傣卯人许多仪式产生的原因和目的都离不开对村寨的重视，对村寨社会的构建和保护。仪式活动是村民在村寨空间中的具体实践，仪式是作为村寨主义的村寨的具体呈现。村寨中的诸多仪式主要是为村寨服务，服从以村寨利益为最高原则的文化逻辑。"村寨"要素在诸多仪式中的呈现，突出了傣卯人社会文化结构的主要特性是村寨主义的。

一 民间信仰仪式中的村寨主义

村寨中与民间宗教相关的仪式主要是祭寨神、勐神与寨心，以及雅浪、萨拉主持的一些仪式。祭寨神等仪式赋予村寨空间以神圣性，在使得村寨边界不断明晰的同时对其加以强调。傣卯人在祭寨神时并不会对佛教僧人完全区隔，村寨内不同民族的人也因为共享一个村寨空间而维护同一套文化制度。雅浪、萨拉主持的一些仪式不仅说明村寨对傣卯人人生历程的重要影响，同时也表明作为村寨主义的村寨对仪式维护村寨利益方面产生着正面影响。

正如康德所说的，我们就只有从人的立场才能谈到空间、广延的存在物等。③ 对于傣卯人来说，村寨空间就是生活在村寨中的人、以村寨的物理边界为边界的地方。傣卯人的寨神是以村寨为单位的神灵，其"管辖"范围具有明确的空间界限，即保护和管理具体的某个村寨及生活在村寨里的人，包括生活在村寨的不同民族、信仰不同宗教的所有人。即一个生活在 A 寨子的人

---

① 参见［法］埃米尔·涂尔干《社会分工论》，渠东译，生活·读书·新知三联书店 2000 年版。
② 马翀炜：《村寨主义的实证及意义——哈尼族的个案研究》，《开放时代》2016 年第 1 期。
③ ［德］康德：《纯粹理性批判》，邓晓芒译，人民出版社 2004 年版，第 31 页。

便受到 A 寨子寨神的保护，当搬离 A 寨子到另外一个村寨去生活，就进入另一个村寨的寨神的管辖范围，A 寨子的寨神便不再对其产生效力。在空间上，寨神的出处是村寨内部，其"神力"只对村寨内部的人和事发挥影响；在时间上，傣卯人的寨神是生活在寨子中的第一批人中最先去世的人演变而来，这是寨神不同于在时间和空间上出处和影响更为宽泛的其他神灵。

首先，祭寨神仪式塑造了一个具有明确的物理空间的村寨，在此过程中，村寨的内与外通过实体的空间与人的流动得到不断强调。举行祭寨神仪式时，要封寨子，即将寨子的大门封住，制造出一个封闭的空间。届时，严禁人员出入寨子，尤其是村寨外人员的进入。村寨内成员在特定的村寨内部空间中祭祀寨神，村寨的内与外被严格区分开。这种行为加强了村民意识中的"村寨"概念。其次，在寨神处祭祀后要举行祭祀寨心仪式，寨心不仅是村寨物理空间的中心的象征，同时也代表村寨的精神核心。祭祀寨心环节是对"村寨"的再一次强调。最后，在祭祀寨神仪式中，在寨神庙处，主持人贺露的念词中有请寨神、勐神等神灵来保佑寨子平安，保佑谷子好好长出来等内容。傣语音译为"年曼"的经文就是专门为给寨子念的经。在寨心处的念词中，有请寨神、勐神、水神、火神、动物神、树神、石头神等诸多神灵来保护村寨的内容，请来保护村寨的神灵达到几十种甚至上百种。祭寨神仪式中所念的这些经文的内容亦在突出村寨主义的思想内涵，其中心思想是祈求这些神灵来护佑村寨。

与西双版纳等地区的祭寨神仪式[①]不同的是，傣卯人在祭祀寨神时对僧人并没有进行绝对的区隔，他们只是不直接参与祭祀寨神仪式。以下是笔者与瑞丽市菩提学校的一位佛爷的谈话：

  笔者：祭祀寨神的时候你们要出去寨子吗？
  佛爷：不用出去寨子。
  笔者：那你们也去祭祀寨神吗？
  佛爷：我们不拜（寨神），只是去尊敬尊敬。
  笔者：怎么尊敬？
  佛爷：就是去帮拜的人提提水什么的，我们去拜的话他们（指寨神）

[①] 参见何庆华《傣族祭寨神仪式空间的排他性》，《思想战线》2019 年第 4 期。

就会跑了。①

尽管寨神和佛教属于两种不同的宗教体系，相互之间存在回避与排斥的情况。但是傣卯人在祭祀寨神仪式时，佛寺的僧人不必离开村寨到别处去，甚至可以为祭祀寨神的人提水、帮忙。常年生活在村寨内部的僧人虽然不属于民间宗教的体系，但是祭祀寨神是关系到整个村寨的事情，而僧人不仅仅只是代表佛教，他们同时也是村寨的成员，所以僧人并不用绝对地回避。这表明，在宗教关系与维护一个村寨原则之间进行必要的权衡时，后者要重于前者。

勐神是比寨神的所辖范围更大的地方神灵。在祭祀勐神仪式中也有召唤寨神等神灵的念词，村民们同样会在祭勐神仪式中祈祷保护村寨。如果说寨神是对特定的某个村寨发挥作用的神灵，祭寨神仪式理所当然要突出"村寨主义"的思想，那么祭祀勐神仪式中村民的念词反映的就是傣卯人真实的内心需求。目前傣卯人社会中祭祀勐神等仪式逐渐式微，而祭寨神仪式则广泛存续下来，这也表明强调村寨主义思想的祭祀寨神仪式因为更为直接地反映了傣卯人社会文化需求，从而被保留得更好；反之，村寨主义思想反映的不那么浓墨重彩的祭祀勐神仪式则面临式微。

在雅浪召唤死者灵魂的仪式中，死者的灵魂不仅在出村寨的过程中要经过其生前所生活的村寨的寨神的"允许"，其在进入雅浪所在村寨时也要经过该寨神的"许可"。可见，在傣卯人的观念中，不仅生者受到其所在村寨的寨神的影响，随着人的去世，这种影响也并未消失。寨神对人的跨越了生与死的影响足以说明村寨在傣卯人生命历程中扮演的重要角色。

研究仪式的方法之一是考虑仪式的产生目的和原因。② 深入傣卯人社会中许多仪式产生的目的和原因，就会发现，它们源于一些将自身利益强加于村寨集体利益之上的现象和思想，仪式的目的就是纠正这些现象和思想，维护村寨利益。一些人突然感觉"不舒服"，便去找萨拉或者雅浪看，萨拉说：这是因为你将奘房、公房里的公共物品落在自家了，要举行赕佛仪式，向佛祖

---

① 调查时间：2019 年 7 月 27 日；报道人：召路；调查地点：瑞丽市菩提学校。
② ［英］A. R. 拉德克利夫－布朗：《原始社会结构与功能》，潘蛟、王贤海等译，中央民族大学出版社 1999 年版，第 157 页。

忏悔，请佛祖赎罪，这样"病"才会好。一位萨拉说：如将大家集体花钱买的，属于村寨的公共物品拿回自己家里，尤其是那种绣有某个老人的名字的衣服、被子之类的东西是非常严重的，必须还回去。有时还要举行延鲁仪式。将生病的原因归结为是拿了村寨的公共物品，或者说是拿了村寨的公共物品会有损于人的身体健康这类的说法在傣卯人社会中受到普遍认可。许多民族志学者与民俗学家已经证明，在多数民族的所有仪式中，相同礼仪只为相同的目的而举行。① 在傣卯人举行的许多佛教仪式中，有很大一部分是为自己的言行向佛祖忏悔，请求佛祖原谅。归根结底，这是村寨主义的思想深入人们的心中。因此类问题举行的仪式活动是在告诫人们不可随便拿村寨的公共物品，为村寨所有的公共物品不可为私人占有，仪式举行的目的就是维护村寨利益。村寨中的诸多仪式不仅是村寨主义的表征，不少仪式几乎是为村寨主义的文化逻辑服务的。

傣卯人社会中与民间宗教有关的仪式还有很多，许多仪式都强调了村寨这一要素，仪式举行的原因经常是与村寨的利益有关。祭祀寨神、勐神、寨心等仪式的主要目的之一就是祈求神灵保佑村寨，尽管傣卯人社会中有诸多掌管具体事物的神灵，比如存在掌管风的风神、掌管雨水的雨神，但是并未见有专门祭祀风神、雨神的仪式，并且这些神灵总是在祭祀寨神的时候以念词的形式出现，其呈现出来的主要功能就是保护村寨。雅浪举行的招魂仪式中说明了寨神对傣卯人从生时到死后的影响。而萨拉关于因为私拿公共物品而举行仪式的讲述，则很好地说明了傣卯人在维护村寨利益方面所做的努力。不仅是民间宗教仪式，傣卯人的佛教仪式也经常呈现村寨主义的思想。

二 其他传统仪式中的村寨主义

通过傣卯人生活中较为常见的延双、栾形等佛教仪式，可发现与佛教相关的仪式总是遵循以村寨为边界的文化逻辑，血缘关系在与村寨利益相遇时，服从以村寨利益为最高原则的行动逻辑。

延双仪式是在每年入洼期间为近三年去世的亲人举行的拜佛、念经、超度仪式。仪式的主持人是僧人和贺露。一定意义上，延双仪式说明了血缘关系在傣卯人社会中的重要性，仪式是以家庭为单位，是为具有血缘或拟血缘

---

① ［法］阿诺尔德·范热内普：《过渡礼仪》，张举文译，商务印书馆2010年版，第138页。

关系的去世的亲人举行的仪式。深入分析延双仪式，可发现村寨空间关系可能是比血缘关系更为重要的联结社会关系的纽带。

在傣卯人社会中，以血缘关系为起点而举行的延双仪式并不只是一个家庭的事情，而是整个村寨的集体活动。第一，同一个村寨的村民在举行延双仪式时须请同一个贺露。延双仪式上使用同一个贺露是作为同一个村寨成员的主要表征之一。这是因为该贺露为整个村寨所雇，为固定的某个村寨的村民主持延双仪式是贺露应尽的义务，若没有特殊情况，特定的村寨的村民也只能请特定的贺露主持延双仪式。否则会遭到别人的批评，被认为是不团结的表现。同时，为了不让贺露主持仪式的时间发生冲突，在入洼期间要举行延双仪式的人家都需要在一起商量一下，选择各不相同的日子来举行。虽然是一户人家延双，但必须考虑到整个村寨的和睦，不能让村民之间发生争执。第二，延双仪式需要在几个村寨组织共同协调和帮助下才能完成，这是傣卯人社会中约定俗成的合作互助的集体意识。妇女组组长和青少年组的头领负责买菜、记账，组织和管理在公房帮忙的成员，老人组要去举行延双仪式的人家参与念经仪式，这都是延双仪式中的重要环节。在延双仪式中参与帮忙的，除了妇女组组长和青少年组的头领是身为村寨组织的头领必须要尽的义务，其他人可以根据情况选择是否参与，因为这关系到主人家是否曾给予别家帮忙。互助性的帮忙关系在傣卯人社会中是约定俗成的关系，其中有一方如没有继续维持互助关系；另一方也可选择中断，即便是有血缘关系的亲戚。人们按照这套村寨内部人与人之间的约定俗成的相处原则来处理人与人之间的关系，而不是将血缘关系摆在首位。第三，举行延双仪式的人家不仅要为自家去世的亲人超度，还要顾及全村已经去世的人。他们要写上村寨中已经去世的其他人的名字，让僧人、贺露念着他们的名字，一并为他们念经、超度。不仅如此，主人家还要为全村已经去世的人准备一份供品。延双仪式表现出的从个人到家庭到村寨的连结也呈现在傣卯人其他许多佛教仪式中。

值得一提的是，若有亲戚与本寨子的人家于同一天举行延双仪式，较为常见的处理办法是：如果家里有二位老人，须留一人参加本寨子人家的仪式，可让一位老人去参加亲戚家的延双仪式；但如果家中只有一位老人，那么就优先参加本寨子的仪式。众所周知，老人是延双仪式中必不可少的角色，其重要性可见一斑。老人对基于血缘关系的亲戚和基于地缘关系的村寨之间的选择和处理也表明，以维护村寨利益为最高原则的村寨主义的思想已经深入贯彻到傣卯人仪式中。

　　老人栾形时举行的一系列仪式活动遵循以村寨为边界的文化逻辑，各村寨在老人栾形期间为各自村寨的老人服务。栾形的第一天，青少年组为村寨内所有家庭收取供品，即"动栓"。无论是汉族、傣族、回族，无论是否信仰南传上座部佛教，无论是贫穷还是富裕的家庭，他们作为无差别的村寨成员，都有权利和义务缴纳相应的供品，这种集体行动也具有体现村寨成员平等的意义。栾形的第二天，村寨成员轮流到公房服役，为老人准备供品、饭食，这也是作为村寨成员的一项重要的义务活动。人们将地里的活暂时搁置，小姑娘、小伙子们也不选择在这天出门玩耍，笔者所住的房东家的大姐旺咩一年四季每日都去弄岛集市上摆摊做水果生意，但是在轮到家里给村寨栾形的老人做饭的这天，她定会停工一天，选择到公房服役，因为"钱天天可以赚，给寨子帮忙是必须帮的"，旺咩大姐说。可见，人们并不将给老人做饭只看作为老人做饭，而是为整个寨子服务。并且，人们从这天是否早早地到达公房、干活是否勤快等来判断一个傣卯人是否勤快懂事，在公房服役时的表现是评价一个傣卯人的最为有力的依据。

　　老人在栾形期间是否有序的守戒、修行关乎村寨的荣誉。即便是一个人犯错，也要向整个村寨道歉。一次，K寨子栾形的第三天早饭时，两个女老人发生争执，其中一位老人的儿子扇了另外一个老人一巴掌，两人互相推搡，直到一位老人被推到隔壁一桌，跟跟跄跄地爬不起来。这件事情瞬间传遍了整个村寨，人们三五成群地在一起讨论这件事。村民见面聊天，无一不说到这件事，并将这件事情延伸到两位当事人的家庭，两家平时如何为人处世的种种问题也被放大。K寨子的村长认为这件事情是很严重的，他说："首先是老人穿着白色的衣服在奘房这个神圣的地方发生这种事情本来就不好，第二是传出去影响K寨子的名声"，村主任颇为激动地说："当初建新奘房的时候我们就曾口头约定不可以在奘房内争执。"随后村主任与老人头商量，由老人头起草一份新的村规，即不准在奘房内吵架、打架，若有发生，参与吵架的人每人罚款一千元。随后老人们去劝两位发生争执的老人，事发当天下午，两位老人便跪在奘房的佛像和村里的男女老人头、村主任的面前，双手举着摆满鲜花和米花的小供桌，向佛忏悔，向人们道歉说自己错了，保证以后不再发生，其中一个老人在忏悔时还痛哭流涕，请求人们的原谅。按照习俗，如果两位老人头（男老人头和女老人头）不接供桌，她们就得一直举着，一直举到老人头接下供桌，才表示已经被原谅。

作为村寨成员，村民所开展的任何实践活动事实上都是与村寨相关的，人们在村寨中的实践行为是对村寨空间的社会文化意义的一种塑造。佛教仪式的神圣性使得仪式活动举行的时间具有神圣性，长时间在同一个空间举行神圣仪式的实践，又赋予村寨、奘房、老人房等空间以神圣性。对神圣时间和神圣空间的维护即村寨主义的具体实践：

> 2019 年 7 月 15 日是傣卯人入洼的日子。当天，D 寨子的老人都入住奘房栾彤。拜完佛后，大家就回到房间休息。D 寨子为老人们栾彤准备了 4 个房间，由于女老人人数较多，其中三间给女老人住（一间为去年建成的新老人房，两间为旧的木质结构的房间），另一间给男老人住（公房楼上）。每个老人房里都有佛龛，栾行期间大家不仅会到奘房的大厅里拜佛、念经，也需要在各自的房间里拜佛修行。因此，老人房具有神圣性。其中，住在新建成的老人房的共有 23 人。7 月 15 日晚，一个女老人 A"突然跟发神经一样地发火"，起因是她睡觉打鼾声音太大，弄得同屋的其他老人都睡不着。于是，其中一位老人 B 将灯打开准备起床，这时 A 老人觉得自己被 B 老人吵到，破口大骂，在同屋老人的劝阻下才停止争吵。随后住在那间屋里的另外 22 个老人都不搭理 A。接下来的几天，A 老人遭到了 D 寨子所有老人的冷落，大家议论纷纷，都认为她做得不对。直到事情发生后的第 4 天（这次栾彤持续到 7 月 17 日结束），7 月 19 日，寨子里有人家举行延奴仪式，老人们都去那家念经，A 老人拿着供盘，在供盘上摆放着一些花和米花，想跪在那里向全村的老人认错、道歉。但是，寨子里的老人们拒绝了她的请求，原因是觉得她应该在下次栾行的时候去公房或者奘房向各位老人道歉，而这只是在村民家里，并且人家还在延奴，不合适。①

在上述案例中，由于人们在之前已经通过一系列的具有宗教性质的仪式活动不断赋予村寨空间以意义，要求在具有相同性质的时间和空间道歉事

---

① 调查时间：2019 年 7 月 15 日；调查地点：弄贺寨子。

上是人们维护村寨空间神圣性的实践。① 对于宗教徒而言，空间并非均质的，时间也是如此。② 相对于神圣空间，神圣时间要较难理解。因为空间是较为稳定的，而时间的延续性致使其在不断地发生变化，但是伊利亚德说，神圣的时间是可逆的，每一个宗教节日和宗教仪式都表示着对一个发生在神话中的过去、发生在"世界的开端"的神圣事件的再次现实化。③ 因而，在信仰南传上座部佛教的傣卯人眼中，时间、空间都具有神圣性和非神圣性，这四种不同的时间和空间同时存在于傣卯人的村寨中。不同的时间、空间对应进行着具有神圣性和非神圣性的事件。基于时间和空间的角度，傣卯人在特定的时间通过具体的仪式实践创造出了神圣时间和空间，神圣时间和空间一旦建立，其就是村寨的神圣性象征，神圣性时间必须通过重复之前的神圣仪式才能重现，同样，也不能随意对神圣空间进行践踏或使之世俗化。若发生这种情况，必须通过重复之前的神圣仪式来创造"可逆的时间"，并在该时间中和真实性的空间中进行再次建构，以达到对村寨神圣时间和空间的恢复和强化的目的。由于这件事情是发生在老人们奘形时，并且是在老人奘形时住的老人房，即发生在具有神圣性的时间和空间。那么事情的解决也就需要在同样神圣的时间和空间里。所以，即便是村民家延双时全村寨的老人都在场的情况下，因为并不是实践神圣仪式的时间，村民家也并非村寨的神圣空间，因而不能达到维护村寨神圣时间和空间的目的。

　　村寨主义的集体观念与涂尔干所说的机械团结和有机团结的设想基础存在差异，前者是基于文化的，而后者主要是基于经济的。认真理解村寨主义的村寨的特质，如具有明确的村寨物理空间标识，用系统的村寨性宗教祭祀活动来建构和强化村寨空间神圣性，村民的集体行动总是遵循以村寨为边界的文化逻辑④，等等，就会发现，村寨主义是伴随着村寨生活而产生、发展和不断强化的。而劳动分工和集体观念的形成之间到底孰先孰后，即两者之间的关系本身就存在较大争议。涂尔干的矛盾之处就在于，他一方面对分工有无限的向往；另一方面又意识到分工的形成与社会生活紧密相关，社会的存在是分工进步的前提，而这种社会不可能是无限的人类社会。这样一来，我

---

① 参见马翀炜《村寨主义的实证及意义——哈尼族的个案研究》，《开放时代》2016年第1期。
② 参见［罗］伊利亚德《神圣与世俗》，王建光译，华夏出版2002年版。
③ ［罗］伊利亚德：《神圣与世俗》，王建光译，华夏出版社2002年版，第32页。
④ 马翀炜：《村寨主义的实证及意义——哈尼族的个案研究》，《开放时代》2016年第1期。

们就能够洞见到存在于涂尔干分工理论中的内在张力。① 在傣卯人的村寨社会中，劳动分化程度的高低并不能决定其集体观念是否具有趋同性，个人与集体的关系是个人将村寨利益放在最高位置，即便是个人利益偶与村寨利益发生冲突，但是这种冲突并不会一直阻碍个体的差异化发展，因为村寨主义的逻辑就是个人的良好发展，某种程度上即村寨取得的良好发展。基于此，用村寨主义来概括傣卯人的社会结构是更为贴切的，其不仅关注到了除汉族以外的中国其他民族群体的社会关系，又看到了不同民族群体所遵循的社会关系并不尽然是宗族关系、血缘关系等，让人们对不同群体的理解又有了新的认识。

  傣卯人社会中的许多仪式活动都体现了村寨主义的思想内涵。人在村寨内部空间的实践活动使得村寨空间具有社会文化的意义，从而对人的实践具有意义，并进一步对人的实践产生影响。一系列的宗教仪式活动不断赋予村寨空间以神圣性，并使得村寨边界不断强化。许多仪式虽然是以个人或者家庭的名义举行，始于血缘关系、宗族关系，但最后都会同村寨、村寨利益相联系。而在村寨利益与个人、家庭利益发生冲突时，也总是将村寨利益放在首位，正如"村寨的社会结构及信仰体系会确保以村寨利益为主，家庭、宗族利益次之的方式协调村内关系以使村寨主义文化逻辑得以遵循"②，傣卯人社会中的仪式总是从个人联结家庭，从家庭联结村寨，个人、家庭和村寨之间的关系通过仪式紧密联系起来。仪式不仅是宗教的，也是文化的，仪式中村寨主义内涵的体现，即傣卯人对脑海中村寨主义观念的具体实践。

---

  ① 刘拥华：《道德、政治化与抽象的世界主义基于对涂尔干〈社会分工论〉及相关著作的解读》，《社会》2013年第1期。
  ② 马翀炜：《村寨主义的实证及意义——哈尼族的个案研究》，《开放时代》2016年第1期。

第四章　傣卯人生肖符号的时空意义

在傣卯人社会文化生活中发挥重要影响的生肖符号，因为关系到人的生肖、村寨的生肖而联结着具体的时间和特定的空间，在时间和空间维度上对傣卯人社会产生影响。涂尔干强调了文化之于时间和空间的重要性，由于拥有一种文化的所有的人都以同一种方式表象空间，所以他们的这些情感价值和由此而来的区分也是普同的。所以，对于时间和空间的划分是起源于社会的。① 生肖符号不仅对傣卯人于时间和空间的感知及理解发挥重要作用，生肖文化的传承方式所代表的前喻文化与大时代背景下的后喻文化，在傣卯人社会中处于并行不悖的状态，前后喻文化的并置对傣卯人应对现代生活的急剧变迁具有积极意义。作为小众文化的傣卯人的生肖文化在现代性社会中受到越来越多的关注，不啻为全球性的知识图式中注入了更多丰富的内容。当"现代性"席卷世界，"地球村""世界社会"等概念不断被提出，"传统"在某种意义被划为"老"和"旧"的同义词，而是否"跟上时代潮流"似乎已成为评判当今社会人们价值观优劣的圭臬。正如施特劳斯所说："现代性的逻辑就是：新的就是好的，最新的就是最好的，因此青年必然胜于老年，而创新必然胜于守旧。"② 现代性时空观的弊病就在于对现实的充满内容的生活意义的掏空。

第一节　傣卯人的时空观表达及其地方性意义

生肖符号是傣卯人具有地方性的时—空观念的符号表达，只有同时参

---

① ［法］E. 杜尔干：《宗教生活的初级形式》，林宗锦、彭守义译，中央民族大学出版社1999年版，第10—12页。
② ［美］施特劳斯：《自然权利与历史》，彭刚译，生活·读书·新知三联书店2003年版，第10页。

照特定的时间和空间，傣卯人的生肖符号才具有符合其社会文化场景的意义。统摄傣卯人时间和空间的生肖符号影响着傣卯人对于抽象的时间和空间的理解，对于生肖动物符号以及生肖文化知识的理解和运用就是傣卯人对他们时空观念的不断践行，人的实践活动又不断地巩固人们的时空观念。作为傣卯人传统文化的生肖文化至今在傣卯人社会中仍然得到较好的传承和发展，老人通过将掌握的生肖文化知识一代一代的传授给年轻人，促使傣卯人社会中年轻一代与老年一代保持和谐的关系，让傣卯人社会保持前喻文化和后喻文化并置的状态。由此，生肖文化对现代傣卯人的社会结构形态的形成具有一定影响，在现代性社会中具有一定的地方性意义。

一　傣卯人时空观的符号表达

傣卯人的生肖符号不仅构成一套符号系统，同时也是一种地方性知识体系。无论从何种角度，要谈论人类对物质世界以及精神世界探索的结果的总和的"知识"总是困难的，而"日常知识"却相对清晰，因为"并非每一种知识都能变为'日常的'；并非每一形式的知识都能纳入日常思维的结构体系之中"[①]。与地方性的时间和空间互相参照是生活在瑞丽江两岸地区的傣卯人生肖文化的重要特征，而在其他不同的空间社会中可能行使着另一套文化规则。自己的生肖与其所生活的村寨的生肖是每个傣卯人最先接触到的生肖知识，是他们日常知识构成中的重要组成部分，同时，作为"出生于特定社会之中的特殊个人再生产的必要条件"[②]，生肖知识总是在傣卯人的日常生活中发挥诸多影响，生肖之间相生相克的关系规则也被延伸至傣卯人的日常思维。

傣卯人的生肖符号系统使抽象的时间和空间具象化为具体的时刻和明确的地点。生肖文化在生活中的运用使人的出生时间以及村寨的诞生时间与某个动物符号相关而具象化，与具象的动物符号关系的建立，使人基于不同时间来到世间，以及村寨在特定时间被命名的实践可以成为对人以及村寨进行分类的基础。属每个生肖的人和村寨都有其存在的价值和意义，而这些价值

---

① ［匈］赫勒：《日常生活》，衣俊卿译，黑龙江大学出版社2010年版，第47页。
② ［匈］赫勒：《日常生活》，衣俊卿译，黑龙江大学出版社2010年版，第47页。

和意义就在时—空结构的社会关系中得到体现。统摄时—空关系的生肖文化逻辑在于人们的社会生活总是要在具体的时—空关系中被规定。人在具体的时—空中行动并被这种时—空关系所规制。

每一个动物符号总是与特定的时—空有关，与人们社会生活紧密相关的具体的时刻与具体的处所能够结合并呈现具体而充实的生活本身。如结合具体的时间和空间来建构生活秩序的逻辑影响到集市的时空标识。傣卯人用动物符号同一时—空关系也体现在市场的时—空规定中，他们用动物符号制定了赶集的相关规则，动物符号被放入中缅边境地区傣卯人日常生活中所使用的日历上来标记具体的时间和地点，即用动物符号来表示具体的集市于某日开张。中缅边境地区的傣卯边民经常进行跨国赶街的活动。瑞丽江两岸地区的傣卯人生活区域内的集市大多是每五天开张一次，同一天赶集的集市用一个特定的动物符号，如城子、畹町、棒赛的集市用大象，木姐、弄岛集市用蝴蝶，南罕（即缅甸南坎集市）、姐勒用孔雀，雷允、芒领用鱼，姐相、罕沙用鹿作为集市的符号。傣卯人的日历上不仅显示公历、农历、傣历和佛历的年、月、日，还标有汉族的十二生肖动物符号和傣卯人赶集日的动物符号。标记赶集日的动物符号使具体的时间和特定的空间在日历上薄薄的一页纸上显现，人们仅从动物符号就可以判断出何时何地有集市。中缅傣卯人的跨境经济互动在具有生肖文化基础上的特定时空中得以实践。

瑞丽地区的人们日常使用的"瑞丽区域街天日期表"中总共列入了11个重要的街天（赶集日），其中3个在缅甸、8个在中国境内。事实上，还有不少村一级的集市并没有列进这个街天日期表。不同区域的人所赶的集市会有不同，但每一个村的村民所赶的集市总在5个以上。以弄岛镇弄贺村为例，村民所赶的集市是等秀、雷午、弄岛、姐相、城子以及缅甸的南坎等6个集市。等秀街和雷午街属于村一级的集市，弄岛和姐相则属于乡镇一级的，瑞丽市区的城子街及缅甸的南坎街则属于更高一级的中心集市。赶集的顺序为弄岛街、南坎街、雷午街、姐相街以及等秀街，依次循环，天天都有集市。

第四章　傣卯人生肖符号的时空意义

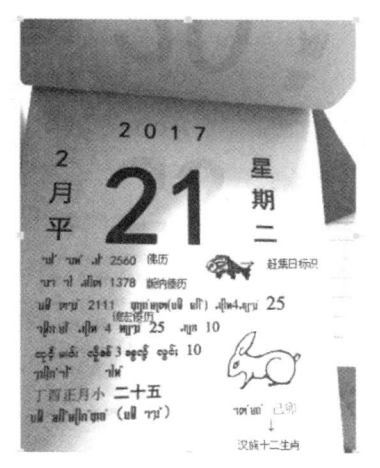

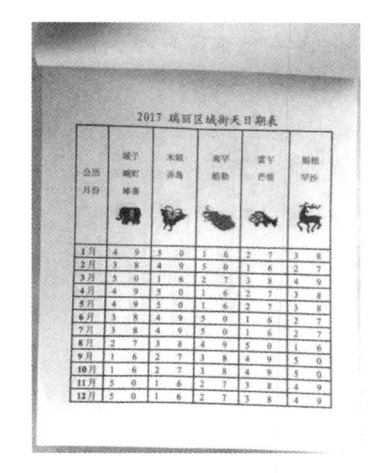

图 4-1　傣卯人用的日历　　　图 4-2　瑞丽区域街天日期表

动物符号之于傣卯人是生活中非常常见的具有实用价值的符号体系。于傣卯人而言，动物符号所标记的时间与空间还意味着其背后的一系列事物，当人们通过动物符号明确于哪天去何处赶集，这也表示人们对于他们所赶的多个集市的日期及市场的特点是非常清楚的。他们清楚地知道哪个集市在哪天开张。哪个集市有哪些特点，如哪个集市的哪类商品较为丰富，哪家的小吃口味比较好等。瑞丽市弄岛镇的人就非常清楚雷午街周边汉族较多，去这个街子就更容易买到汉族风味的小吃。春节和中秋节等汉族百姓非常重视的节日，也是傣族百姓销售他们的水果及特色小吃的好时节。村民要购买汽车、家电用品等基本选择到瑞丽的城子街。缅甸南坎集市的服装和日常用品及各种小吃是瑞丽边民最常消费的商品。可以说，这些信息在人们看见动物符号的那一刻即全部浮现于脑海，傣卯人的生肖动物符号所标记的时间、空间是特定的具有地方性的时间和空间。

人的生肖所标记的时间以及村寨的生肖所联系的具体空间场景形成了傣卯人最基本的时—空观念，每个生肖符号所表达的意义都是在整个生肖符号关系体系中才具有意义。正所谓"有限的符号同它们表达的意义的无限组合便构成了符号系统结构"①，傣卯人生肖符号系统正是基于这些不同的组合而

---

① ［美］克利福德·吉尔兹:《地方性知识——阐释人类学论文集》，王海龙、张家瑄译，中央编译出版社 2000 年版，第 36 页。

形成了重要的连接时—空的文化意义，通过生肖的联结，时间与空间相互参照而具有明确的生活意义。

傣卯人的生肖有纪日的功能，傣卯人时常将"属什么日"与"星期几"相互指代使用。与十二种动物相配的十二地支主要纪年、纪月、纪日以及纪时，即记录时间，同时也标明空间方向，如子标示正北方向，午标示正南方向，但似乎并不标明具体的处所。傣卯人生肖是记人在一个星期中的某日（星期三以中午12时为界分为两个时段）出生的符号，同时还是标记村寨生肖的符号，此外，也标示方向。生肖符号不仅与人的出生时间有关，而且与村寨的空间命名有关。傣卯人社会中的同一时间与空间的符号系统对傣卯人社会文化生活产生着重要的影响。傣卯人的生肖符号由于与具有情境性的时间、空间相联系，即与具体的时刻和具体的场所相联系，从而影响着社会文化生活的诸多方面。

由于生肖符号系统中五组关系的存在，傣卯人社会中年龄层和性别区分的重要性相对弱化，并影响了人们的空间观念，同一个村寨成员因共享同一个村寨生肖而增强了人们的集体意识，村寨与村寨之间的关系受到生肖关系的影响从而对傣卯人的通婚圈也有所影响。生肖符号及符号之间的关系赋予傣卯人社会具有特色的社会秩序，生肖社会秩序的运行也对傣卯人的社会文化结构产生影响。

傣卯人生肖符号之间的关系使得年龄、性别的重要性不会始终被强调。如人们到寺庙里祈求保佑的时候，都是按照人的生肖而不是性别和长幼去佛塔四周的生肖"神"前去上香、献供。在举行消灾祈福仪式时，仪式主持人萨拉或雅浪可能更为注重仪式对象是什么属相而非性别或者年龄。选择合作伙伴、交朋友等，会考虑属相是相生还是相克，性别、长幼则不是那么重要。在傣卯人社会中，男女社会地位差别很小，这体现在家庭对孩子的性别没有偏好，婚后居住方式是从夫居抑或从妻居都不重要，重要的是夫妻双方哪一边的土地更多一些，哪一边的生产生活更有利于家庭的发展。

生肖符号系统影响了傣卯人对空间距离的划分，造就了傣卯人独具特色的空间观并且是判断"远近亲疏"的重要标准之一。对傣卯人的生肖文化的解读实际上也是对傣卯人社会边界的理解。就村寨之间的"距离"而言，最近的地方就是具有相同生肖以及生肖相生的村寨，因而，即使是跨境的且距离较远的村寨也是很近的。双方之间的关系也理应是非常亲近的。其次，没有送并关系，但共享相同的生肖符号逻辑的村寨之间的距离要远一些。最后，那些没有相同的生肖符号系统的村寨则是最为遥远的。生肖符号在傣卯人社会中起着规制具体的行为架构的作用。

村寨的生肖符号的获得与村寨诞生之时的命名有关。村寨命名本身并不意味着该村寨与其他村寨有什么样的关系，但被赋予某一特定的生肖就意味着与村寨空间相关的内部和外部社会关系的建立。生活在同一个村寨的人，因村寨生肖遵守着同样的禁忌，共享村寨生肖符号使村寨成员的集体意识更加容易建构，并不断巩固。因生肖关系而建立起的与其他村寨的送并关系，既规定着不同村寨之间建立和谐关系的网络和路径，也因为这种关系的不断操演而强化村寨的生肖符号对于村寨社会集体活动的作用。

人的居所——村寨也因为其生肖而具有指导建立特定的社会交往关系的意义。在人与人、村寨与村寨的生肖关系之外，人与村寨之间的关系也是一种需要重视的关系。傣卯人认为，个人的生肖与其所生活的村寨的生肖不和，则为人处事要格外谨慎小心。傣卯人地区的村寨的佛塔周围一般都有8个生肖的象征物，人们会带着供品，放在自己或家人的生肖象征物前，祈求庇佑，以及诸多与生肖相关的延鲁仪式都为与其所在村寨生肖相克的人也提供了禳解的可能。人与人的生肖、村寨与村寨的生肖以及人和村寨的生肖等关系都在傣卯人的生活中发生影响。

人们的交往空间必然会影响通婚的范围。傣卯人村寨中，村内通婚的比例约占20%，绝大部分和外村通婚。有送并关系的村寨之间通常都有通婚关系。过去，村寨属相相克的村寨之间的通婚较为罕见。随着时间的推移，一系列的禳解仪式使得生肖相克的村寨之间的通婚关系变得平常。除了因为送并关系而使村寨之间有较多的交往之外，赶摆等活动也是社会交往活动的重要场合。田汝康在《芒市边民的摆》中将摆分为大摆、公摆（包括合摆、干躲摆、挺塘摆、金黄单摆、冷细摆等），并且也介绍了其他有关超自然信仰的团体活动，如汉辛弄、烧白柴、泼水、祭灶等。① 瑞丽傣卯人每个寨子每年做摆以及举行有关超自然信仰的团体活动在15次左右。泼水节（公历4月）、摆罕尚（小和尚出家，在泼水节前后）、出洼赶躲（公历10月）、傣历新年（公历12月）、摆尚赶罕（金袈裟节）、摆奘冒（新奘房建成）、寨神庙建成、佛塔建成，以及各种纪念活动都有赶摆。一个村寨举行赶摆活动，经常会邀

---

① 参见田汝康《芒市边民的摆》，云南人民出版社2008年版。

请别的村寨来参加，邀请的村子从五六个到几十个不等，邀请的村寨的数量没有限制，也不是固定的，根据摆的大小来决定。这些活动使得村寨之间的社会交往活动十分频繁，也使傣卯人的通婚范围较大。

二　前喻文化与后喻文化的并置

现代性之于人类将所有时间、空间乃至知识都放到某种同质的、拉平的状态下无疑是抹平了差异性，其创造出的看似健康无害的"普世无差异的国家"，其实才是真正的危机所在。[①] 而生肖赋予时间、空间和知识的差异性恰是现代性所亟待需要的。处在现代性背景下的人们正是要突出差异性，抛却对"老"和"旧"的偏见，代之以是否"好"的标准去衡量某种新事物是否对，摒弃用"新"来判断一切是否好。善于发现传统文化、老年文化在当今社会中的闪光点，才能更好地理解世界。正如生肖文化对傣卯人社会保有浓郁的"前喻型"文化的帮助，傣卯人社会呈现前喻文化和后喻文化并置的状态。但是，正是被称为已然过时了的前喻型文化带给傣卯人社会以诸多优点，赋予傣卯人社会以独特的运转方式。

尽管当前社会飞速发展，各种新兴的、不同的价值观念不断快速冲击着年轻人的生活，但因传统的生肖文化有效的传承了下来，傣卯人社会中年轻一代和年老一代在行为方式、生活态度、价值观念方面的差异和对立、冲突，即"代沟"[②] 并没有被无限扩大，而是得到有效的中和与平衡。就像有学者批判当代社会理论大师吉登斯过于强调现代性社会与传统社会的差别，从而没能看到当代境况下"过去的事物"的延续性意义。[③] 事实上，每个傣卯人在成长过程中都会接触到越来越多的生肖文化，需要应用相关的生肖知识。生肖知识的不断积累即象征一个傣卯人从小到大，从懵懂无知到知晓人情世故的蜕变。作为代代口耳相传的传统文化，生肖文化知识总是更多地掌握在老年人那里。这表示青年人需要向老年人学习，每个年轻人都需要不断地在老年人那里获得必要的生肖文化知识。因而，在某种程度上，"年轻一代与老一代的生活是

---

① 参见［美］列奥·施特劳斯《自然权利与历史》，彭刚译，生活·读书·新知三联书店 2003 年版，第 32—33 页。
② ［美］玛格丽特·米德：《文化与承诺——一项有关代沟问题的研究》，周晓红、周怡译，河北人民出版社 1987 年版，第 1 页。
③ ［英］安东尼·吉登斯：《社会的构成：结构化理论大纲》，李康、李猛译，生活·读书·新知三联书店 1998 年版，第 20 页。

一样的,老一代人的经历本身就是一种文化,老一代'完整'的将文化传递给年轻一代"①。于此,前喻文化得以在傣卯人社会中长期存在和保持。

相应地,尊敬老人成为一项自然的美德。傣卯人社会中"老人"的含义有两种:一是生理年龄上的老人,二是在"入洼"期间睡在奘房的人。而无论是哪种意义上的老人,他们共同具备的一个条件即掌握丰富的包括生肖知识在内的傣卯人传统文化知识,熟悉宗教知识和礼仪,是每个家庭中与神、佛等联结最为密切的人物。年轻人为老年人服务,尊重老年人的行为活动是体现在傣卯人生活的诸多方面的。如每个成年人在入洼期间都要进行"送党鲁"的仪式,即向家族的老人献上一份礼物,以表达自己对老人,对佛祖的恭敬(因为这份礼物通常被老人用来供佛)。通常是将一袋饼干以及几十元钱放在盘子里,恭敬地深蹲下去,双手呈上给老人,嘴里说着:某某将这些东西送给某某老人,随后老人接过东西,说上一串的祝福话语,例如身体健康、好吃好在等。又如老年人在奘房礼佛时,全村的中青年人都在公房齐力为老人准备饭食,为老人添菜添饭,饭毕,年轻人跪地,献上礼物求得老人们的祝福。即便有重要的事情也要暂为搁置,因为这是年轻人对老人、对佛应尽的责任和义务;如不履行,将会受到大家的谴责。日常生活中,如有老人需要经过自家门口,人们都会自行清理堆放在家门口的杂物以便老人通行。每个傣卯人自小都被教导要尊重老人,经常听到年轻人在说"这个我不太明白,得去问问老人","这件事情具体怎么整我们年轻人认不得,要去问下老人",以及"这件事情要同老人商量"之类的话语,这都表明老人在傣卯人社会中所具有的较高地位。

图4-3 "送当露"仪式　　　　　图4-4 为老人滴水

① 参见[美]玛格丽特·米德《文化与承诺——一项有关代沟问题的研究》,周晓红、周怡译,河北人民出版社1987年版,第7—8页。

傣卯人社会中的老人具有较高的地位还反映在其在家庭中的权威。老人在家庭财产分配方面具有决定权，并对自己年老之后的安排有发言权。子女即便是对老人的安排有所不满，也并不能违逆。以下是一个傣卯人家庭"分家"的案例：

> 瑞丽市弄莫东寨子岩管的父母于1993年结婚，1994年6月，在岩管出生后，岩管的爷爷奶奶决定分家。当时，岩管的爷爷奶奶共育有三儿三女。岩管的父亲是家里的小儿子，按照傣卯人传统习俗，一般老人是跟随家里最小的儿子生活。但是由于岩管的爷爷奶奶与其母亲不和，他们决定以后跟随其小女儿，即岩管的小姑姑居住。在做了这样的"养老"安排后，岩管的爷爷奶奶对家庭的主要财产分配情况如下：
>
> 大儿子（去等相寨子做了上门女婿）：没有分得土地；
>
> 二儿子：田3.7亩，地2亩，宅基地1亩；
>
> 小儿子（岩管的父亲）：田3亩，宅基地1.5亩；
>
> 大女儿（嫁去弄莫雷寨子）：没有分得土地；
>
> 二女儿（嫁在本寨子）：田5亩，地1亩，宅基地1亩；
>
> 小女儿（招婿上门，女婿为缅甸滚海人）：田8亩，地2亩，宅基地1.5亩，及父母的老房子，家中主要物件等。①

宗族社会中较为传统的家庭财产分配方式在傣卯人社会并不适用。傣卯人地区的老人对规划自己的后半生生活占有主导权，如何分配家庭财产，选择跟随哪个子女一起居住，老人都可以根据自己的意思去做相关安排。喜欢跟哪个子女在一起居住，要考虑到该子女与老人脾气是否相投、相处是否融洽，以及该子女的家庭条件怎么样。如岩管家就是因为其爷爷奶奶与其母不和，所以老人并未按照传统跟随小儿子居住。傣卯人社会中，一旦老人选定了跟哪个子女共同居住，便可以将自己的房屋及大部分土地分给该子女，并且从分家开始，老人们也都是为该子女的家庭做贡献，如种地、饲养家畜、照看孩子等。因而，对傣卯人来说，承担其父母的赡养义务并不能算是一种负担；相反，他们不仅得以继承老人攒下来的大部分财产，并且在老人的帮

---

① 调查时间：2017年9月19日；报道人：岩管母亲；调查地点：岩管家。

扶下，一个小家庭能够逐渐地更加稳定、富裕、和谐。

尊重老人，年轻一代与老年一代的和谐相处带给傣卯人社会诸多积极意义。如"老无所依"和"老无所养"以及"弃老"等由急剧变迁的社会节奏所带来的，存在于不少社会的养老问题在傣卯人社会便不存在。傣卯人社会中甚至没有与汉语的"养老"相对应的词语。前后喻文化并置的社会文化结构背景下，家庭、村寨和社会给予老人们足够的尊重和舒适的生存空间，使得他们的存在对整个社会具有重要意义。老人自身也并不认为自己是家人和社会的负担，老年人在傣卯人社会传统文化传承中充当着必不可少的角色。傣卯人社会所表现出的对老年人的尊重正是出于他们一直在互相学习、彼此需要。在当今全球化背景下所谓"后喻型"文化盛行之下，前喻文化和后喻文化在傣卯人社会文化场域中不断地交融、配合，势均力敌，使得老年人与年轻人在其文化中各有所发挥的空间，造就了傣卯人社会几代人之间彼此需要、彼此尊重的和谐景象。

第二节　傣卯人生肖文化的启示性价值

不仅对傣卯人的时空观及其社会文化结构具有重要影响，生肖文化对全球性的知识图式的补充和完善以及在"空间转向"问题等方面还具有更为长远的启示性价值。傣卯人的生肖文化是一种较为小众的文化，其使用的区域主要是在瑞丽江两岸的傣族聚居区。作为地方性知识的傣卯人的生肖文化知识，并不被中缅边境地区之外的更多人所了解，传统的傣卯人的生肖文化知识更多地被关注和表达就是对人们的知识视野的扩展，也是认识中国生肖文化多样性的一种途径。傣卯人结合时—空的符号及实践也就具有了促使人们进一步思考"空间转向"中有关时—空关系的思想的意义。

一　地方性知识与全球性知识图式

时—空的转换与现代性的扩张是相一致的，当时间从空间中分离出来，以日历在全世界范围内的标准化和跨地区时间的标准化为表征的现代性意味着统一的、标准化的机械时间观受到了推崇[①]，而文化的时间，包括空间的时

[①] 参见［英］安东尼·吉登斯《现代性的后果》，田禾译，译林出版社2011年版，第15—17页。

间、有温度的时间、有社会意义的时间，因此也就是地方性知识的时间被忽视了。与此相对的，"现代组织能够以传统社会中人们无法想象的方式把地方性和全球性的因素连接起来，而且通过两者的经常性连接，直接影响着千百万人的生活"①，这样的结果，一方面说明地方性知识应该是属于全球性的知识体系的一部分；另一方面可能会让如生肖这样的地方性知识进一步的被忽略，进一步造成我们看到的所谓的"全球的总体性图式"并不真实和完全。同时，大量的地方性知识的缺位也阻碍了人类认识世界、了解世界的进程，而即便承认"各种社会的差异是表面的，全部人类具有共同性，人类不得不以相同的方式构成世界"②。丰富的人文现象背后所具有的深层结构是否都是"无意识"的这一点仍然是有待商榷的，因为人是悬挂在由他们自己编织的意义之网上的动物。③人在被地方性知识所围时，也在利用其创造自身文化，编织具有不同社会文化意义的"网"。托马斯·库恩指出的"理论之间的不可通约"就意味着对具体的不同的社会的相似或不同的地方性知识以具体的解释的重要性。④以宗族关系、权力关系、经济关系和市场关系等来理解和解释那些以汉族村落、内地村落为主的乡村研究范式，并不一定就适用于傣卯人社会。

  作为地方性知识的生肖文化是理解傣卯人社会的新的维度。生肖文化影响和制约着傣卯人的日常生活和宗教生活诸多领域，构建傣卯人的社会关系网络，赋予当地社会以秩序，是傣卯人宇宙观建构中的重要因素。以往的关于傣族的聚焦于宗教、仪式、年龄组、地缘等方面的研究固然有其合理性，但生肖作为一个超越宗教、地缘、血缘、年龄等视角的研究，对于分析生活在瑞丽江两岸地区的中缅傣卯人社会不失为一个可选择的切入点。托马斯·库恩提出的"范式"（paradigm）概念就说明了，在科学研究中地方性知识的存在，而任何科学共同体都带有历史的成见。⑤因而，用相应的地方性知识去分析不同的地方性社会，对于真实而具体地了解该社会无疑是更为合适的。从生肖到社会的视角，即表达傣卯人社会文化图式的独特路径。傣卯人的生

---

① ［英］安东尼·吉登斯：《现代性的后果》，田禾译，译林出版社2011年版，第18页。
② 参见［英］帕特里克·贝尔特、［葡］费利佩·卡雷拉·达席尔瓦《二十世纪以来的社会理论》，瞿铁鹏译，商务印书馆2014年版，第32页。
③ 克利福德·格尔兹：《文化的解释》，纳日碧力戈等译，上海人民出版社1999年版，第5页。
④ 托马斯·库恩：《科学革命的结构》，金吾伦、胡新译，北京大学出版社2004年版。
⑤ 托马斯·库恩：《科学革命的结构》，金吾伦、胡新译，北京大学出版社2004年版。

肖由来已久，到现在已经发生了诸多改变，但无论生肖动物符号的种类、数量等如何变化，"生肖"一直存在于傣卯人的社会中，于傣卯人的社会结构而言，属八个生肖的人不断故去，但新一代的人持续存在于这个生肖社会结构中。生肖与人紧密地联系在一起，构成了傣卯人独特的社会关系网络。

傣卯人的生肖文化具有的地方性知识的特点体现在地方性的时间和空间上。生肖赋予均质的时间以差异性，一天之中，上午与下午出生的人的生肖不同。又因生肖动物的习性，让人们对时间有了某种倾向。如星期五白天出生的属牛的人多半是命苦的（牛白天都在干活），而晚上出生的则被看作有福气的（牛晚上休息）。因而，通过生肖的联结，时间与空间只有相互参照才具有具体的意义。另外，人的生肖与其所处村寨的生肖之间的关系也在特定场景中需要被辩证看待。因此，当现代性的空间在时间当中的缺位被弥补，具有地方性的时间和空间便从中凸显出来，傣卯人的地方性知识在生肖文化发展和实践中不断得到强调和发展。生肖促成了地方性空间与时间的互相参照，从而形成具有空间的地方性时间。

同时，生肖所形成的文化区隔影响了傣卯人对实际空间距离的感知，造就了傣卯人独具特色的空间观。基于"一般人的日常知识被限制在相对狭窄的圈子内"[①]，生肖文化知识就是傣卯人行动和思维的重要指征，对傣卯人的生肖文化的解读，实际上就是对傣卯人社会边界的理解。跨境而居的中、缅傣卯人由于使用相同的生肖，双方在思维逻辑和宇宙观等方面拥有更多相似之处，在交往中更容易完成文化图式之间的转换，双方之间的关系非常亲近，傣卯人认为他们之间离得很"近"；而同在瑞丽市，却并不使用同一套生肖体系的其他地区，被傣卯人定义为距他们很"远"。由此可见，何以为"远"，那可能并不是实际的空间距离，而是文化意义上的"我们和那个地方用的是不同的生肖"，所以我们相隔很远；反之亦然。独特的空间观念让中、缅跨境而居的傣卯人保持着友好的关系，增强了中缅两国边民的友谊，使中缅边境地区更为和谐。简言之，傣卯人的生肖文化即是让具有特色的地方性时间和空间得到更为完整的表达。因而，对于这些都被称为"生肖"却又差异甚大的生肖文化，以一方代表另一方或者取缔对方都是不可取的。承认彼此的存在，尊重各自的生肖文化所具有的地方性知识并将其文化放置到各自的社会文化中去解

---

① ［匈］赫勒：《日常生活》，衣俊卿译，黑龙江大学出版社2010年版，第229页。

读和理解，才是扩大人们的认知空间、丰富文化空间的最好的手段。

以傣卯人的生肖为代表的那些地方性知识能够进入更多人的视野，是帮助人们更加真实而全面地认识世界、了解世界的有效路径。当人们越来越感知到文化认同于一个国家和地区的发展的重要性，现代性背景下的文化交流趋势呈现出一种扩张式的发展，每个文化版块都竭力在全球性的文化版图上寻求彰显从而获得认同，这就必然造成单向度的文化"进攻"和文化冲突，随之而来的便是文化多样性的灾难。在这样的时代背景下，作为地方性知识的傣卯人的生肖在全球性文化交流中拥有一席之位，不啻为对单向度文化交流的一种有力反击，并且其得到的表达机会越多，这种反击越是有效。由于现代工业社会的高度发达，人们越来越追求那些似乎是放之四海而皆准的、统一的、全球性的知识，然而"统一固然带来了文明的进步，但从另一角度也毁灭了文明的多样性"①。多样性对于世界的意义已毋庸置喙，而所谓"统一"的背后却可能造成人们思维的单一性，对普遍的规律性的追寻的一个风险便是习惯性地将不熟悉的、不理解的事物全部编入自己熟悉的知识框架体系中去理解，这种对固有思维的无限依赖是缺乏客观理性的，同时也表示出对他者文化的不尊重，站在民族学人类学的角度，这不仅会导致人们无法认识更多的新事物，同时也将人们囿于有限的知识图式中。总而言之，存在于世界上不同社会的地方性知识在当前现代性知识图景中的缺位，对于人类的发展是不利的。从方法论的视角来看待地方性知识，即对世界上普遍的、规律的探知方式的有力反驳。如果人们对于生肖这一文化事象在全世界不同国家、地区和民族的多样性存在，以及每个社会的生肖文化背后可能都存在不同的社会文化意义这一事实具有更为全面的了解，意识到他们所认为的理所当然的全球的总体性图式对地方性知识的忽略，那么也就是不同社会文化背景中的人与人之间增加了更多的包容和理解。

二　傣卯人时空观与"空间转向"

傣卯人用生肖符号同一时—空关系的文化逻辑对于学界以"空间转向"为基点反思时空关系之于人的意义探讨是富于启发性的。

---

① ［美］克利福德·吉尔兹：《地方性知识——阐释人类学论文集》，王海龙、张家瑄译，中央编译出版社2000年版，第19页。

第四章　傣卯人生肖符号的时空意义

　　恩格斯曾经指出："一切存在的基本形式是空间和时间，时间以外的存在像空间以外的存在一样，是非常荒诞的事情。"① 人的社会活动总是在时空中进行的并产生时空观念，时空观念在一个社会中具有确立社会生活基本架构的作用。海德格尔、列斐伏尔、福柯、哈维、德里达等诸多学者的研究使得"空间转向"成为20世纪中期以来的人文社会科学不可忽视的问题。"在逻辑上，空间转向强调空间优于时间的主导地位，乃是对现代性观点或知识学立场的矫正。"②"空间转向"试图摆脱现代性思想的束缚，其所遵循的是强调关系优于实体，偶然性优于必然性，建构优于给定的思想逻辑。相对于时间，空间得到了更多强调。然而，"空间问题在传统中并非不存在，只是在谈论'历史规律'或'历史法则'时，更多地依赖于作为矢量的时间"③。这也就表明，在解释世界的时候，人们其实是可能在强调某一方面如时间维度的时候，对另一方面如空间维度进行忽视的，这是现代性思想的总问题导致的；人们也可能在强调空间维度的时候，对时间维度进行忽视，这是提倡"空间转向"的哲学家们的总问题引起的。现代性思想及"空间转向"在理解时空关系时存在的各有片面的深刻性问题是与这些思想各自拥有不同的总问题有关的。如阿尔都塞所言："总问题领域把看不见的东西规定并结构化为某种特定的被排除的东西即从可见领域被排除的东西，而作为被排除的东西，它是由总问题领域所拥有的存在和结构决定的。"④ 克服重视一方轻视另一方的困难的可能路径就在于"场所变换"⑤，在此，变换场所或者置身于新的场所必须要从观照同一时—空关系的社会实践本身开始。人们的生活世界是实践性的，对于生活世界的理解也理应是实践性的。傣卯人在生活世界中的行动及其观念都是时间—空间同一的，人们对傣卯人生肖符号的理解必须要结合时间—空间来进行，傣卯人结合时间—空间的符号及实践也可以提示"空间转向"理应避免自身的极化。对于生活世界中的人而言，因人的行动而使时间维度与空间维度同时在场是更好地理解并解释世界的基本前提。

---

　　① 《马克思恩格斯选集》（第三卷），人民出版社2012年版，第428页。
　　② 胡大平：《哲学与"空间转向"——通往地方生产的知识》，《哲学研究》2018年第10期。
　　③ 胡大平：《哲学与"空间转向"——通往地方生产的知识》，《哲学研究》2018年第10期。
　　④ ［法］路易·阿尔都塞、艾蒂安·巴里巴尔：《读〈资本论〉》，李其庆、冯文光译，中央编译出版社2001年版，第18页。
　　⑤ ［法］路易·阿尔都塞、艾蒂安·巴里巴尔：《读〈资本论〉》，李其庆、冯文光译，中央编译出版社2001年版，第20页。

空间转向成为一个值得探讨的问题的就在于丰富的空间内涵被抽象的时间观念所驾驭，因而需要重新重视空间之于人的生活的重要意义。"启蒙运动及笛卡尔空间观将空间视为一种客观存在的均质性物体广延，康德宇宙观则是将宇宙视为人类活动得以在其中展开的'空洞'容器。与这些预设不同，新近的思想家们以惊人的方式论证着，空间既是一种由多种不同范畴的社会进程与人为干预塑造而成的产物，同时也是一种力量，能够反过来对人在世界上的行动可能性以及方式发挥影响、引导及划界的作用力。"① 渊源于犹太—基督教救赎史的现代时间文化乃是均质的矢量时间观，以日历在全世界范围内的标准化和跨地区时间的标准化为表征的现代性意味着统一的、标准化的机械时间观受到了推崇。② 而文化的时间、有空间的时间、有温度的时间、有社会意义的时间，因此也就是地方性知识的时间被忽视了。如列奥·施特劳斯所说："现代性的逻辑就是：新的就是好的，最新的就是最好的，因此青年必然胜于老年，而创新必然胜于守旧。"③ 这种时间观"以追求未来的无限进步信念构成现代性核心。现代时间对生命节律的过度强迫是现代化中人与自然紧张对立的现代性根源"④。玛格丽特·米德将传统社会与现代社会区分为前喻文化和后喻文化之说⑤，从根本上讲依然是以线性时间理解不同社会的结果。对于傣卯人而言，非线性的时间观不会使他们产生青年一代和老年一代谁更优越的认知，从而使每一个人在生活中都具有自身的价值。

海德格尔发现，希腊人没有词来指称"空间"，因为希腊人不从广延方面来体会空间性的东西，而是从处所来体会的。"处所属于事物本身。各别的事物各有各的处所。"⑥ 在傣卯人社会中，抽象的空间一词也基本不使用，这其中表明的深刻道理就在于，"唯回溯到世界才能理解空间"⑦。如梅洛-庞蒂

---

① P. E. Wegner, *Spatial Criticism: Criticism Geography, Space, Place and Textuality*, in Julian Wolfreys, ed., *Introducting Criticism at the 21st Century*, Edinburgh: Edinburgh University Press, 2002, p. 180.
② 参见［英］安东尼·吉登斯《现代性的后果》，田禾译，译林出版社2011年版，第15—17页。
③ ［美］列奥·施特劳斯：《自然权利与历史》，彭刚译，生活·读书·新知三联书店2003年版，第10页。
④ 尤西林：《现代性与时间》，《学术月刊》2003年第8期。
⑤ 参见［美］玛格丽特·米德《文化与承诺——一项有关代沟问题的研究》，周晓红、周怡译，河北人民出版社1987年版。
⑥ ［德］海德格尔《形而上学导论》，熊伟、王庆节译，商务印书馆1996年版，第65页。
⑦ ［德］海德格尔《存在与时间》，陈嘉映、王庆节译，生活·读书·新知三联书店1999年版，第131页。

第四章　傣卯人生肖符号的时空意义

所说,"空间不是物体得以排列的(实在或逻辑)环境,而是物体的位置得以成为可能的方式。也就是说,我们不应该把空间想象为充满所有物体的一个苍穹,或把空间抽象地设想为物体共有的一种特性,而是应该把空间构想为连接物体的普遍能力"①。正是通过动物符号在具体的时刻与具体的处所相结合之处,也就是在生活世界中,傣卯人通过实践确认了时间和空间的意义。

基于生肖符号关系的实践确认时—空之于人的意义还可以得到这样的启示:对于富有生活意义的时间—空间的把握必定要在具体的现实操演中才能实现。列斐伏尔强调:"时间是在空间里被理解的——那也是空间的核心:时日、季节,太阳从地平线升起,斗转星移,寒来暑往,红颜白发,等等。正是在特定地方的自然中,每个地方都显示它的年龄,如显示成长的树木的年轮。时间是如此被铭刻,自然空间就是自然时间的或悲或喜的印记。"② 傣卯人生肖符号系统在生活中的实践,即因为人的出生、寨子的建立而使时—空显现,从而规定人与人的关系,村寨与村寨的关系以及人与村寨的关系,使架构他们社会生活的时—空关系在生活中得以操演。动物符号与时—空关系的建立还是阿甘本所谓的万物的签名行为,使每一个人每一个村寨归属某一生肖就是一种为时—空标记印记的签名实践。签名"是一切认知的决定性的操作者,它让那个本身沉默无言,缺乏理由的世界,变得可以理解"③。统一时—空关系的动物符号及其相互关系就使世界变得可以理解,使抽象的生命意义在具体的生活中得以体现。生肖即指因为在世界的特定处所特定时刻出现而镌刻上某种相应的动物符号的印记,像什么就要有相应的符号所像之物的本性,就需要遵循相应的行动逻辑,从而不违背自然赋予的使命。这就使人的生活具有与自然同一的条件。由此,附丽于具体的时—空架构、连接自然与社会生活的文化意义才有了安放的基石。

---

① [法]梅洛-庞蒂:《知觉现象学》,姜志辉译,商务印书馆2001年版,第310—311页。
② Henri Lefebvre, *Translated by Donald Nicholson-Smith*, *The Production of Space*, Oxford: Blackwell Publishing, 1991, pp. 95-96.
③ [意]吉奥乔·阿甘本:《万物的签名:论方法》,尉光吉译,中央编译出版社2017年版,第54页。

第五章　结论

　　生肖文化是理解傣卯人社会文化结构的新的维度。生肖文化在傣卯人社会中人与人、村寨与村寨以及人与村寨之间的关系中都发挥重要作用，在傣卯人社会文化生活的诸多方面产生重要影响，于傣卯人宇宙观的构建以及傣卯人社会的和谐发展等具有重要意义。

　　首先，生肖与傣卯人及其村寨的关系密切，生肖符号系统是傣卯人社会关系网络中的一条重要脉络。根据生肖符号之间的相同、相生、相克、既相生又相克以及不生不克五种关系，傣卯人的人与人、村寨与村寨、人与村寨之间的关系呈现出具有地方性的社会文化秩序。生肖象征物在家屋、佛寺、村落等生活空间中的呈现是傣卯人重视生肖文化的反映，是傣卯人之于生肖符号的一种理解和诠释，同时是傣卯人借助生肖符号表达自身的表征。人的生肖在傣卯人取名、择偶、交友、出行、治病等方面都发挥重要影响，贯彻于傣卯人社会文化生活的始终。村寨生肖赋予村寨以"人"的特征，"生肖墙"是傣卯人村寨中不可缺少的物理标识。同一个村寨的成员因共享一个村寨生肖而具有更为强烈的集体意识，在村寨的对外关系上参考村寨生肖因素同样是维护村寨的利益。村寨为生肖文化提供发挥的空间，村寨生肖和生肖符号之间的逻辑关系是傣卯人进行村寨对内管理和对外交往的重要参考依据。

　　其次，生肖文化影响着傣卯人的宗教生活，是傣卯人村寨的村寨主义表征。生肖与傣卯人所信仰的民间宗教和南传上座部佛教都有关联，民间宗教和南传上座部佛教仪式中对生肖因素的参考或是将生肖要素纳入其中都说明了这一点。许多与生肖有关的仪式在村寨的举行，生肖、村寨在仪式中得到重点强调不仅表明生肖文化与宗教文化之间的密切关系，也验证傣卯人的村寨是以村寨利益为最高原则来组成和维系村寨社会文化关系并运行村寨日常生活的社会文化制度的村寨主义的村寨。

　　再次，生肖为傣卯人社会提供更多的分类选择。生肖符号之间无高低贵贱之分，使年龄、性别、长幼等传统的分类标准在许多场景中不再被过分强调。突破了不同的宗教和拥有不同社会文化职责的人之间的界限，傣卯人一般性的社会分类区隔被打破，又以独特的生肖文化逻辑进行分类、区隔和连接。生肖构建傣卯人的社会关系网络和赋予当地社会以秩序，并影响和促成傣卯人建立起独特的宇宙观。生肖作为一个超越宗教、地缘、血缘、年龄、性别等视角的研究，每个生肖符号各不相同，彼此之间却又有一系列的内在联系。生肖符号之间具有外在的差异性与内在的统一性，生肖文化让傣卯人社会更具弹性。

复次，生肖文化对当前社会知识体系的完善和傣卯人社会的和谐具有积极的意义。从使用人群上看，傣卯人的生肖文化是小众的地方性知识，从人类知识的层面看，傣卯人的生肖文化知识同时也是中国、缅甸乃至世界的知识体系的组成部分，对傣卯人生肖文化的理解和分析不失为对当前社会的知识体系的一种有益补充。老年一代不断地将同样的生肖文化知识传授给年轻一代的传承方式使得老年一代在傣卯人社会中仍然发挥重要作用，年轻一代与老年一代在傣卯人社会中各有发挥自身价值的空间，前喻文化与后喻文化并置的社会文化结构让傣卯人社会的代际关系更为融洽，傣卯人社会也因此更为和谐。

最后，生肖文化影响傣卯人宇宙观构建。人的生肖所标记的具体的时间和村寨的生肖所标记的具体的地点，对傣卯人最初的时—空观念的形成产生重要影响，具有统摄时间和空间的生肖文化作用于傣卯人的日常思维，让傣卯人对于世界的理解同时兼顾到时间和空间两个维度，他们生活世界中的行动及其观念都是时间和空间同时在场的。由此，傣卯人结合时间—空间的符号及实践也可以提示"空间转向"应该避免自身的极化，让地方性的时间和地方性的空间同时受到重视，基于时—空架构中的对世界的理解才更具有社会文化意义。

傣卯人的生肖与时间关系密切，但同时又与区域（尤其是村寨）互为隐喻。生肖可以指代某个特定的地域，关联和规制着该地域的人群同其他地域的人群之间的关系。围绕生肖符号之间的关系将地域与地域之间的关系进行分类、整理，这种结构方式反映并作用于傣卯人观念的关系图式。傣卯人的生肖文化与许多国家和民族的生肖文化不同，尤其是与汉族的十二生肖文化存在较大差异。傣卯人的生肖同时兼顾到空间（即村寨）并与具有地方性的时间相联系，并深刻影响着傣卯人的观念行为以及当地社会的运行。无论是村寨的生肖还是人的生肖，只有参照具体的时间与空间才具有符合傣卯人社会的文化意义。傣卯人的生肖文化具有同一地方性时间和空间的特点。由此，以生肖为切入点对傣卯人的观念行为和社会运行规律展开调查具有创新性，对于分析生活在瑞丽江两岸地区的傣卯人的社会结构也不失为一个可供选择的维度。

傣卯人创造出生肖符号，赋予生肖符号以意义，当具有地方性文化意义的生肖符号系统随之建立，生肖符号系统又赋予傣卯人的观念和行为以意义，为傣卯人社会提供分类选择，标记人、村寨、时间、空间，用以表述各种事物之间的关系等。生肖为傣卯人的社会文化生活提供规则和秩序。

傣卯人的生肖文化是一个新的领域，在此之前，学界并未就该文化事象展开深入的调查和研究，相关成果寥寥。对傣卯人的生肖文化进行较为系统的梳理和研究，从生肖这条线索去分析、理解和勾勒傣卯人的社会文化图式，呈现和揭示傣族傣卯人总体的社会文化生活，有益于认识傣卯人社会运行的特点，也有助于认识中国生肖文化的丰富性。

附录一　文中傣绷文字母与国际音标对应一览表

傣文字母	国际音标
ဢ	/ɑ/
က	/ka/
ၡ	/xa/
င	/ŋa/
ဒ	/da/
ည	/n̠ia/
လ	/la/
ဝ	/wa/
ၺ	/ẓia/
ရ	/ɣla/
ပ	/pa/
ဖ	/pʰa/
မ	/ma/
သ	/sa/
ႁ	/ha/
တ	/ta/
ထ	/tʰa/
န	/na/

附录二 文中主要傣语音译词汇与傣文、国际音标对应一览表

傣语音译词汇	对应傣文	国际音标	傣语音译词汇	对应傣文	国际音标
傣卯	(傣文)	ta˅i⁴⁵³ ma˅u⁴⁵³	卜少	(傣文)	pu²⁴ sau²⁴
莫耸	(傣文)	mu²¹ tsum⁴⁵³	卜冒	(傣文)	pu²⁴ mau²¹
冒少	(傣文)	ma˅u²¹ sau²⁴	卜隆	(傣文)	po³³ leŋ⁵⁴
鲁丸	(傣文)	luk⁵⁴ ɔa˅n⁴⁵³	咩隆	(傣文)	me³³ leŋ⁵⁴
兰曼	(傣文)	lam²¹ man⁴²	少套	(傣文)	sau²⁴ pʰa˅u⁴²
贺卜	(傣文)	ho²⁴ po³³	冒套	(傣文)	mau²¹ tʰa˅u⁴²
贺冒	(傣文)	ho²⁴ mau²¹	贺露	(傣文)	ho²⁴ lu²¹
滚包曼	(傣文)	kon⁴⁵³ man⁴²	萨拉	(傣文)	sa²¹ la²¹
滚套	(傣文)	kon⁴⁵³ tʰa˅u⁴²	雅浪	(傣文)	jaŋ⁴⁵³ la˅ŋ⁴⁵³
栾形	(傣文)	lɔn⁴⁵³ sin²⁴	朗历滴蒙	(傣文)	la˅k²⁴ li⁴² pi³³ maŋ⁴⁵³
畹聘	(傣文)	va˅n⁴⁵³ pʰin⁵⁴	咩毕	(傣文)	mə³³ pi³³
畹形	(傣文)	va˅n⁴⁵³ sin²⁴	供栓	(傣文)	kuŋ⁴⁵³ sɔn⁴⁵³
畹旺形	(傣文)	va˅n⁴⁵³ ʔɔn²¹ sin²⁴	玛咋	(傣文)	ma²¹ tsa²¹
毫洼萨	(傣文)	xa˅u⁴² va²¹ sa²¹	送并	(傣文)	soŋ²¹ pen⁴⁵³
延鲁	(傣文)	hian⁴⁵³ lu²¹	喔咋	(傣文)	ʔo²¹ tsa²¹
延双	(傣文)	hian⁴⁵³ sɔm⁴⁵³	号闷	(傣文)	xa˅u⁴² mun⁴⁵³
咋嘎	(傣文)	tsak²¹ ka⁵⁴	迈换	(傣文)	ma˅i⁵⁴ xɔn²¹

附录二 文中主要傣语音译词汇与傣文、国际音标对应一览表

续表

傣语音译词汇	对应傣文	国际音标	傣语音译词汇	对应傣文	国际音标
动苏	ᥖᥨᥐ ᥔᥧ	tok^{24} su^{453}	塔玛扎嘎	ᥖᥣᥛ ᥚᥣ ᥓᥣ ᥐᥣ	tʰaˇm^{21} ma^{54} tsa^{54} ka^{54}
动栓	ᥖᥧᥒ ᥔᥨᥛ	tuŋ^{453} sɔm^{453}	嘎并嘎栓	ᥐᥣᥙ ᥙᥤᥢ ᥐᥣᥙ ᥔᥨᥛ	kap□□pen^{453} kap^{54} sɔm^{453}
露晚	ᥘᥤᥐ ᥙᥢ	liak^{33} ʔɔn^{21}	摆尚赶罕	ᥙᥫ ᥔᥣᥒ ᥐᥢ ᥑᥛ	pɔi^{453} saŋ^{21} kan^{453} xm^{453}
也晚	ᥕᥥ ᥙᥢ	ʔe^{24} ʔɔn^{21}			

参考文献

一 中文著作

［法］阿诺尔德·范热内普著：《过渡礼仪》，张举文译，商务印书馆 2010 年版。

［英］A. R. 拉德克利夫－布朗著：《原始社会结构与功能》，潘蛟、王贤等译，江西教育出版社 2014 年版。

［日］长谷川清：《宗教互动与地域性的再构成——德宏地区的佛教社会》，载塚田诚之、何明主编：《中国边境民族的迁徙流动与文化动态》，云南人民出版社 2009 年版。

诸建芳：《人神之间——云南芒市一个傣族村寨的仪式生活、经济伦理与等级秩序》，社会科学文献出版社 2005 年版。

［英］玛丽·道格拉斯著：《洁净与危险》，黄建波、卢忱、柳博赟译，民族出版社 2008 年版。

［意］吉奥乔·阿甘本著：《万物的签名：论方法》，尉光吉译，中央编译出版社 2017 年版。

［法］路易·阿尔都塞、艾蒂安·巴里巴儿著：《读〈资本论〉》，李其庆、冯文光译，中央编译出版社 2001 年版。

［英］帕特里克·贝尔特，［葡］费利佩·卡雷拉·达席尔瓦著：《二十世纪以来的社会理论》，瞿铁鹏译，商务印书馆 2014 年版。

［法］E·杜尔干著：《宗教生活的初级形式》，林宗锦、彭守义译，中央民族大学出版社 1999 年版。

方国瑜：《中国西南历史地理考释》，中华书局 1987 年版。

费孝通：《江村经济——中国农民的生活》，商务印书馆 2001 年版。

费孝通：《乡土中国》，北京出版社 2004 年版。

费孝通，张之毅：《云南三村》，天津人民出版社1990年版。

《佛说本生经》，西晋三藏竺法护译，宗教文化出版社2005年版。

［美］克利福德·格尔兹著：《文化的解释》，纳日碧力戈等译，上海人民出版社1999年版。

［美］欧文·戈夫曼著：《日常生活的自我表演》，徐江敏译，云南人民出版社1988年版。

国家民委民族五种问题丛书，中国少数民族社会历时调查资料丛刊：《傣族简史》，云南人民出版社1986年版。

［法］皮埃尔·布迪厄著：《实践理论大纲》，高振华、李思宇译，中国人民大学出版社2017年版。

［美］麦克·赫兹菲尔德著：《什么是人类常识——社会和文化领域中的人类学理论实践》，刘珩、石毅、李昌银译，华夏出版社2005年版。

［匈］赫勒著：《日常生活》，衣俊卿译，黑龙江大学出版社2010年版。

何星亮：《图腾文化与人类诸文化的起源》，中国文联出版公司1991年版。

何星亮：《中国自然神与自然崇拜》，上海三联书店1992年版。

贺圣达：《缅甸史》，云南人民出版社2015年版。

［德］海德格尔著：《形而上学导论》，熊伟、王庆节译，商务印书馆1996年版。

［德］海德格尔著：《存在与时间》，陈嘉映、王庆节译，生活·读书·新知三联书店1999年版。

［英］安东尼·吉登斯著：《社会的构成：结构化理论大纲》，李康、李猛译，生活·读书·新知三联书店1998年版。

［英］安东尼·吉登斯：《现代性与自我认同》，赵旭东、方文译，北京：生活·读书·新知三联书店1998年版。

［英］安东尼·吉登斯：《现代性的后果》，田禾译，译林出版社2011年版。

［美］克利福德·吉尔兹：《地方性知识——阐释人类学论文集》，王海龙、张家瑄译，中央编译出版社2000年版。

江应樑：《傣族史》，四川民族出版社1983年版。

［德］康德著：《纯粹理性批判》，邓晓芒译，人民出版社2004年版。

托马斯·库恩著：《科学革命的结构》，金吾伦、胡新译，北京大学出版社2004年版。

［德］恩斯特·卡西尔著：《人论：人类文化哲学导引》，甘阳译，上海译文出版社 2013 年版。

［美］兰德尔·柯林斯，［美］迈克尔·马科夫斯基著：《发现社会之旅：西方社会学思想述评》，李霞译，中华书局 2006 年版。

［英］埃德蒙·R. 利奇：《缅甸高地诸政治体系——对克钦社会结构的一项研究》，杨春宇、周歆红译，商务印书馆 2010 年版。

李亦园：《人类的视野》，上海文艺出版社 1996 年版。

［法］克劳德·列维－斯特劳斯著：《结构人类学——巫术·宗教·艺术·神话》，陆晓禾、黄锡光等译，文化艺术出版社 1989 年版。

［法］列维－斯特劳斯：《野性的思维》，李幼蒸译，商务印书 1997 年版。

［法］克劳德·列维－斯特劳斯著：《结构人类学（第二卷）》，俞宣孟、谢维扬、白信才译，上海译文出版社 1999 年版。

林耀华：《金翼：一个中国家族的史记》，庄孔韶、方静文译，生活书店有限公司 2015 年版。

马翀炜，陈庆德：《民族文化资本化》，人民出版社 2004 年版。

马克思：《资本论》（第 1 卷），人民出版社 2004 年版。

《马克思恩格斯全集》（第十三卷），人民出版社 1962 年版。

［英］马林诺夫斯基著：《巫术与宗教的作用》，金泽、宋立道、徐大建等译，载史宗主编：《20 世纪西方宗教人类学文选》，上海闪亮书店 1995 年版。

［英］马凌诺斯基著：《西太平洋的航海者》，梁永佳、李绍明译，华夏出版社 2001 年版。

［美］玛格丽特·米德著：《文化与承诺——一项有关代沟问题的研究》，周晓红、周怡译，河北人民出版社 1987 年版。

《德宏傣族社会历史调查》（一）（二）（三），载云南省编辑委员会编：《民族问题五种丛书》，民族出版社 2009 年版。

［法］马塞尔·莫斯著：《礼物》，汲喆译，上海人民出版社 2002 年版。

［法］梅洛—庞蒂著：《知觉现象学》，姜志辉译，商务印书馆 2001 年版。

［英］E. E. 埃文斯－普理查德著：《阿赞德人的巫术、神谕和魔法》，覃俐俐译，商务印书馆 2010 年版。

［英］埃文思·普理查德著：《努尔人——对尼罗河畔一个人群的生活方式和政治制度的描述》，诸建芳、闫云昌、赵旭东译，华夏出版社 2002 年版。

［美］罗伯特·芮德菲尔德：《农民社会与文化：人类学对文明的一种诠释》，王莹译，中国社会科学出版社 2013 年版。

《瑞丽市志》，四川辞书出版社 1996 年版。

［美］列奥·施特劳斯著：《自然权利与历史》，彭刚译，生活·读书·新知三联书店 2003 年版。

［美］施坚雅著：《中国农村的市场和社会结构》，史建云、徐秀丽译，中国社会科学出版社 1998 年版。

［英］爱德华·泰勒著：《原始文化》，连树声译，上海文艺出版社 1992 年版。

维克多·特纳著：《仪式过程：结构与反结构》，黄剑波、柳博赟译，中国人民大学出版社 2006 年版。

田汝康：《芒市边民的摆》，云南人民出版社 2008 年版。

［法］埃米尔·涂尔干著：《社会分工论》，渠东译，生活·读书·新知三联书店 2000 年版。

［法］爱弥尔·涂尔干，［法］马塞尔·莫斯著：《原始分类》，汲喆译，上海人民出版社 2000 年版。

王红旗：《神妙的生肖文化与游戏》，三联书店 1992 年版。

吴乃华，魏彬：《奇趣生肖历》，气象出版社 2003 年版。

吴裕成：《十二生肖与中华文化》，天津人民出版社 1992 年版。

吴裕成：《生肖与中国文化》，人民出版社 2003 年版。

吴裕成：《中国生肖文化》，天津人民出版社 2003 年版。

西双版纳傣族自治州人民政府编：《维先达腊》，云南民族出版社 2007 年版。

许烺光：《祖荫下：中国乡村的亲属·人格与社会流动》，南天书局有限公司 2001 年版。

阎云翔：《礼物的流动：一个中国村庄中的互惠原则与社会网络》，李放春、刘瑜译，上海人民出版社 2000 年版。

［罗］伊利亚德著：《神圣与世俗》，王建光译，华夏出版社 2002 年版

张公瑾：《傣族文化研究》，云南民族出版社 1988 年版。

张建章：《德宏宗教——德宏傣族景颇族自治州宗教志》，德宏民族出版社 1992 年版。

中共中央马克思恩格斯列宁斯大林著作编译局：《马克思恩格斯选集（第三卷）》，人民出版社 2012 年版。

庄孔韶：《银翅：中国的地方社会与文化变迁（1920－1990）》，生活书店出版有限公司 2016 年版。

二 中文期刊

艾菊红：《西双版纳傣泐的居住空间结构及其认知逻辑》，《民族研究》2016 年第 1 期。

程明，刘慧中：《试论述十二生肖文化的价值取向》，《南方文物》2007 年第 4 期。

崔海亮：《"一带一路"背景下中国跨境民族的中华民族认同》，《云南民族大学学报》（哲学社会科学版）2016 年第 1 期。

刀承华：《德宏傣族婚姻习俗与社会文化的关系》，《云南民族大学学报》（哲学社会科学版）2006 年第 3 期。

邓菲：《形式与意涵的多元化——论两宋考古资料中的十二生肖像》，《民族艺术》2015 年第 6 期。

段颖：《区域网络、族群关系与交往规范——基于中国西南与东南亚田野经验的讨论》，《广西民族大学学报》（哲学社会科学版）2016 年第 4 期。

段忠玉，李东红：《多元医疗模式共存的医学人类学分析——以西双版纳傣族村寨为例》，《学术探索》2014 年第 9 期。

范宏贵：《缅甸掸族与中国德宏傣族的渊源关系》，《广西民族学院学报》（哲学社会科学版）1996 年第 2 期。

范玉洁：《傣族民居的空间观及其布局特征》，《安徽建筑工业学院学报》（自然科学版）2008 年第 2 期。

费孝通：《重访云南三村》，《中国社会科学》1991 年第 1 期。

傅淳：《云南瑞丽市发展少数民族学前教育的途径与方法研究》，《民族教育研究》1997 年第 1 期。

龚露，张诗亚：《"场圈"与文化认同：凯里苗族生肖场研究》，《中央民族大学学报》（哲学社会科学版）2019 年第 5 期。

龚锐：《云南德宏傣族宗教消费世俗化现象考察——以芒市那目寨、瑞丽喊莎村和大等喊村为例》，《佛学研究》2004 年第 00 期。

龚锐：《在异域与本土之间——中国西双版纳打洛镇傣族与缅甸掸族的跨境宗教文化交往》，《贵州民族研究》2006 年第 3 期。

谷家荣：《地域、身份与认同——云南金水河村傣族跨国婚姻调查》，《青海民族研究》2009 年第 4 期。

桂榕，吕宛青：《旅游—生活空间与民族文化的旅游化保护——以西双版纳傣族园为例》，《广西民族研究》2012 年第 3 期。

郭家骥：《云南周边跨境民族文化交流互动与边疆繁荣稳定》，《云南社会科学》2015 年第 6 期。

郭书兰：《印度古代天文学概述（续）》，《南亚研究》1989 年第 3 期。

郭书兰：《印度与东西方古国在天文学上的相互影响》，《南亚研究》1990 年第 1 期。

国家体改委综合规划司，国家民委经济司联合调查组：《边贸发展与体制建设——关于云南德宏州边贸发展的调查与建议》，《经济研究参考》1992 年第 6 期。

郝云华，贺天增：《德宏傣族佛教建筑之佛塔艺术》，《民族艺术研究》2011 年第 5 期。

何庆华：《傣族祭寨神仪式空间的排他性》，《思想战线》2019 年第 4 期。

胡大平：《哲学与"空间转向"——通往地方生产的知识》，《哲学研究》2018 年第 10 期。

黄建荣：《十二生肖——图腾崇拜的延伸——中华民族十二生肖探源》，《社会科学战线》1994 年第 5 期。

简君艾：《论傣族孔雀舞表演的形式及发展》，《民族学报》2013 年第 10 辑。

金兰，胡玥：《"生肖谚语"在汉语言和韩语言学中的对比》，《语文建设》2015 年第 18 期。

李河流：《中缅边境贸易现状》，改革与战略 1990 年第 2 期。

李锦云，耿新：《"和平跨居"背景下云南省德宏州跨界民族文化传播研究》，《西南民族大学学报》（人文社科版）2016 年第 2 期。

刘白玉：《对十二生肖汉英翻译的思考》，《中国翻译》2010 年第 4 期。

刘华：《二元结构下傣族互助习惯法研究——以傣族曼刚寨为例》，《云南大学学报》（法学版）2011 年第 2 期。

刘青：《从甲骨卜辞看十二生肖之衍生——兼论十二生肖衍化的思维模式》，《思想战线》2008 年第 5 期。

刘拥华：《道德、政治化与抽象的世界主义 基于对涂尔干〈社会分工论〉及相关著作的解读》,《社会》2013 年第 1 期。

卢山:《云南傣族小乘佛教建筑比较研究》,《华中建筑》2002 年第 4 期。

罗曲:《彝族"付拖"与〈羌族释比图经〉中五行生肖的对比与解读》,《民族学刊》2017 年第 2 期。

马翀炜:《作为敞开多元生活世界方法的民族志》,《思想战线》2014 年第 6 期。

马翀炜:《村寨主义的实证及意义——哈尼族的个案研究》,《开放时代》2016 年第 1 期。

马翀炜:《知识谱系的构建与人类智慧的分享:聚焦中国边境地区非物质文化遗产》,《思想战线》2019 年第 4 期。

马翀炜,汪洋:《傣族傣卯人的生肖表征及其影响》,《民族研究》2019 年第 4 期。

马翀炜,汪洋:《作为传统的异域集市——以瑞丽弄贺村民跨境赶街习惯为中心的讨论》,《中央民族大学学报》(哲学社会科学版)2018 年第 4 期。

马丹阳,苏晓毅:《云南傣族村寨物质空间和非物质空间优化设计研究——以曼春满村为例》,《华中建筑》2018 年第 7 期。

马妍:《吉年生吉子?中国生肖偏好的实证研究——基于 1949 - 2008 年出生人口数》,《人口研究》2010 年第 5 期。

马英昌:《中国十二生肖起源探微》,《西北师大学报》(社会科学版)1999 年第 4 期。

潘殊闲:《"一阴一阳之谓道"与中国十二生肖的阴阳》,《西华大学学报》(哲学社会科学版)2014 年第 2 期。

彭文斌,郭建勋:《人类学仪式研究的理论学派述论》,《民族学刊》2010 年第 2 期。

彭兆荣:《人类学仪式研究评述》,《民族研究》2002 年第 2 期。

瞿文侯:《关于生肖纪年的相关研究》,《文学教育》2017 年第 8 期。

曲彦斌:《生肖文化考(下)》,《文化学刊》2012 年第 5 期。

沈乾芳:《瑞丽傣族地区的经济发展与民族认同》,《贵州民族研究》2015 年第 3 期。

宋蜀华,张公瑾:《傣历概述》,《中央民族学院学报》1977 年第 3 期。

孙九霞,保继刚:《社区参与的旅游人类学研究——以西双版纳傣族园为例》,

《广西民族学院学报》（哲学社会科学版）2004年第6期。

孙立平：《"关系"、社会关系与社会结构》，《社会学研究》1996年第5期。

孙信茹：《微信的"书写"与"勾连"——对一个普米族村民微信群的考察》，《新闻与传播研究》，2016年第10期。

孙信茹，杨星星：《家庭照片：作为文化建构的记忆——大等喊傣族村寨的媒介人类学解读》，《新闻大学》2012年第3期。

谭远发，孙炜红，周云：《生肖偏好与命运差异——为何"龙年生吉子，羊年忌生子"》，《人口学刊》2017年第3期。

王贵元：《十二生肖来源新考》，《学术研究》2008年第5期。

王丽丽，明庆忠，冯帆：《边境民族旅游村寨空间生产与地方认同研究——以西双版纳勐景来村为例》，《西南边疆民族研究》2019年第1期。

王淑玲：《云南边境上的"口岸明珠"——瑞丽市边贸调查与思考》，《民族研究》1995年第1期。

王远新：《"一寨两国"的语言生活——云南省瑞丽市云井村村民语言使用和语言态度调查》，《陕西师范大学学报》（哲学社会科学版）2017年第4期。

吴之清，杨杰，墨婧金：《试论南传佛教对云南傣族审美艺术的影响》，《宗教学研究》2013年第3期。

伍琼华，闫永军：《傣族村落中的传统权威组织——曼安村的"细梢老曼"与乡村秩序》，《云南民族大学学报》（哲学社会科学版）2012年第3期。

伍琼华：《傣族医药与文化》，《云南民族学院学报》（哲学社会科学版）2001年第6期。

项冰：《德宏地区傣族佛教信仰的变化》，《云南电大学报》2008年第3期。

徐何珊：《"微信群"与傣族村寨社会的并接——以西双版纳曼列寨为例》，《西南民族大学学报》（人文社科版）2019年第1期。

徐伟兵：《稻米、信仰与秩序——以西双版纳曼景傣族为例》，《西南民族大学学报》（人文社会科学版）2019年第9期。

阎立，李立，莫国香：《傣族寨神勐神祭祀的集体表象》，《贵州民族研究》2009年第6期。

杨勉，张乐：《中印、中缅边界问题截然不同处置结果的背景与原因分析》，《东南亚研究》2015年第6期。

姚勇:《近代中英猛卯三角永租地争端》,《云南民族大学学报》(哲学社会科学版) 2014 年第 6 期。

尹可丽:《傣族村寨的组织管理模式及社会取向》,《云南民族大学学报》(哲学社会科学版) 2005 年第 4 期。

尤西林:《现代性与时间》,《学术月刊》2003 年第 8 期。

尤中:《古代中缅之间的经济文化交流》,《云南民族学院学报》(哲学社会科学版) 1993 年第 3 期。

尤中:《明朝"三征麓川"叙论》,《思想战线》1987 年第 4 期。

袁光富:《生肖造型的图式演变与当代社会的价值取向》,《民族艺术》2011 年第 2 期。

张公瑾,陈久金:《傣历中的干支及其与汉历的关系》,《中央民族学院学报》1977 年第 3 期。

张洁:《边境地区"三非"人员跨境违法犯罪问题研究——以云南省德宏傣族景颇族自治州为例》,《云南警官学院学报》2014 年第 2 期。

张振伟,高景:《中缅边境勐龙镇缅甸籍僧侣的策略性生存与地方性管理调适》,《思想战线》2016 年第 1 期。

章立明:《安章与披拨——人类学视野中的禁忌分析》,《中央民族大学学报》(哲学社会科学版) 2002 年第 5 期。

[日] 长谷川清:《民族表象与文化实践:以云南傣族孔雀舞为例》,余延玲译,《广西民族大学学报》(哲学社会科学版) 2009 年第 3 期。

赵凤珠:《对傣族语言产生影响的诸因素——以嘎洒镇部分村寨为例》,《云南师范大学学报》(哲学社会科学版) 2010 年第 3 期。

赵旭东,朱鸿辉:《传递文化表征何以成为可能——基于云南西双版纳一傣族村寨的民族志考察》,《吉首大学学报》(社会科学版) 2017 年第 5 期。

周静帆、裘鸿菲:《论傣族宗教信仰对傣族村寨景观的影响——以滇西德宏地区傣族传统聚落研究为例》,《华中建筑》2011 年第 9 期。

朱德普:《傣族图腾文化及其史影》,《广西民族研究》1990 年第 4 期。

朱德普:《傣族原始土地崇拜和古代汉族社神比较》,《中央民族学院学报》1992 年第 2 期。

朱德普:《傣族佛教和原始宗教的关系试析——兼析两者长期共存的原因》,《思想战线》1992 年第 3 期。

朱德普：《勐卯勐神内涵及与勐卯古国史事互证》，《思想战线》1994 年第 6 期。

朱德普：《傣族的虎图腾》，《民族研究》1995 年第 6 期。

朱德普：《傣族神灵崇拜浅说》，《中南民族学院学报》（哲学社会科学版）1996 年第 3 期。

朱德普：《傣族召武定故事本原和孟定地名历史嬗变考说》，《中央民族大学学报》（社会科学版）1997 年第 1 期。

三 博硕士论文

董强：《改革开放以来德宏傣族景颇族自治州跨界民族关系研究》，博士学位论文，中央民族大学，2011 年。

刘梦溪：《当代边疆傣族宗教生活探究——以瑞丽"塔玛扎嘎"教育活动为例》，硕士学位论文，中央民族大学，2013 年。

张珊珊：《生肖文化的起源及其发展过程》，硕士学位论文，北京语言大学，2007 年，

四 英文文献

AsoTakenori, "Cultural Influences on Fertility in Japan: The Case of the Year of the Fire Horse as an Application of the Modified Demographic Transition Model," *Journal of Dissertation Abstracts International*, 1978.

Ernest Young, *The Kingdom of the Yellow Robe*, London: Nabu Press. 1898.

Goodkind M. Daniel, "Creating New Traditions in Modern Chinese Populations: Aming for Birth in the Year of the Dragon", *Population and Development Review*, vol. 17, 1991.

Han Enze, "Transnational ties, HIV/AIDS prevention and state-minority relations in Sipsongpanna, southwest China", *Journal of Contemporary China*, vol. 3, 2013.

J. C. Sturgeon, "Cross-border rubber cultivation between China and Laos: Regionalization by Akha and Tai rubber farmers", *Singapore Journal of Tropical Geography*, vol. 34, 2013.

Jochen Schuld, SlottaE. Jan and Simone Schuld, "Popular belief meets surgical reality: impact of Lunar Phases, Friday the 13th and Zodiac Signs on emergency operations and intraoperative blood loss", *World Journal of Surgery*, vol. 35, 2011.

John F. Lamb JR, "A Chinese Zodiac Mathematical Structure", *The Mathematics Teacher*, vol. 93, 2000.

Lee Jungmin Paik, Myungho, "Sex Preferences and Fertility in South Korea during the Year of the Horse", *Demography*, vol. 43, 2006.

LefebvreHenri, Translated by Donald Nicholson-Smith, *The Production of Space*, Oxford: Blackwell Publishing, 1991.

MaussMarcel, Translated by Robert Brain. *A General Theory of Magic*, London: Routledge and K. Paul, 1972.

Qwens Caroline, "Chinese Zodiac—a Modulo 12 system", *The Mathematics Teacher*, vol. 76, 1983.

WegnerP. E, *SpatialCriticism: CriticismGeography, Space, Place and Textuality*, in Julian Wolfreys, ed. lntroducting Criticism at the 21st Century, Edinburgh: Edinburgh University Press, 2002.

Wu Shelly, *Chinese Astrology: Exploring the Eastern Zodiac*, FranklinLake: The Career Press, 2005.

Yip S. F Paul, Joseph Lee, Y. B Cheung, "The influence of the Chinese Zodiac on fertility in Hong Kong SAR", *Social Science&Medicine*, vol. 55, 2002.

后　记

本书是在我博士论文的基础上修改完成。

距离上一次到瑞丽已经是 3 年前的事情了。2019 年 8 月，我结束了为期一个月的田野调查，返回云南大学撰写博士论文。离开时，我将一些生活用品放在弄贺寨子的住处，计划着很快就会再回去，未料到 2019 年年底我完成博士论文的预答辩后便遭遇了疫情。

从 2016 年 7 月到 2019 年 7 月，我先后 4 次前往傣卯人地区做田野调查，累计在勐卯坝子住了一年多的时间，其间我几乎跑遍了中国弄岛镇与缅甸南坎接壤的每一个傣卯寨子，尽管每个寨子的人和事都有所不同，但是村口那些"生肖墙"总能让人眼前一亮。傣卯人惯会把村寨生肖画得明艳多彩，即便是同一种生肖动物，在"生肖墙"上的呈现也是形态各异，风格各不相同，一如傣卯人对待生活的态度，总能把相对单调的乡间生活过得丰富多彩。

"生肖"是一个静态的、抽象的事物，可以说它的一切都是人为赋予的，这意味着只有当人们关注生肖与生肖文化时，它才能更多地被提及、被运用、被赋予意义，更多地出现在人们的生活中。幸运的是，傣卯人的生肖正是这样一种被关注的存在。当人们饶有兴致地介绍几个生肖之间的关系时，仿佛在讲述几个人之间的互动关系。在很多时候，人与其所属的生肖是一种合二为一的关系，作为人的属性的生肖的特性构成了一个人面向外部世界的重要基础，形成了对外关系的网络架构。这使得结合特定的时间和具体的空间来分析生肖文化，以生肖的视角去理解和解读傣卯人社会文化生活的逻辑具有了合理性。

自 2013 年第一次踏上勐卯坝子，我在这片土地上相继完成了硕士阶段和博士阶段的学位论文。毫不夸张地说，勐卯坝子是我地第二故乡般的存在。我在勐卯坝子结识了许多人，有来自中国的，也有来自缅甸的，其中大部分是傣卯人，他们中的很多人，尤其是僧人、"贺露"和老人等都对傣卯人的传统文化非常精通，从语言、文字、文化源流、信仰仪式到民间节庆、风俗习惯等，他们都能娓娓道来，并且乐于分享，总是耐心地、不厌其烦地向我解释。我不通傣文，傣语又磕磕绊绊，若不是他们的帮助，调查和研究将无比艰难。在勐卯坝子这片多样、包容的土地上，正是因为有这些人的热爱，傣卯人的传统生肖文化才能够保存得如此完整。

随着更多的傣卯人走向外面的世界，越来越多的傣卯人意识到他们的生肖文化是非常独特的。一个好的消息是，在与外界交往的过程中，他们也越来越为本民族拥有这样独特的文化事象而感到自豪，这甚至激发了更多年轻人了解生肖文化、学习传统生肖文化知识的兴趣，为的就是向更多人介绍本民族的生肖文化。这对于傣卯人生肖文化的传承和发展无疑是有益的，也为傣卯人的生肖文化从村寨走向世界、为更多人所了解打下基础。

在完成此书的过程中，我有许多想要感谢的人，尤其是我的弄贺家人。弄贺寨子是我在田野调查期间居住时间最长的一个寨子。我熟悉弄贺寨子里的每一条道路、每一畦地的归属，甚至每一颗木瓜树的长势。我的弄贺家人包括爷爷、奶奶、依坐大哥、旺记大嫂和佐咩小姑娘一家人，我们在长时间的相处中已亲如一家，爷爷奶奶经常耐心地给我讲述傣卯人的传统文化，佐咩通常会充当我的翻译，大哥和大嫂如父母般地照顾我的生活。到了后来，寨子里的人也已经自然地将我视作依坐大哥一家人，我开始代表家庭去公房服役，去别的寨子"送并"，跟随佐咩去给家族长辈"送党鲁"，等等，这都使我常常忘记自己身处田野，而只是在那里生活着。

新冠疫情爆发后的几年里，我一直没有机会再回到勐卯坝子，再回到弄贺村，我和那里的朋友只能通过电话、微信等方式联系，一些资料也都是通过这样的方式补充获得。好在我们仍然可以用手机聊家长里短，互相问候。我和依坐大哥一家始终保持着密切的联系，这几年的节日里，我经常收到旺记大嫂寄来的牛肉干巴、米线、饵块、柚子等，我也会给他们寄去家乡特产，我们一直互相牵挂着彼此。

回想起在勐卯坝子上的日子，充实而快乐，我似乎每天都在被有趣的事物吸引着，被热情朴实的傣卯人感动着。于我而言，傣卯人的生肖文化是认识这个世界的多样性的一扇窗户，未来，我还想透过这扇窗户看到更多。好在已经春暖花开，我想，这次是真的很快就能再回去了。

2023 年 3 月 11 日于昆明